台灣踏查日記

（下冊）

伊能嘉矩　原著

楊 南 郡　譯註

遠流出版公司

【目次】

第三篇　遊台日草 …………………………………五五九

第四篇　南游日乘 …………………………………五七九

附錄 …………………………………………………五九九

附圖

一八九七年伊能嘉矩、粟野傳之丞台灣巡察路線示意圖

第二篇
東瀛遊記

〈東瀛遊記〉解題

　　伊能嘉矩在台灣調查期間內所寫的日記原稿一共有三本。其中最重要的二本，是明治三十年（一八九七）記錄一百九十二天台灣蕃界巡察旅行的日記，原稿題爲〈巡台日乘〉。

　　另外，從明治三十三年七月起，他又有爲期四十六天的南台灣地理、歷史及蕃地調查，日記題爲〈南遊日乘〉，同年十二月起也有十八天的澎湖島地理、歷史調查，日記題爲〈澎湖踏查〉，〈南遊日乘〉與〈澎湖踏查〉寫在同一本日記簿上。伊能氏將〈南遊日乘〉、〈澎湖踏查〉，以及可能是關於澎湖資料的筆記〈澎湖踏查參照〉，一起置於總標題〈東瀛遊記〉之下，前面加上一篇「小序」，總括明治三十三年間所作的兩次調查。

　　伊能氏原稿將〈巡台日乘〉註明爲甲篇與乙篇，而〈東瀛遊記〉則註明爲第二篇，顯然地，甲、乙兩本日記算是「第一篇」，而此〈東瀛遊記〉則是「第二篇」。雖然採用的名稱不同，實際上是指三本日記的先後順序而已，所以譯本不再保留，以免混淆。

　　至於〈澎湖踏查參照〉似乎是伊能氏親自抄錄的，有關澎湖歷史的地方志資料及碑文。例如明治三十三年十二月卅一日起，陸續有附註「參照一、二⋯⋯」等字眼出現，顯然是未抄寫於日記內，但收集於〈澎湖踏查參照〉記事本內。可惜，伊能嘉矩去世之後，這本重要的筆記也佚失了，真是令人遺憾。

小序

我這次將要踏上南遊查察之途,為自己訂下了三條原
則:

第一、即使生病或有其他事故,當天查察的事實必須
　　　當天整理完畢。

第二、為達到科學查察的目的,其要訣在於「注意周
　　　到」四個字。日後撰文時,如果還有細微不明
　　　之處或疑點,就是當初犯了注意不周的罪過。

第三、以周到的注意查察的結果,必須以同樣周到的
　　　筆法記述。

邇來我遵循這三原則,朝向我期盼要做的事情向前邁
進;但是終日辛辛苦苦探尋資料,回到客棧時,已經是夜
深的時候,或者是夜宿蕃社矮屋,在沒有床席的情形下,
不知不覺便會違背自己所訂下的三原則。為了防止這種事
發生,我抄錄了〈阮驃騎傳〉做為活的典範,時時刻刻藉
以自勉:

> 阮驃騎傳
>
> 　阮蔡文,字子章,號鶴石,閩之漳浦人。父曰
> 魁,……明年調臺灣北路營參將。諸羅令周鍾瑄,才
> 名吏治,為海疆冠。文一見如舊交,和衷共濟,戢吏

卒，撫番黎，捐金助建學宮、城隍，悉除所轄陋規。部伍器甲。簡閱整齊，躬巡歷沿海，增置要害營汛。

北路地方千里，半線以上民少番多，大肚、牛罵、吞宵、竹塹諸處，山川奧鬱，水土苦惡；南崁、淡水，窮年陰霧罕晴霽，硫黃所產，毒氣薰蒸，鄭氏以投罪人。庚寅始設淡水防兵，及瓜生還，歲不能三之一，巡哨未有至者。

文決計往，部曲皆涕泣強諫。文曰：「不然，臺雖彈丸，實閩之安危；淡水又臺之鍵鑰也。由淡水至福州，利風一日可達。民番錯襍，亡命者日多。不熟知其里道情形，何以控制調度。」

自齋帳落、具脯糒，日或于馬上成詩，夜燃燭紀所歷地里、山溪、風候、土俗。爲文以祭戍亡諸將士，悽愴激烈，聞者感泣。

山谷諸番具牛羊酒食，迎餉道旁，文悉慰遣，無所受。召社學番童坐幕下，與之語曰：「我汝師也，勿懼！」能背誦四書者，旌以銀布。爲講解君臣、父子之大義，反覆不倦，諸番皆感悅。竟以中瘴氣，歸而病痞，遷福州城守副將；將赴京道，劇卒于宿遷，年五十。……

明治三十三年〔一九○○〕八月二十八日，從鳳山到打狗〔高雄〕的途中，遇到狂風驟雨，我所搭乘的人力車接連兩次翻覆於泥濘之中，身體和行李盡濕，因此而感染

了瘴氣，在病床上不顧病苦之身，強記如上。❶

❶這篇小序收在〈東瀛遊記〉裡，也可以說是〈南遊日乘〉的序文。伊能氏
於明治三十三年七月二十九日踏上南台灣查察旅程。八月二十八日他從鳳
山乘人力車要到高雄，不幸遇到暴風雨，所乘的人力車兩次翻覆於泥濘
中，全身和行李盡濕，因而再次感染了他所謂瘴氣，也就是瘧疾。在旗後
的客棧病榻上，他不顧全身痙攣，忽而發高燒，忽而意識不明的狀況下，
提起鉛筆在他的〈南遊日乘〉序頁上，寫下踏查三原則。這是他自從明治
二十八年隻身來台以後，一直身體力行、遵循不悖的一個座右銘。「踏查
三原則」太重要了，伊能氏去世以後，故鄉的人在日本岩手縣遠野古城
址，建立了一座「伊能嘉矩顯彰碑」，刻上伊能嘉矩的「踏查三原則」筆
跡。伊能氏也曾經寫下〈探險隨感〉，第一篇寫踏查三原則，以及為貫徹
台灣探險，應遵守的五條要箴。兩篇踏查三原則，文字略為不同，但是內
容則完全相同。

南遊日乘

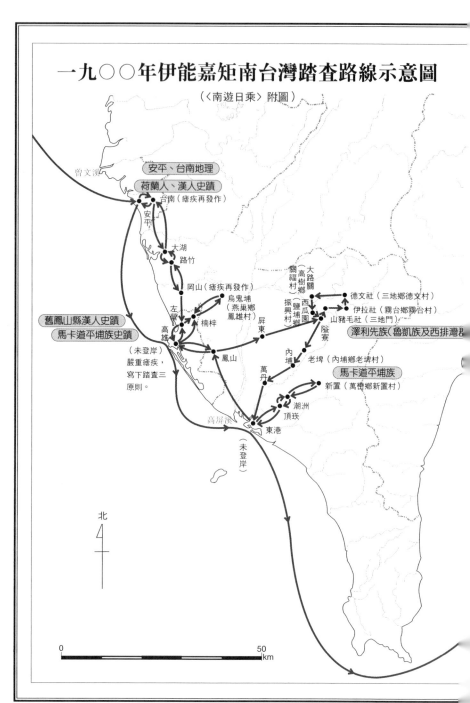

一九○○年伊能嘉矩南台灣踏查路線示意圖

〈南遊日乗〉附圖

曾文溪

安平、台南地理
荷蘭人、漢人史蹟
台南（瘧疾再發作）
安平

大湖
路竹

岡山（瘧疾再發作）

烏鬼埔
（燕巢鄉
鳳雄村）

舊鳳山縣漢人史蹟
馬卡道平埔族史蹟
（未登岸）
嚴重瘧疾，
寫下踏查三
原則。

左營
高雄
楠梓

屏東

大路關
（高樹鄉
廣福村）

西瓜園
鹽埔鄉
振興村

隘寮

德文社（三地鄉德文村）
伊拉社（霧台鄉霧台村）
山豬毛社（三地門）

澤利先族（魯凱族及西排灣群）

鳳山

內埔
萬丹

老埤（內埔鄉老埤村）

馬卡道平埔族

新置（萬巒鄉新置村）

潮洲
頂埌
東港

高屏溪

（未登岸）

北

0   50
km

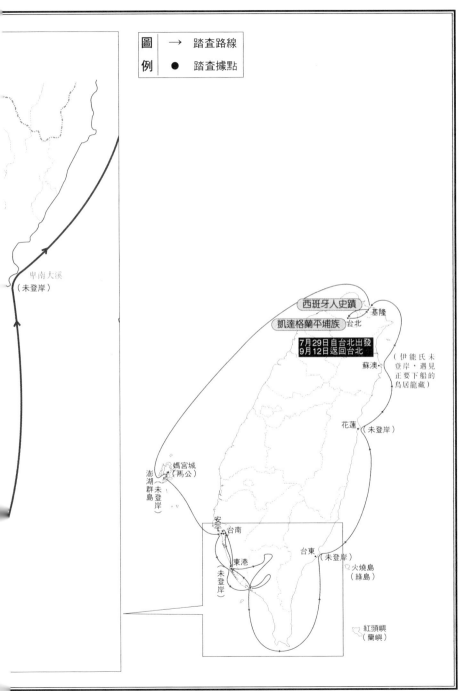

〈南遊日乘〉解題

　　這是伊能嘉矩在台十年期間，第二次接到台灣總督府民政局的公務派令，前往南台灣巡察「台灣地理、歷史與蕃地事情」，做爲編纂台灣歷史、地理教科書的基本資料，時間是明治三十三年（一九○○）七月二十九日至九月十二日，共四十六天。

　　在考察地理形勢方面，最出色的是一鯤鯓（安平）、台江、鹿耳門等海岸地形變遷的追踪與描述。他的銳眼沒有放過任何細微的證據。例如，他說：「（七鯤鯓中）每一鯤鯓都已經和陸地接連，陸地上仍有一些已經淤淺的小溪流，依稀可以看出各沙洲的界線與形跡。沙洲變陸地以後，現在在原來的各沙洲位置上留下原來的某某鯤鯓地名而已。」

　　在歷史方面，伊能氏對舊鳳山縣城的沿革，尤其對於從左營舊城移建於鳳山，再次移回舊城的經過，特別探討其原因，提出匪亂與迷信等具體要因來說明沿革。所探索出來的豐富史料，雖然沒有明記於日記本上，卻有系統地納入《台灣文化志》裡面。

　　族群的描述，算是伊能氏最擅長的部分。他訪問了屏東縣隘寮北溪畔的古部落Kurùⁿguru社（現在的魯凱族伊拉社前身），只在頭目家住了一夜，便記錄了當年魯凱族與排灣族，以及與東部東魯凱群大南社，彼此間的頭目聯婚後的整個家系族譜；細膩地描述了家號的來由、屋簷桁板上多達六十種的人頭、人體、盤蛇、蛇紋雕刻；關於先祖在遠古年代留傳下來的陶甕，以古甕的神話說明各氏族部落彼此間的關係；山地部落的古瑠璃珠與平埔族的關係……。甚至差不多同時來到魯凱、排灣地界調查的鳥居龍藏，一位最會尋找民族誌學資料的學者，也忽略掉的古俗、神話、傳說，都經由伊能嘉矩的日記描述而留傳後世，實在太珍貴了。

伊能氏實際觀察部落入口處石門（臨門）的模樣，勾劃出它與祭祀的關係，同時指出祭祀禁忌在部落是怎樣地被執行的，非常有趣。尤其是隨行的別的部落壯丁，來到這個部落女頭目的面前，是怎樣恭恭敬敬地做出點鼻禮的？伊能氏向剛剛作法失神的女巫偷問恍惚中通神的時候看到了什麼？無論是驚人的敘述內容與嫻熟的觀察技巧，都使人著迷。我們無法想像跋涉於深山野外的伊能氏，在身體疲憊、心理感到不安的地方，竟能從容地記錄下這麼多珍貴的見聞。

　　令人驚異的是伊能氏隨時隨地考證史料的態度。當他從內山的排灣族德文社沿著一條寬闊的大路來到大路關庄，分別從排灣族、平埔族與客籍漢人所聽到的，證實在清同治十三年（一八七四），清廷開鑿台灣第一條開山撫番道路，最初定線的時候，是在屏東、大路關、口社至德文社的延長線上！這是足以推翻文獻記載的驚人事實。

　　原來，清廷為了因應牡丹社事件所引起的後山防衛問題，開了北、中、南三條通往後山的道路，而其中的南路是從漢人勢力範圍內的屏東平原伸向大路關庄（一個馬卡道平埔族落腳與後來移入的客籍墾民混居的部落），開路工程很順暢，但是道路繼續開到德文社的近旁，卻遭受排灣族的抗拒，使得工程中斷。最後南路的定線不得不改弦易轍，改從屏東來義鄉直上中央山脈到金崙的路線。地名「大路關」正是這一條未竟工程所遺留下來的。走在這條大路上，伊能嘉矩竟然不費吹灰之力，就考證了湮沒於歷史塵灰下的一頁開拓史。

　　伊能氏這次調查的範圍，實際超越了官方所要求的平原地方的史地探查範圍。日記上所記錄的，全是前人所未聞的驚人史實，因而從實質方面看來，可以媲美〈巡台日乘〉所揭發的第一手資料。

明治三十三年（一九〇〇）七月

二十六日　奉命前往台南縣各地巡迴調查「台灣地理、歷史與蕃地事情」。❶

二十九日　從台北搭乘早上第二班列車到基隆，目的是要實地調查荷蘭人在基隆的歷史遺跡。下車後到小基隆〔基隆港灣東岸〕觀看San Sarvador城遺址，亦即舊紅毛砲台。梯形的海岸砲台多半被破壞了，還是能夠令人想像當年的規模。後來，清國曾經加以修復使用，砲台又在清法戰爭中被擊壞了，一直被棄置到現在。砲身雖然爆裂而不存，鐵門上還留著被砲彈擊中所留下的彈痕，歷歷在目，足以追憶當時的戰況。山丘上的舊紅毛城，現在被劃入我國陸軍的砲台要塞區域，因此無法進去探望。

隨後雇用一個漢人駕駛他的小船，把我送到社寮島〔基隆市和平島〕。在明鄭時代，我國實行鎖國政策〔海禁〕，國人涉足於台灣者減少了，但是九州地方的商人仍然到台灣，社寮島是他們做貿易的地方，也是台灣平埔蕃遷居之地。

基隆方面的平埔蕃屬於「 Keta^{n}ganan小群」，按基隆

---

❶明治三十三年的行政區域，採用台北、台中、台南三縣及宜蘭、台東、澎湖三廳制度，所以伊能所謂「台南縣各地」範圍很廣，南迄恆春的南台灣全部。因此，日記也叫〈南遊日乘〉。原文「事情」，係獨特的日語，含有事情的原由、沿革、來歷或現況的詳情等意思。

的舊名「雞籠」即出之於這一支蕃族的自稱，地名的出處，按照演化的順序列記如下：

(1)Keta^{n}ganan

(2)Keta^{n}garan（n音和 r音是「通音」）

(3)Kē-ran（省略ta^{n}ga後漢譯）❷

　　這一支Keta^{n}ganan蕃族〔今稱凱達格蘭族〕，把漢人稱之爲Vāsai〔巴賽人〕。蕃語Vāsai，現在以地名留存下來，基隆西邊有一個地方叫「瑪鍊」，瑪鍊就是Vāsai的譯音。由此推論，基隆港東邊一帶，也就是小基隆地方，原是西班牙人及荷蘭所建立的根據地；基隆港西邊一帶，是漢人最初聚衆移住的地方；而中央的大基隆地方，是蕃族世居之地。後來，漢人的勢力逐漸旺盛，最後驅趕了中央地帶的平埔蕃到更東邊的田藔港邊及社藔島的一隅。（事實上，有古文書記載關於中央地帶大基隆海垠的大租權歸屬問題，從這份遺存的古文書也可以間接地證實中央地帶原是平埔蕃的居地。）❸

---

❷伊能氏所謂通音，應該是指近似音。Kē-ran的台語音漢字「雞籠」，是譯音字，與字義、地形無關。

❸在基隆的大雞籠社凱達格蘭平埔族，把住在西邊的漢人部落稱為Vāsai，後來族名變成地名，漢譯為瑪鍊，最後主客顛倒，變成專指這一帶的平埔蕃社名。這是伊能氏和專研台灣地名的安倍明義的說法。瑪鍊即今台北縣萬里。不過，依據南島語言學者淺井惠倫在一九三○年代調查的結果，發現台灣北部北海岸及基隆河流域一帶的平埔族自稱Basai人（巴賽人），而馬淵東一更進一步引述荷蘭古文書：荷蘭人把三貂社至基隆一帶的平埔族歸類為Basayos、Basajos或Basaij，也就是巴賽人。其他語言學者土田滋、李壬癸也都傾向於採納此分類法。

三十日　午前雇用一隻漢人的小船到仙洞參觀。地名「仙洞」，是由於火山運動所引起的巨洞，不但是一個山水奇觀，也是地質學上的一個好標本。古來一直是漢人往北部尋幽探勝時，必定要到的地方，洞內外刻著遊客所留下的大量詩文、題字，部分對歷史考據有參考價值。例如有下面刻字：

　　　光緒戊寅重九前五日，隨吳春帆中丞剿加禮宛等社兇番，三日平之。浙東潘慶辰、胡培滋、汪喬年，粵東陳代盛，楚南周德至，浙西嚴樹棠，皖北林之泉，山左趙中雋，江右劉邦憲、傅德柯、李麟瑞，福州施魯濱，同遊基隆仙洞，勒此以誌鴻爪。

　午後二點，從基隆搭乘繞往西海岸的汽船「須磨丸」，四點出航。今天天晴浪平，絲毫沒有感覺船在航行中。船先朝向北角，然後轉向西方的澎湖群島前進。❹

三十一日　和昨天一樣風平浪靜。午前十一點，在南方望見一個島影，大概是北島群之一。

　台灣西海岸的沿岸航線有兩條針路：其一是航經澎湖水道，最後進澎湖港；另一是航經台灣海峽，最後駛進澎湖港。我們的船經由台灣海峽入港，泊於媽宮港內。時間

---

❹北角，是台灣最北的岬角，今稱富貴角。當年伊能和鳥居龍藏都是搭乘環島汽船。所謂「繞往西海岸的汽船」，是反時針方向航行的班輪。

是午後四點，航行了大約九十五海里。❺

---

❺澎湖港指澎湖灣，包括馬公內港與馬公外港。媽宮港即今馬公港，又稱馬公內港。澎湖水道即澎湖群島與台灣島之間的小海峽；群島之西與大陸之間海峽才是台灣海峽。

明治三十三年（一九〇〇）八月

一日　　正午船從澎湖港出航。（出航前我上岸參觀，但是受到時間限制，無法探訪史蹟。）

同船的台南縣技師石津氏購買了一對澎湖特有的白鴿子。島上居民說白鴿子是往年荷蘭人帶進來繁殖的，牠的特徵是每小時會報時一次。❶

今天和前兩天一樣天晴浪靜，午後六點船停泊於安平港外，這時候，有無數的竹筏蝟集在我們的船邊。這些竹筏中央放著一個圓木桶，竹筏的蕃語叫做Katamaran。古時候這邊的蕃族〔指台南的西拉雅系平埔族〕，是不是利用這種Katamaran竹筏往來於海上的？曾經有來自台灣的蕃族駕竹筏到中國大陸沿岸侵略，現在在安平港外所看到的無數竹筏，是不是和當年的Katamaran竹筏同型？如果是這樣，那麼當年在大陸被台灣蕃人侵略過的漢族，現在易地到台灣來，反過來處於優勢的地位，利用蕃族所遺留下來的Katamaran型竹筏，掠奪台灣的財富。想到這裡，我不禁感嘆因緣果報的深遠！❷

我換乘漢式小船到安平港內上岸。船行很慢，海路迢迢，午後八點才到碼頭。台灣西海岸缺少良港，造成交通的極大阻礙。在安平找不到可宿的客棧，不得已雇人力車

---

❶白鴿子來歷，待查。

到台南城內。

二日　　午前下雨了，冒著雨勢到台南縣官署拜會內
務部長高山氏、殖產課長藤根氏、學務課課員芝山氏等
人，請他們協助本次台南縣境內各地的考察工作。

午後一點，從台南到安平，目的是要探查古今地形的
變遷和史蹟。承台南辦務署安平支署署長河東田氏的厚
意，搭乘公家的小蒸汽船詳細地考察安平港內外形勢，同
時問出了各地的地名。我參考古書的記載和現在我實地調
查的內容，將安平一帶的海岸至少在三百年前的形狀，試
著描述如下：

**古時候，〔台南〕這一帶的海岸，幾乎在距離現地
一日里外的東邊，舊時的海岸線和安平之間是個內港，可
以泊船，當時的人把這個內港稱為臺江。當年荷蘭人所築
的赤嵌樓〔指荷蘭人的城堡Provintia〕，就在這個舊時的海
岸（現今是台南城內鎮北坊的位置）。《續修台灣縣志》
記載：「臺江在邑治西門外，汪洋澄澔，可泊千艘」。

---

❷依照日本學者國分直一的考證，使用於海上的竹筏，是用巨大的麻竹和竹
　質厚重的刺竹併組而成，為了適於海上航行，另外加築舷側板以求筏身安
　定。台灣的平埔族駕小舟或竹筏往來於日本琉球、菲律賓的呂宋島及華南
　沿岸貿易，史書上都有記載。琉球的石垣島博物館及廈門博物館現在展示
　著從台灣島漂流而至的平埔族小舟。竹筏容易腐爛，所以展示出來的，都
　是剖木而成的遠洋小舟。至於台灣的平埔族，除了往來於海上交易外，也
　從事掠奪行為，不知道伊能氏是從那裡聽來的？其實在歷史上，華南漁民
　也在台灣烏魚迴遊的時候，駕船及竹筏到台灣來圍捕，捕魚期間也定居於
　台灣北部和南部海岸。而事實上，當糧食不足的時候，無論是台灣平埔族
　或華南漁民，也無論在華南沿岸或在台灣沿岸，也只有掠奪一途了。

臺江外圍有兩個島嶼橫躺著，一個是一鯤身，就是現在的安平，另一個是鹿耳門嶼；兩島之間形如臺江的門戶。《重修台灣縣志》記載：

> 安平鎮大港在臺江西南，鎮城之西，紅毛時巨舟悉從此入泊於臺江。自鄭成功由鹿耳門入臺後，遂淤淺，今惟往來南路貿易之船經此，巨舟不得入矣。

《重修台灣縣志》是在乾隆中葉〔乾隆十七年〕重修的，可知在乾隆中葉以前，從安平島進入臺江的海路，已經淤淺，而且從安平島起羅列著七個小島，向南延伸到舊鳳山縣境內的打鼓山。❸

《重修台灣縣志》又說：

> 七嶼相距各里許，沙線遙連，勢若貫珠，不疏不密，為郡城左臂彎拱內抱，與北線尾對峙，皆沙土。風濤鼓盪，不崩不蝕，多生菻茶桄榔樹，望之鬱然蒼翠，泉尤甘美。

現在每一個鯤身都已經和陸地接連，陸地上仍有一些已經淤淺的小溪流，依稀可以看出各沙洲的界線與形跡。沙洲變陸地後，現在在原來的各沙洲位置上留下原來的

---

❸伊能氏在他的《台灣文化志》中說，內港外面有一鯤身（即安平街），至南方二層行溪河口之間，有聯珠型的沙洲群，自一鯤身算起，可以數到七鯤身，猶如巨魚（鯤）浮出海面。打鼓山即今高雄市壽山，最南的七鯤身不在打鼓山，而是在二層行溪出海口北岸，今台南市喜樹一帶。

「……鯤身」地名而已。

關於鹿耳門嶼，《重修台灣縣志》記載：

> 鹿耳門港，在臺江西北。水底沙線若鐵板，縱橫布列，舟誤犯之，則立碎。港路窄狹，僅容兩艘。其淺處若戶限，然潮漲時，水可丈四、五尺，潮退不能一丈。進港須懸後舵，以防抵觸。其紆折處，必探視深淺，盤辟而行。最險者曰南北二礁，插竹立標，南白北黑，名爲盪纓。原設五桿，比歲沙線消長變易，乾隆十三年添設爲十三桿，以便出入趨避。每風日晴和，衆舟魚貫而進，雲帆連綴，邑治望之，如秋雁之排遠空。

鹿耳門現在也和陸地接連，成爲陸地向外海突出的低平岬角，而且古代的隙仔港──就是現在的洲仔尾，位於鹿耳門北側。根據口碑，在康熙末年至乾隆末年大約六十年期間，台灣本島和安平一鯤身之間的「浮腹」〔指一鯤身的腹部內港〕慢慢淤積成陸地，而在更早的年代，現在的台南城西門外，是直接瀕臨海洋的。據說變成陸地以後，開始有鬧市出現，也有陸路開通。荷據時代和明鄭時代，潮水可達赤嵌樓下。當年建造台南城的時候，亦即雍正元年〔雍正三年（一七二五）之誤〕，台南城門外頭仍是大海，一直到乾隆末年，安平一鯤身和台島兩地間的內港完全被泥沙填滿，由此可知滄桑變化是多麼激烈啊。**

然後，我又走訪荷蘭人曾經盤踞過的安平Zeelandia堡遺址──赤嵌城。現在全被我國海關當做官舍占用，往日的規模已失，只能隨處看到殘存的城基，也只能從《重修台灣縣志》所記載的，想像當年這個荷蘭城堡的壯觀情景。❹

　　《重修台灣縣志》：

　　　　赤嵌城。亦名臺灣城，在安平鎮一鯤身。⋯⋯城基方廣二百七十六丈六尺，高凡三丈有奇。為兩層，各立雉堞，釘以鐵。瞭亭星布，凌空縹緲。上層縮入丈許，設門三。北門額鏤灰字，莫能識，大約記創築歲月者。東畔嵌空數處為曲洞，為幽宮。城上四隅箕張，現存千斤大礮十五位。複道重樓，傾圮已盡，基址可辨。下層四面加圓凸，南北規井，下入於海，上出於城，以防火攻，現存大礮四位。西城基內一井，半露半隱，水極清洌，可於城上引汲。西北隅繚築為外城，抵於海。屋址高低，佶曲迷離。其間政府第

---

❹Zeelandia，今譯熱蘭遮堡或安平古堡。伊能氏稱為赤嵌城，本來是古名。荷蘭時代的統治者分別在安平和台南築造Zeelandia堡（赤嵌城）及Provintia堡（赤嵌樓），做為政務官署，鄭成功據台後分別改稱為安平鎮和承天府。按赤嵌是原居於台南至喜樹一帶的西拉雅系平埔族蕃社名的譯音，荷蘭人把社名寫成Saccam，荷蘭於西元一六五〇年向赤嵌社購買今赤嵌樓上地，建造Provintia堡，赤嵌社人因而被遷徙到東北方的新市，在新市定居後社名改為新港社。至於Zeelandia堡被漢人稱為赤嵌城的原因，似乎是安平一鯤身當年隔著內港與赤嵌社相對，荷蘭人建城堡以前，這一個大浮洲曾經也是赤嵌社西拉雅人捕魚活動場所。地名也是Saccam（赤嵌）。

宅，舞榭歌亭，化為瓦礫。倚城舊樓一座，樑棟堅巨，機車一軸，可挽重物以登城。大礮凡數位。內城之北基，下闢小門，傴僂而入，磴道曲窄，已崩壞。地下有磚洞，高廣丈餘，長數丈，回轉旁出。

據說安平、台南間的道路，原來一直是迂曲低濕的，而且不是固定的一條。光緒元年〔一八七五〕，台灣道台夏獻綸認為有必要修路，在道路兩旁開挖魚塭，將挖出的餘土堆積成路基。十年後另外一個道台劉璈整修為大路，供人車通行。劉璈同時在安平設置鎮海前營，派海防勇丁駐守於路上屯所。由於這一條道路是用泥沙築成，行路時猶如行進於帶狀沙堆之上，如果遇到風雨，步履艱難，當時有地方的豪商捐款，在半途上搭建一個亭子，給行人避風雨。這個亭子被命名為「半路亭」，現在卻變成租稅檢查所了。

三日 午前到台南縣官署翻閱藏書，發現兩本有益的史料：

- 《鳳山縣采訪冊》（六卷）：奉台灣通志總局之命，鳳山縣以盧德祥、陳日翔為總辦，周熙清、王春華、盧德嘉為幫辦纂修的，於光緒二十年十二月纂修完畢。
- 《台南府（各）縣簡明總括圖冊》：這是台灣巡撫劉銘傳進行土地清丈的時候所調查繪製的，依各里

堡分圖，明記上則田園、中則田園、下則田園、下
下則田園的土地丈量。

在這裡，我也調查了台灣的「近代修志事業沿革」，
要旨如下：

光緒十八年六月，台北知府陳文騄和淡水知縣葉意深
二人，〔向台灣巡撫邵友濂〕建議設局纂修台灣通志，陳
述纂修的必要性並稟報六條章程。巡撫邵友濂採納了他們
的建議，任唐景崧、顧肇熙二人爲福建台灣通志總局監
修，又命陳文騄爲總局提調、葉意深爲幫提調，於閏六月
二十日行文給各府、縣官署周知，進而於十月二日令台灣
布政使唐景崧發布下列一札，通行各屬：

> 欽命臺灣布政使霍伽春巴圖魯唐爲通志事；查臺
> 灣郡縣舊有志書，迄今已逾百年，事實急宜續纂。且
> 大都殘失，完本難求。至改設添建之郡州廳縣，更未
> 聞議及修志。將來省志雖成，而各屬無志，終留缺
> 憾，貽誚後人。查臺灣建省以來，規模大備，及是時
> 鯨波不作，微文考獻，於海防吏治正相成而不相妨，
> 所望賢有司文采風流，潤色窮島。現在通行采訪，即
> 可爲各廳縣修志張本，努力爲之，事半功倍。廳縣有
> 志，則府志易於輯辦，不難接踵成書。幸勿視爲不急
> 之務，厭急徘徊，本司將於此觀各牧令之志量焉。合
> 行通飭。爲此，札仰該縣官吏即便遵照，將修志事宜
> 籌度開辦，具報查考。毋違。此札。

近來各縣廳官署都命修史官吏採訪史料並著手編纂各縣、各廳的志書。❺

　　其次，想查明《鳳山縣志》現在有沒有留存？《鳳山縣采訪冊》記載：

　　《鳳山舊志》十二卷，創於康熙五十八年李邑侯丕煜；又重修於乾隆二十九年王邑侯瑛曾，距今已一百三十年。舊有刻本，兵燹之後，散失無存，惟興隆謝姓家藏一部。光緒三年，鳳儀書院前董事蔡垂芳曾向其借鈔，全部訂作十本，編十干為次第；計廪鈔寫、裝訂工資銀十四元。其中字多舛訛，殊非善本。近聞謝姓一部業經遺失，不知流落誰何之手？現在采訪必需，固猶賴有此鈔本，以資考證。物罕見珍，亦足貴矣。（據說《鳳山舊志》抄本原來收藏於鳳儀書院，我國征台軍攻入的時候佚失，現在仍無法知道它的下落。）

---

❺各地採訪所得的資料，叫做采訪冊。據伊能氏的《台灣文化志》，至光緒二十年十一月，除了澎湖廳外，各州、縣、廳都全部或局部完成了采訪送局備纂。計有《苗栗縣志》（直接稱為縣志，十卷）、《宜蘭縣采訪冊》、《新竹縣采訪冊》、《台灣縣采訪冊》、《彰化縣采訪冊》、《雲林縣采訪冊》（五卷）、《埔里社廳采訪冊》、《安平縣采訪冊》、《鳳山縣采訪冊》（十卷）、《恆春縣采訪冊》，以及《台東州采訪冊》（三卷）。到了光緒二十一年三月，《台灣通志》已有十之六、七成稿。這一年日軍依據甲午之役後的馬關條約開入台灣，在兵荒馬亂中這些采訪冊和通志稿件散佚，後來日人只找到《台灣通志》的未完成稿、在廈門刊行的《澎湖廳志》、《苗栗縣志》（殘缺本），以及鳳山縣、雲林縣、彰化縣、台東州的四本采訪冊，其餘的采訪冊都湮滅了。

今錄其目如下：

卷首

卷一、〈輿地志〉（星野、建置沿革、疆界附形勝八
　　　景、山川附海道）

卷二、〈規制志〉（城池附街市、公署附行署養濟院
　　　義冢、水利附潭港橋樑津渡、倉廒）

卷三、〈風土志〉（氣候附歲時、坊里、風俗、番
　　　俗、番社風俗附撫番餘論、番語、番曲）

卷四、〈田賦志〉（田園、租賦、戶口即人丁、番餉
　　　附鹿皮價、雜餉附官莊鹽課當稅、經費、耗羨
　　　附養廉）

卷五、〈典禮志〉（公式、壇廟）

卷六、〈學校志〉（學宮附入學額數、書院即義學附
　　　土番社學、學田）

卷七、〈兵防志〉

卷八、〈職官志〉

卷九、〈選舉志〉

卷十、〈人物志〉

卷十一、〈雜志〉（名蹟附寺觀墳墓，菑祥附兵燹、
　　　物產、叢談）

卷十二、〈藝文志〉

舊志職名

　　總裁：分巡臺灣道兼提督學政梁文煜

　　鑒定：知府王珍、臺灣府海防同知王禮

　　主修：鳳山縣知縣李丕煜

　　編纂：陳文達、李欽文、陳慧

　　編次：陳逸

重修職名

　　總裁：覺羅四明

　　主修：臺灣道余文儀、知府蔣允焄、海防同知徐
　　　　　德峻

　　編纂：知縣王瑛曾

　　午後調查台灣府城〔台南城〕的沿革。荷蘭人所築的普羅民遮城(Provintia)現在位於城內一角，只有一些殘存的基石而已。明鄭時代沒有築城，清代初年也沒有城柵，但是鑑於康熙六十年〔一七二一〕爆發的朱一貴之亂，雍正元年〔雍正三年（一七二五）之誤〕台灣知縣周鍾瑄開始建造木柵為城。城西面海，所以西邊不設城門，只設弦壁，其他三面則設弧壁，有大南門、小南門、大東門、小東門、大北門、小北門等六個城門，擬為「半月沈江」之象。不久以後，西邊海水後退，出現沙堆，漸漸變成陸地，於是新設大西門補缺。

　　**台灣府城周圍估計為二千六百六十二丈。雍正十一

年，前福建巡撫鄂彌達奏請築造城垣，但清廷令閩浙總督
郝玉麟和福建巡撫趙國麟妥議後再具奏。郝、趙奏稱：
〔台灣建城，工費浩繁〕或可因地制宜，於舊城址之外，環
植刺竹以資捍衛。妥議內容被採納後，地方官署開始從小
北門彎到大南門的木柵外圍種植刺竹，一共種了一萬七千
九百八十三株，只有西邊臨大海，沒有種刺竹。

　　到了乾隆元年〔一七三六〕，清廷撥款令地方官署雇工
建造七個城門，每座石砌城門上面也築造城樓，用女牆
〔雉堞〕保護。每座門周圍二十五丈，高二丈八尺，另外
也建造十五座窩舖（守城的衛兵崗哨）。乾隆二十三年因
爲舊木柵壞了，海防同知攝台灣縣事宋清源奉命整修，第
二年（乾隆二十四年）台灣知縣夏瑚，在刺竹外圍增植綠
珊瑚，以保護四周的木柵。乾隆四十年，台灣知府蔣元樞
補植竹木，同時新築小西門，這樣台灣府城總共有八座城
門。

　　乾隆五十三年，大學士公爵福康安、工部侍郎德成、
福建巡撫徐嗣曾等，奉命改築磚瓦城牆，但是實地調查舊
城基的形狀後，發現要搬運磚瓦很困難，決定築土爲城
牆，北、東、南三面按舊木柵圍牆的位置修築，因爲西面
近海，從小北門彎到小南門的部分，縮減一百五十餘丈，
結果台灣府城的周圍減爲二千五百六十丈。從這一年的十
月二十七日起工，至五十六年四月十一日才竣工，據說花
費了十二萬四千零六十餘銀兩。

同治元年〔一八六二〕五月十一日大地震時，城牆被嚴重震壞了，整修工程艱巨，但是為了使城牆永遠堅固，用磚瓦改修，同治九年完工。光緒元年〔欽差大臣〕沈葆楨奏請清廷撥款大加整修。**❻****

四日　午前再到台灣縣官署翻閱藏書。午後，仙石吉之助陪我去「物產陳列所」參觀，一排一排展示著的物品大有可觀。午後五點，參加藤根吉春君主持的「台南縣廳日本內地同鄉茶會」。茶會設在小西門外的「農事試驗場」內，藤根君的寓所也在場內。參加茶會的內地同鄉，除了主人藤根君、仙石君以外，還有兩個客人──河野氏和佐佐木氏，我們圍桌互敘鄉情。初更時分我向他們告辭，返回我的宿處。**❼**

五日　今天又到台灣縣官署閱覽藏書。午後出席本縣學務課和師範學校的職員為我安排的宴會，餐後逍遙於百花園。**❽**

六日　再次到官署翻閱藏書。承檔案管理員柳田君

---

❻舊城周圍環植刺竹為牆，這是台灣平埔族的生活智慧。舊時部落周圍都種刺竹自衛。刺竹的竹質厚實，每個竹叢竹枝交錯，槍彈不入，盜匪也無法侵入。

❼伊能氏告辭的時間是初更，也就是晚上八點至十點之間。

❽伊能氏和人類學研究者鳥居龍藏一樣，每到一個地方，就翻閱、購買或抄錄當地史料，這是從事田野調查的近代人所忽略的。涉獵越廣，越有更大的視野、更多的見識。伊能氏進行環島巡察時，隸屬於總督府學務局，而且是師範學校出身，所以在台南的學務課和師範學校教職員歡宴他。台南市當年的百花園，待查。

好意，獲贈《台南縣志》三冊。從台南縣知事磯貝氏的序，可以了解它的大綱。引用部分序文如下：

> 治新隸之版圖，莫善乎知其古俗，而斟酌以成爲治理。蓋古俗者，制度文物所基，亦民生利病休戚所係也。歲丙申（二九）五月，余蒞任斯府，以周知古俗爲要務，日進紳衿耆老，而咨詢之。而圖書散失，是非錯綜，無由得實，大違所期，不禁有望古遙集之思焉。爰於其年八月，特囑委員若干人，編纂縣志，廣蒐遺帙，博採舊聞，講求而討論。云云。

也承仙石君的好意，能夠看到今年度的《勸業年報》稿本，現在抄錄其中的重要項目：

田圃面積

田	六〇、六三六甲七分厘
圃	八三、八九〇甲〇分〇厘
田圃兩用	六、〇五八甲九分〇厘

普通農產物

米、甘藷、落花生、大豆、小豆、烏豆、米豆、胡麻、大麥、小麥

特用農產物

甘蔗、黃麻、菁、姜黃、鳳梨、纖緯、煙草

農戶（M三七）

$$
\text{專業}\begin{cases}\text{大租戶} & \text{一、七〇八} \\ \text{小租戶} & \text{三七、三四六} \\ \text{佃　戶} & \text{五五、二一九}\end{cases}\Biggr\}\text{九四、二七三}
$$

$$
\text{兼業}\begin{cases}\text{大租戶} & \text{三、一七一} \\ \text{小租戶} & \text{一一、二九五} \\ \text{佃　戶} & \text{一〇、三一一}\end{cases}\Biggr\}\text{二四、七七七}
$$

$$
\text{合計}\begin{cases}\text{大} & \text{四、八七九} \\ \text{小} & \text{四八、六四一} \\ \text{佃} & \text{六五、五三〇}\end{cases}\Biggr\}\text{一一九、〇五〇}
$$

水產業戶（M三七）

$$
\begin{cases}\text{專業} & \text{四、三一四} \\ \text{兼業} & \text{一、七七五}\end{cases}\Biggr\}\text{六、〇八九}
$$

養魚池面積及產額（M三七）

$$
\text{虱目魚}\begin{cases}\text{四、〇六八・七三甲} \\ \text{二二、〇五四、四五八斤}\end{cases}
$$

$$
\text{草　魚}\begin{cases}\text{一、一一六・八四甲} \\ \text{二、四三五、五〇〇斤}\end{cases}
$$

$$
\text{鯑　魚}\begin{cases}\text{一七六・九一甲} \\ \text{一、一二一、九七〇斤}\end{cases}
$$

$$
\text{合　計}\begin{cases}\text{五、三六二・四八甲} \\ \text{二五、六一一、九二八斤}\end{cases}
$$

製鹽（M三七）

臺南瀨北場 ｛ 一二甲
四八、〇〇〇斤

鳳山瀨南場 ｛ 六甲
八〇、八〇〇斤

樸仔腳洲南場 ｛ 一〇甲
五五、〇〇〇斤

鹽水港洲北場 ｛ 五・〇八甲
七八〇、八〇〇斤

鹽水港瀨東場 ｛ 六・九二甲
一、〇六二、六五六斤

鹽水港舊埕庄 ｛ 三・一二甲
四七八、七二〇斤

合　　　計 ｛ 四三・一二甲
二、五〇五、九七六斤

商戶（M三七）　八、七一一戶

製糖（M三七）

蔗廍　　九九四

數量 ｛ 赤　　八四、四六八、一四五斤
白　　一〇、七二五、一〇四斤

價格 ｛ 赤　三、〇七九、七五三・五〇圓
白　七五〇、七五七・〇〇圓

輸出	{	赤	六四、九七六、一四五斤
		白	八、二五〇、一〇四斤
船運內地	{	赤	九、〇五四、四二七斤
		白	二六五、五〇〇斤

然後翻閱《台南縣治要覽》。這本書包含台南市街的主要統計資料，列舉如下：（Ｍ三〇，Ｇ七〇）

戶數　　一一、〇〇六戶

人口　　四四、九〇五人

（其中男二四、一一二人，女二〇、七九三人）

中午去訪問山田君，連袂訪遊Provintia城，也就是赤嵌樓。《續修台灣縣志》記載：

　　明萬曆末，荷蘭所築。背山面海，與安平鎮赤嵌城對峙，以糖水糯汁搗蜃灰，疊磚為垣，堅埒於石。週方四十五丈三尺，無雉堞，南北兩隅瞭亭挺出，僅容一人站立，灰飾精緻。樓高凡三丈六尺有奇，雕欄凌空，軒豁四達。其下磚砌如巖洞，曲折宏邃。右後穴窖，左後浚井，前門外左復浚一井。門額有紅毛字四，精鐵鑄成，莫能辨識。先是潮水直達樓下，閩人謂：水涯高處為墈（仄聲）訛作嵌，而臺地所用磚瓦皆赤色，朝曦夕照，若虹吐，若霞蒸，故與安平城俱稱赤嵌。

明鄭時代，赤嵌樓內貯藏火藥、軍械，台灣併入大清版圖以後，台灣道台派兵駐守，負責人員的出入管制。到了康熙六十一年朱一貴之亂後，赤嵌樓大門終於關閉，但是賊兵逼近，奪走了大門鐵質門楣文字，用以製造兵器。後來地震頻頻發生，樓宇傾坍，四壁陡立，只剩四周石垣仍堅固如初。

乾隆十五年，知縣魯鼎梅嚴加關鎖，時而灑掃，讓地方人士前來覽勝。光緒五年，知縣潘慶辰拆掉舊樓，就在原址建築「文昌閣」和「海神廟」，同時在文昌閣的右邊，購下一間民房，建築「蓬壺書院」，所以舊觀盡失，只餘部分的舊地基。

現在，對於這個歷史上具有爭議的名稱「赤嵌」，我可以斷言漢人所稱的赤嵌，原是出之於蕃語的。漢人所謂「閩人謂水涯高處為墈（仄聲），訛作嵌，而台地所用磚瓦皆赤色，朝曦夕照，若虹吐、若霞蒸，故與安平城俱稱赤嵌」，只是拘泥於字義而牽強附會的。

其實，赤嵌樓這一帶原來是台灣平埔蕃族中Sinkan社的故址，當年荷蘭人統治時代，其文書都把這裡的平埔族蕃社用羅馬字拼寫為Sakam，而且把Sakam這個蕃社名當做族名稱呼，後來移入的漢人乃用近似音「赤嵌」來稱呼荷蘭人在蕃社址所建造的城堡。平埔語音的轉訛過程如下：

(1)Sinkan

(2)Sakam

(3)Siakam（赤嵌）**❾**

七日　告別台灣縣官員和師範學校諸君，就上轎從小南門南行，經過遼闊的山丘、原野，到二層行溪〔ニ仁溪〕，正如溪名，果然有二層溪流，往年的時候形成舊台南縣、鳳山縣的縣界。**❿**

　過溪後進入大湖街〔高雄縣湖內鄉大湖村〕，這裡是荷據時代郭懷一企圖叛變的根據地，可以說是台灣匪亂史上的一個發軔地。**⓫**

　行進中左邊看到大崗山和小崗山橫列成「中軸嶺的前屏」；半屏山和打狗山在右邊，成為西南方的陸標。相傳

---

❾據日人安倍明義的考證，西元一六五〇年荷蘭人選定今台南市中區一帶的平埔族Saccam社土地，要建造Provindia城，結果族人被迫集體遷徙到東北方新市一帶。荷蘭人在新的蕃社設立教堂與學校，教育蕃人。漢人把這個新的蕃社稱為新港社(Sinkan)，原來是將蕃社名Saccam（或Chaccam）的近音Sinkan，配合以新(Sin)蕃社設立於港(Kan)墘（溪岸）的寓意，才稱作新港社。按新港社位於今台南縣新市鄉新市的社內、番仔寮一帶，也就是鹽水溪上游，夾於兩條源流之間，舊稱新港溪。台語「港」是溪的意思，新港社位於溪畔。伊能氏從語音的演變加以解釋，但是安倍氏的解釋有獨到之處，相當有趣。

❿二層行溪源出台南東南方的龍船、內門、旗山，中、上游是平埔族聚眾遷居之地，與平埔族的歷史有密切關係。古時候下游分成南北二條平行的流路入海，伊能氏南下調查時還看到北邊溪流入海口是在喜樹一帶，古時候叫做喜樹港。後來兩溪合而為一，從靠近南邊的現在位置，亦即灣裡和草仔寮間入海，成為今台南市和高雄縣的縣界。「舊縣界」指明治三十年起，日政府將原來的台灣縣（日據初期已改稱台南縣），以二層行溪為界，分為台南縣與鳳山縣。

⓫一六五二年九月七日，在荷蘭Provintia城治理下，漢人郭懷一企圖叛變，結果荷蘭人召集歸化的平埔族擊退叛軍，這是台灣史上第一件平民起義事件。伊能氏查出郭懷一和部下密議叛變的地點是在大湖。

明朝的太監王三保曾經在山上種過薑。《續修台灣府志》引用如下：

> 明太監王三保植薑岡山上，至今尚有產者，結草
> 為記；次日尋之，弗獲故道。有得者，可療百病。❷

繼續從大湖南行，經過半路竹〔高雄縣路竹鄉路竹村〕到阿公店街〔高雄縣岡山鎮〕。訪問當地的一間公學校〔小學〕，從大谷君處聽取地方情況。在這裡最引人注目的，是飼養鴨子的小童一手執著一根竹竿，連呼「鴨仔」，以這樣方式巧妙地指揮數十隻乃至百餘隻鴨群。朱一貴開始作亂時，也是用這種方法引導民心的，可知用趕鴨子的方法指揮叛軍，並非沒有來由的。❸

八日　　搭縱貫鐵道運貨列車到打狗。列車經過楠仔坑〔高雄市楠梓〕車站後繼續駛過半屏山東麓。半屏山的山勢向東面作平緩傾斜，西面很陡，所以才叫做半屏山。

半屏山的南方有一小丘，叫做龜山，有城牆環繞龜山

---

❷大崗山和小崗山彼此以低鞍接連，位於今高雄縣岡山鎮東方，是屬於獨立的隆起珊瑚礁，沒有稜脈。伊能氏所謂「中軸嶺的前屏」，不易了解。站在岡山一帶的高屏平原看，二山南北縱列，似乎是中央山脈西側傾斜面的屏風，不過離高山尚遠，地形上毫無關聯。接近左營的半屏山和接近高雄港的打狗山（壽山），也是獨立的隆起珊瑚礁，航行於西海岸的船隻把這兩座平原上凸起的小山當陸標。關於太監王三保種藥用生薑於石灰岩質的大、小崗山，其詳情不明。

❸朱一貴在康熙六十年起義抗清之前，在今屏東縣林邊溪南岸飼鴨為生，很會用一根竹竿指揮鴨群編隊出入飼養場地。伊能氏所指的是這一則故事。

而建，叫做「舊城」。⓮

　　**據文獻資料，舊城是清國領台之初所設置的鳳山城址。康熙六十一年，鳳山署理知縣劉光泗最初築造土城，周圍八百一十丈，高一丈三尺，四方設城門。周圍環以濠塹，寬一丈，深八尺。雍正十二年鳳山知縣錢洙奉旨在城的周圍環植刺竹三重。乾隆二十五年，鳳山知縣王瑛曾在四個城門旁，建造四座砲台。後來乾隆五十一年，林爽文作亂，其南路賊魁莊大田，蹂躪縣城，賊軍第一次攻擊時，知縣湯大奎陣亡，第二次攻擊時，縣城陷入賊軍手中。乾隆五十三年亂平後，以舊城不利於守護，改在武洛塘山南側的埤頭街〔高雄縣鳳山市〕建造新的縣城。⓯

　　嘉慶十一年〔一八〇六〕海寇蔡牽攻打台灣城〔台南城，今台南〕的時候，土匪吳淮泗趁機攻陷位於鳳山的埤頭城。於是有識的人士說埤頭城不如舊城，因此福建將軍賽沖阿向清廷請准予將鳳山縣城移回舊城。嘉慶十五年，閩浙總督方維甸渡台實地勘察，發現所需工程費用龐大，因而不贊同移建。⓰

⓮龜山又叫小半屏山，位於半屏山西南方，與半屏山之間有池塘叫做蓮潭埤，今稱蓮花潭。龜山也是由珊瑚石灰岩構成，向東緩緩傾斜的一個小隆起珊瑚礁。下文「蛇山」，似乎是指龜山再西南方的更小隆起珊瑚礁。

⓯舊城位於今高雄市左營，清代屬於鳳山縣。縣城最初建於左營，當時地名叫做興隆庄埤仔頭，林爽文之亂後，移到鳳山市，舊名竹橋庄陂頭街。按台語「陂」通「埤」，是水池的意思。兩地舊名，其一是埤仔頭，另一是陂頭，又寫埤頭，很容易混淆，請注意。

⓰伊能的《台灣文化志》說方維甸條奏改建舊城為鳳山縣城，但因為所估計工程費用太大，清廷未予照准。

到了道光三年〔一八二三〕，閩浙總督趙慎軫命台灣府
的署理知府方傳穟實地勘查，以決定是否可以遷回舊城。
第二年福建巡撫孫爾準渡台巡視，鳳山知縣杜紹祈自以為
精於風水，說新城〔鳳山埤頭城〕的形勢不如舊城那樣
好。孫爾準採納輿論的意向，上奏重建舊城。當時剛好有
楊良斌之亂，方傳穟建議由官方出資，同時誘導民間募款
重建，建議獲准後，以檄文獲得士紳贊同，把工程費定為
十二萬兩，官民分攤所需銀兩。當時共募得官民捐款十四
萬兩，就開工了。從道光五年七月十五日起工，第二年的
八月十五日竣工。

　　新城〔復建的舊城〕把龜山圍在裡面，但把蛇山排除
於外，砌石為牆，高一丈二尺、寬一丈五寸，上設雉堞。
城周一千二百二十四丈，四方各設一個城門，城門上有城
樓，高四丈二尺。同時興建的有文武衙署，都很齊全。想
不到當時的官員惑於擇日的迷信，遲遲不肯移入城內，先
把罪犯移入，然後另外擇取吉日才要遷入。不久，鳳山知
縣病亡，以為遷入舊城是凶兆，乃因循苟且，結果官民都
沒有遷入城內，所有的官舍逐漸傾頹，民居極為寥落。＊＊

　　火車抵鹽埕起站，❼下車轉搭小船到旗後。

　　午後乘船觀察打狗港形勢。「打狗」這個地名出之於

---

❼「鹽埕起站」，高雄市舊火車站。昭和年代改設新站以前，在今鼓山區設
　站，當地屬於鹽埕範圍，所以叫做鹽埕起站，因為位於港邊，舊稱「濱
　線」，日語唸Hamasen，台語訛音「哈馬生」，現在只做為貨物起卸站。

住在打鼓山麓的平埔蕃Takō社，平埔蕃把蕃社背後的山，也叫做Takō山。明嘉靖年間，海寇林道乾入侵台灣，殺土蕃，取其血混和石灰塗船的傳說，就發生在這裡。**⓲**

　　當時，遠航到台灣的外國船隻都停泊於南方這一個港口，把Takō-san〔打狗山〕唸成Takaʰgo〔高砂〕，這是我國人給這地方日式名稱的開始，最後用於泛指台灣島。相傳我國在文祿年間〔一五九二～一五九五〕，執政的太閤豐臣秀吉派遣特使原田孫七郎到呂宋，命他在航途中順便到「高山國」。當時使者所帶的曉諭書，勸高山國入貢於日本，可見這個名稱由來已久。**⓳**

⓲ 伊能氏此行，主要的是要調查南台灣的地理形勢和歷史，所以特別乘船觀察各地。關於海盜林道乾駭人的殘忍作法，見於《鳳山縣志》中的雜志叢談：「明都督俞大猷討海寇林道乾，道乾戰敗，艤舟打鼓山下，恐復來攻，掠山下土番殺之，取其血，和灰以固舟，遁占城。餘番走阿猴林，今之比屋而居者，是其遺種也。」伊能氏在《台灣文化志》裡，針對世居於高雄壽山與山麓海岸的馬卡道平埔族，遭受掠殺而集體避難到屏東（阿猴）的事蹟，有詳細的考證，請參照。關於華南海盜與日本倭寇入侵台灣各地海岸，劫掠並屠殺平埔族的史實，文獻和平埔族口傳資料相當多。例如台灣北部海岸三貂社（舊社）的凱達格蘭族，以及東北部噶瑪蘭族的遭遇最為顯著。Takō社的名稱，原來是指蕃社周圍所種的刺竹林，平埔族的部落都有單層，甚至兩層以上的刺竹牆垣，防禦敵人來襲。譯註者曾經在竹北的竹塹社老房子附近看過，刺竹密而厚實，槍彈不入。Takō，漢人譯其音為打狗（台語音）。

⓳ 豐臣氏在文祿二年（一五九三）十一月五日交使者攜帶的「致高山國曉諭書」，把台灣寫成高山國，用日本片假名唸其音為タカサグン。後來在慶長十四年（一六〇九）二月，繼豐臣氏執政的德川家康，又遣使者有馬晴信到台灣偵察時，文書上仍寫タカサグン（高山國）。但是到了元和元年（一六一五）九月，德川幕府所發給遠洋貿易船的「渡海朱印狀」（渡航許可），已改寫為高砂國，但是片假名仍寫タカサグン。無論如何，台灣在十六世紀末、十七世紀初，被向海外擴張勢力的日人稱為高山國、高砂國、高砂，都是出之於打狗社、打狗山等小地名。當時這一支馬卡道族又稱打狗族，其勢力和影響力，似乎超過住在Taioan（台員）的西拉雅族。

原來，打狗港有四個「部落」分布在內港附近，北邊有打狗〔高雄市鼓山區南側聚落〕、鹽埕埔〔高雄市鹽埕區南側聚落〕，南邊有旗後〔高雄市旗津聚落〕、連雅蓁〔高雄市苓雅區西南側聚落〕。古時候財富集中於南邊，現在逐漸轉移到北邊。換言之，由漢人在南邊經營的生產力，已逐漸落入在北邊經營的日人手中，這是時勢所趨，無人能擋住的。**⑳**

九日 乘小船從旗後到連雅蓁登岸，然後改乘人力車到鳳山城，由西門進入。先訪問鳳山辦務署長川田氏，向他照會我們要進入他所管轄的阿猴地方蕃地。之後，訪問曾經協力編纂《鳳山縣采訪册》的盧德嘉氏，他對於我的史料採集工作，幫忙很大。

＊＊鳳山城是在乾隆五十三年從興隆里〔左營的舊城〕遷建的，城址原來叫做埤頭街，最初只是一座竹城，四周環植刺竹，作爲內外蔽障。嘉慶九年，鳳山知縣吳兆麟首次建議築造四個城門，在北門外側門楣上題爲「郡南第一關」。道光十八年，在各城門上增築城樓，外圍開挖壕塹，寬一丈，深一丈一尺，周圍長一千一百二十丈。咸豐四年〔一八五四〕，參將曾元福建造土牆，高八尺，寬二

<hr>

⑳西元一九○○年伊能氏來巡察的時候，打狗港是擴港以前的樣子，港面狹小，當時位於南邊的旗津最繁華，人口也最多，但對岸的今鼓山區哨船頭及鹽埕埔漸漸取代旗津。連雅蓁聚落只集中在今愛河口東側一帶。伊能氏來時，打狗社已成廢墟，也沒有馬卡道平埔族留居，所謂「打狗部落」，和旗津、鹽埕埔、連雅蓁一樣，也變成漢人的聚落了。

尺，牆外仍然環植刺竹。光緒十八年，土牆崩壞，知縣李淦人命地方民人整修。

鳳山這個地名的起源，根據漢人的記載，是因為鳳山城的東南方有一山丘，稱為鳳山。但是，鳳山縣這個名稱，是康熙二十三年清國領台之初所定的，縣城也設於現在的舊城〔左營的舊城〕。原來，設在興隆里〔興隆庄埤仔頭〕的舊城一帶，是屬於平埔族的Pansoa社（放索社）故址。選定縣名的時候，從Pansoa的近音選擇字義更佳的「鳳山」〔台語音Fonsoa，即Pansoa的近音〕。後來，縣城遷到埤頭〔高雄縣鳳山市〕的時候，剛好城外有一座叫做「鳳山」的山丘，所以鳳山城這個名稱就確定了。㉑**

午後到鳳山城北門外參拜勅建淮軍昭忠祠。祠宇曾經遭受兵燹之災，但是仍然可以看到舊時的規模。這是光緒二年提督軍門唐定奎所建，從匾額和碑文可以了解建祠的來歷。從《鳳山縣采訪冊》引用原文如下：

> 勅建鳳山昭忠祠碑（本祠內東壁，高七尺，寬二尺四寸，額篆書：「勅建鳳山昭忠祠碑」八字，正書二十四行，行四十二字。）

> 於維聖清，含育萬品。蠻牙咸折，肖類知歸。獨臺灣孤懸海中，物產豐殖。生番錯處，鼠伏猓緣。外

㉑勢力強大的的馬卡道系平埔族放索社，最初世居於今左營舊城和高雄縣仁武鄉大社一帶，明鄭時代由於漢人入墾其地，受到壓迫而遷到林邊溪畔的田墘厝（屏東縣林邊鄉田厝村、崎峰村及水利村）。

啓戎心，內遺王化。迺恢廟勝，輔德以威。讋遠人，馴異族。將領忠力，士卒用命。窺謀既寢，蒙機漸開。爰疇勳庸，並旌義烈。有勅建昭忠祠於臺灣之鳳山，祀提督王德成、張光亮、李常孚、總兵胡國恆、福建候補道田勤生等諸部死事者，無問官卒，咸得附饗。有司以時詣祭，牲幣如禮，必備必虔，褒往勵來，規制遠矣。先是，日本以番戕難民爲辭，於同治甲戌春入犯臺南，詔以今尚書沈公視師。公請益軍，則遣今福建提督唐公，將淮軍萬人以往。唐公方屯徐州，受調霆發，義不憚行。旗鼓嚮指，號令明肅。日本度不可敵，請成而退。會生番復戕開山官兵於獅頭山下，移軍往征。番類胚渾，阻菁出沒，嗜殺忘死，舊以度外置之。唐公刊道列營，轉戰奮險，連下番社，首惡就擒，餘怵軍威，相率歸命。芟獮不極，約以八條。革頑奉法，易獸爲人。威行躬山，歡播醜種。是爲臺灣生番服化之始。竣功都籍陷陣，中瘴物故者及二千人。宿將賢僚，忠存魄逝，班師息瘁，駐筛澄江，於是踰二年矣。唐公喟然語提督周志本、章高元曰：我儕奉國威靈，涉遠犯難，師武臣職也。公等悉智盡勇，僕受其成，而王、田諸君出不偕入，皇仁彙祀，禮亦宜之。章義抒哀，茲焉何屬？周君、章君迺謂銘曰：是行也，吾子實掌書記，本末具睹，忠勤共之。辭而碑焉，繫吾子之責；銘不獲辭。於戲！

諸君在軍十餘載，南北臣孽，蕩定咸豫。今茲戩遠啓昧，烈垂方來。交嶺祠伏波、宥益祠武鄉，古今實同，頌勒何媿？祠凡十有二楹，創於光緒乙亥七月，迄丙子六月落成，遷葬鳳山、枋蔡兩冢千九百十八棺，仍置祠田，守者司之，別石具勒。參將程曾郁、副將趙元成經理其事，例得附書。辭曰：

海氣蒸鬱兮，山嵐與通。島夷旁伺兮，諸華不同。榛狉異性兮，沙塵濛濛。函入聖度兮，勞臣之功。窈林麓兮千萬重，靈風肅兮神雨從。慴彼狂兮波澂溶，福新氓兮牖胸蒙。歌峒叟兮舞蠻童，戴皇覆兮永無窮。屹宇下兮碑穹隆，用告來者兮茲群忠。

鳳陽　柳銘撰

合肥　靳理純書並篆額

大清光緒三年歲次丁丑秋八月

十日　向盧德嘉打聽鳳山的史蹟位置後，到附近探查形勢與名勝。鳳山城居民大多是漳籍，共有□□戶，□□人。❷

然後到北門外看城牆旁邊的「公道可風」碑。這是嘉慶十七年所立的石碑，鳳山縣城曾發生水災，道路毀損，官民出資修復，所以立碑紀念這個事蹟。關於鳳山一帶的地勢，《鳳山縣采訪冊》所記載的很簡明，引用如下：

---

❷伊能在《台灣蕃人事情復命書》裡補寫一千五百戶，大約五千五百人。

縣治疆域形似日字，上畫爲東（即南太武、南崑崙一帶傀儡山），下畫爲西（西面沿海一帶，如草仔蔡港、彌陀港、萬丹仔港及蛇山、打鼓山皆是），左畫爲北（上半段即石仔崙、鉋仔湖、寨仔腳、南雅仙等山，下半段乃岡山溪之上游也），右畫爲南（南面亦沿海，如新打港、南平港、東港、中港及鳳鼻山，海汕，旗後山皆是），而中間一畫，其淡水溪也。平上去入四隅，其四維也。平隅屬西北（爲岡山溪下游，其出口及草仔蔡港也），上隅屬東北（爲龍交灣山，即港西里尖山之後背也），去隅屬東南（爲率芒溪，即鳳、恆之分界也），入隅屬西南（乃大竹里之西港即旗後港也）。

縣治諸山自東北綿亙而來，勢皆西南向。大鳥山高聳特起，爲縣治少祖。脈分三大支；以沿溪一帶爲左支，沿海一帶右支，屈伸起伏，聯絡四十餘里，奔赴縣治者爲中支。

午後，台南師範學校杉本教授來鳳山會合，明天他要和我一起進入Tsarisien蕃地。**❷❸**

十一日　一大早就乘轎子從鳳山進入磚仔磘庄〔高雄縣大寮鄉義和村〕，再往前走便到下淡水溪〔高屏溪〕，流域

---

❷❸Tsarisien，清人所稱的「傀儡番」，但原義是「住高山者」，這是早期對魯凱族、西排灣群的統稱，今譯澤利先族。

極廣，忽而渡溪，忽而越過沙洲，涉渡大、小不同的溪流共六次（其中三條是坐竹筏通過的）。據說一旦下大雨，河水就氾濫，這地方頓成水鄉澤國，往來的旅客絕跡。抵達六塊厝庄〔屏東市西側六塊厝車站一帶〕的時候，雨停了，不久轎子進入阿猴街〔屏東市區〕。❷❹

阿猴街有□□戶，□□人，是位於山邊的一個小市街，三面有圍牆和大門，街衢很寬。阿猴街的地名，出之於平埔蕃社名Akāu，族人原來住在打狗，原來叫做Takō社（或叫Takao社），明末海盜林道乾侵掠時，族人為了避難，遷到現在這個地方，《續修台灣府志》引述〈陳少厓外紀〉，說：

明都督俞大猷討海寇林道乾，道乾戰敗，艤舟打鼓山下，恐復來攻，掠山下土番殺之，取其血和灰以固舟，乃航于海，餘番走阿猴林社。

現在閩南人占居其地，平埔蕃只剩二十戶左右，住在番仔埔。❷❺

打狗和阿猴兩個地名，顯然地出之於Takō社，其演變

❷❹高雄市壽山山下近海岸處的打狗社族人，於明末遷到屏東平原，建立新社，仍稱Takō社（Taakau社）。按南島語詞的接頭語常略去，所以又稱Akau社。建社之初，附近森林茂盛，所以漢人用漢字譯音為阿猴，尾巴加「林」（讀音Na，台語意謂森林），所以又稱Akauna（阿猴林）。伊能來調查的時候，漢人人口多而占優勢，已經變成漢人市街，所以叫做阿猴街。大正九年（一九二○），日政府將阿猴改名為「屏東」，指其位置在高雄半屏山之東。
❷❺番仔埔，今屏東市南區光華里和福德里。

順序如下：

(1)Takō
(2)Takao（打狗）
(3)Akāu（阿猴）

我們直接向阿猴辨務署第三署官員竹下和北元，照會我們進入其轄下蕃地事宜。❷⁶

十二日 乘轎子從阿猴街出發，經過火燒庄〔屏東縣長治鄉長興村〕、崙上庄〔崙上村〕、竹葉庄〔德協村〕等客屬部落，然後經過閩屬的部落蕃仔寮庄〔長治鄉繁榮、繁華、繁昌、繁隆四村〕，涉渡隘寮溪進入隘寮庄。❷⁷

原來在清代隘寮庄設有山豬毛口險隘，因此部落名稱叫隘寮。❷⁸隘寮庄的沿革是這樣的：最初阿猴社的平埔族為了拓展生計遷到蕃仔寮，但是在這裡又被隨後趕到的閩籍漢人所侵占，大約六、七十年前再度遷到隘寮，現在有四十多戶，與七十多戶閩人為鄰，因此阿猴社族人固有的語言、習俗一點也沒有留存，我們可以了解他們已經相當

---

❷⁶日據時代早期要進入原住民地區，只要口頭上向管區撫墾署或後來的辨務署報告就可以。後來，凡是入山的官民，都要向轄區警察機構申請入山許可証，叫「入蕃許可」，無論是早期或晚期，有時候派武裝警察隨行。

❷⁷伊能氏的轎子從屏東出發，沿著往三地門的舊道，亦即今二十四號公路前進，所經過的地方─火燒庄、崙上庄、竹葉庄和番仔寮庄都在今長治鄉境內，而隘寮，在這裡指新隘寮，位於今內埔鄉東北角。

❷⁸山豬毛即今三地門，是排灣族的部落。山豬毛口，指進入三地門社的入口處，原有險隘，叫舊隘寮，伊能來的時候，已撤除舊隘寮（地名「舊隘寮」，今屏東縣鹽埔鄉久愛村）。

漢化了。今天投宿於隘寮庄內平埔族頭人潘春鳳的家。❷

十三日　天未亮就從新隘寮庄〔屏東縣內埔鄉隘寮村〕出發，前往蕃地。阿猴辨務署鹽埔派出所的巡查板橋精作氏擔任警衛，與我們同行。原來從加蚋埔〔高雄縣高樹鄉泰山村，平埔族部落〕有平埔蕃通事曾龍要趕來擔任翻譯，但他本人還沒到，不得已在隘寮雇用一個土人〔漢人〕權充通譯。一行人涉渡隘寮溪，然後攀上山豬毛山。今天溽暑劇烈，人人疲累不堪。❸

好不容易到達Pinaura社（山豬毛口社）前的一個石門(Ririu-no-Tsatsava)，但見巨樹蒼翠，陣陣涼風吹來。這時候，在一邊的山坡地上看到一個蕃女在耕地，我們叫通事去討一些冷水喝。這個蕃女跑到山溪，舀來一瓢清水，大家喝完水，連呼復甦了。不久走進蕃社，投宿於頭人Ravaus的家。Ravaus是前任頭人Taparen的妻子，據說三年前她丈夫死後，她便繼承這個職位。❸

午後又下起雨來了。這時候，阿猴辨務署主記北元隆氏帶著曾龍也趕到。曾龍是前年我去調查Tsarisien族〔澤

---

❷ 遷居於屏東市的馬卡道平埔族，由於漢人入墾，輾轉遷居於番仔寮和隘寮，生活上仍無法安寧。最後遷到隘寮以後，還是有閩籍漢人大量移入，結果被同化的過程和處境，真是一幕平埔族哀史。

❸ 山豬毛社（三地門社）位於隘寮溪右岸河階上，標高約四四○公尺，不算是山上，不過漢人需從隘寮溪床直接爬上去比較累，所以把河階上的部落俗稱山豬毛山。昨夜伊能氏一行人住宿於新隘寮庄，位於舊隘寮的南邊。

❸ 石門，即蕃社外圍石垣的大門，不但表示蕃社範圍，也有宗教信仰的意義。頭人就是頭目。

利先族，在此指口社的排灣族〕時隨行的通事，三年後又在蕃地和他見面，他還是那樣健康，我們因為重逢於異地而高興。**㉜**

　　本社〔山豬毛口社〕人口大約有二十戶，七十人（其中，男四十人，女三十人）。我們開始調查蕃情的時候，接受面談者都會收到一份禮物。當我們送他們禮物的時候，蕃人都用雙手捧著，說Mari'-Mari`，這是「多謝」的意思。

　　這時候我已經看完了蕃人的「土俗品」〔指傳統的生活用品〕，準備把這些東西放在穀倉上面，蕃人竟然倉皇地，一個箭步走過來把東西搶走。最初，我對這種舉動不在意，但是頻頻發生而覺得很奇怪，向蕃人問過了以後，才知道他們有迷信，認為異族的所有物，或者是被異族用手碰過的東西，如果馬上接近穀倉，那麼倉內的穀物會全部爛掉。

　　入夜以後，我把帶來的米酒請蕃人喝，因為這個蕃社既不種稻，也忌諱白米和米酒被帶進蕃屋裡，不得已就在屋外開罈飲用，這時候來了十數名男女，大家邊喝邊唱蕃

㉜伊能氏於明治三十年十月十七日，在全島巡察旅行中抵達加蚋埔庄，準備第二天到口社訪問，當晚宿於通事曾龍的家中。這一次往三地門調查，辦務署官員代為物色一位通事，想不到請到的是舊識，異地重逢使伊能萬分高興。加蚋埔離開三地門、隘寮還有一段距離，可見這位平埔通事的能力與見識很廣，而被日本警察重用。另一方面，從日記也可以看出伊能非常重視他與平埔族、高山族的交情，主要的是他很珍惜對方樸直誠實的民族性。

歌。㉝

十四日 天還沒亮就從Pinaura社〔山豬毛口社〕向
Timol社〔山豬毛社，亦即三地門社〕前進，忽然看到十多
名壯丁每人手裡握著長槍到山上迎接我們。我們透過通事
表示我們的來意，本日準備在頭目Sivurai家過夜。

頭目家裡保存著大小不同的陶甕（Dedùtan），據說祖
先從天上降世的時候，這些陶甕是同時從天上降落的。這
六個古甕被安置在Tara〔寢室〕的一個角落，裡面昏暗，
用肉眼是看不清楚的，而且排灣族人忌諱人家用手觸摸古
甕，除非是大頭目，否則任何人都不可以加以移動。

我叫通事曾龍用排灣語告訴頭目，說通事是平埔族，
而且具有大頭目的身分，才慢慢地得到頭目的允許。於是
曾龍恭恭敬敬地把每一個古甕移到明亮的地方。

我看古甕和台灣東部Amis族〔阿美族〕現在還在使用
的Atomo甕同型，認為確實有關聯。但是其中的一個小

㉝排灣族和其他山地原住民一樣，是種小米的民族，農耕禮儀也伴隨著小米
的播種、除草、收穫而展開。對於漢人的水稻耕作，直到日據時代末期以
前，一直無法接納，而且把稻穀、白米視為禁忌，禁止帶進部落內。與伊
能氏同時來台調查的鳥居龍藏進入山地部落以前，也曾經被告知不可帶白
米進入，並且在橫越中央山脈的二十一天期間，沒有吃白飯，也沒有攜帶
白米。伊能和鳥居都很尊重當地習俗和禁忌。本段日記提示排灣族的禁
忌，非常有趣。這樣的故事，比長篇論文更具說服性，同時也有文學價
值。原住民對於異族進入部落，古來一直持保留態度，原因是異族會帶來
平地的疾病。異族不可用手碰穀倉，用手摸過的東西也不可靠近穀倉，也
是基於同樣的理由，加以禁止。以雙手捧著禮物說謝謝的習俗極其優雅，
常見於原始民族的社會。譯註者在尼泊爾國登山健行時，當地搭曼族和雪
巴族等，都是這麼做，令人感動。

甕，縮口、圓底，高一尺，口徑八‧二五寸，上半部有很多凹入的圈點紋樣。公甕很大，有圓形甕口，高一尺五、六寸，口徑五寸，這是由女祖所生的，所以排灣人對它特別虔誠。其他古甕之中，有兩個和小甕同型，都有把手；另外兩個和公甕同型，其中一個是甕口稍微內縮，呈 🯄 狀，口徑八寸，而且有把手。除了這六個古甕外，還有一個陶器，熟視之下發現是個粗糙的漢人尿器，一行人不覺啞然失笑了。❸

我們在蕃社內毫無拘束地漫步時，碰到一個蕃人，他請我們到他的家裡，把水煮的蕃薯拿出來請客，我也拿出一個隨身攜帶的禮物給他，當做回禮。

Timol社是漢人所謂山豬毛社，往年有猛悍之風，聲名遠播。《台灣府志》有如下記載：

> 傀儡生番，性嗜殺人，取其頭以多者爲雄，諸社皆然，然而山豬毛爲最。

現在這一個蕃社已「馴化」了，已經失去往昔的蠻風，甚至喜愛珍藏人頭的風俗也完全喪失了。❸

---

❸排灣語Tara指寢室。伊能氏說古甕安奉於Tara的一角似乎不太對。依照千千岩助太郎所著《台灣高砂族の住家》所刊載排灣族屋內房間配置照片，古甕架上下分成兩、三層，位於室內糧倉的背面，與爐灶成對角，而不是在寢室內外。不過有可能伊能氏所見到的那一個頭目家置放的位置有別。譯註者五十年代去鬼湖探險途中，曾經在Kinuran社（去怒社）的魯凱族頭目家看過古甕，分成三層安置，頭目恭恭敬敬地拉開布簾讓我們觀看，因為禁忌的關係，不准用手碰，也不准照相機拍照。我記得甕架位於爐灶附近。

午後，從山豬毛社出發，準備到Taravatsǎ社（漢人所謂Taravatsan社）。陪伴的Timol社蕃先去說明來意。對方社蕃說：「目前正是小米收穫祭的Parish期間，萬一有異族進來，明年的小米會歉收，而且蕃社內會有瘟疫流行！」，因此拒絕我們進去。偏偏一行人還沒用午餐，所以再請求給我們一些食物，我們可以在蕃社外面吃。對方又說：「Parsih期間，一粒穀物也不可以帶出蕃社。」這時候看到頭目的一個兒子親自出來，他對我們辯稱：蕃社的古老習俗連他們自己都不能違背，請我們不要因為這件事而生氣。❸❻

　　於是我們決定到附近的別社訪問。隨行的Timol社人說，附近的蕃社都是在祭期的Parish中，只有更東方的

---

❸❺現在發行的《台灣府志》並無上面的記載，可能舊抄本有，被伊能抄錄過了。本段日記完全承襲清治時代漢人對原住民的偏見，沿用「馴化」「珍藏人頭」等字眼，似乎不是伊能氏的本意。按原始與文明的分際，難以寥寥數語說清楚，至於馘首的習俗也是如此。因為山地門社最靠近平地的漢人部落，漢人以為馘首之風，以山地門社最盛，實際上並非如此。

❸❻伊能氏說這個排灣部落，原文與漢稱分別是Taravatsǎ與タラヴ^ァツ_ァン，在所有的新舊蕃地地形圖和文獻都沒有這樣標示過。由於這個部落是從山地門社再進去山區所遇到的第一個部落，譯註者判斷這個部落就是位於山地門社東北方，不要渡溪就能到達的Tabasan社。果然，在十六日的日記，伊能參考了阿猴辨務署調查資料，製成一張蕃社名稱、漢稱與人口統計表，在Taravatsǎ社一項，漢稱寫成タヴ^ァツ_ァン，羅馬字化應該是Tavatsan，音近Tabasan，因此可以確定Taravatsǎ社就是Tabasan社。日據時代昭和十三年（一九三八）刊行的《高砂族調查書》把Tabasan社列於Santeimon社（Timol社）之後，當時有三十四户。伊能氏一行人不能進去的原因，是Parish的關係。按Parish指宗教上的禁忌，原義是祭祀、神聖、不吉。祭期中嚴禁外人進入部落，也禁止社衆出去，與伊能氏差不多同時來台進行人類學調查的鳥居龍藏，也在古樓社（舊社）碰到過，當時他已進入部落，所以被禁足五天。

Kurù^{n}guru社不是在祭期的Parish中。我們就決定去那裡，強忍飢腸轆轆出發了。❸⁷

　　Kurù^{n}guru社位置接近中央山脈南段的高峰南大武山(Kavuru^{n}gan)的山麓。我們走下坡路到隘寮〔北〕溪的溪畔。這時候給我們扛行李的Timol社蕃三人，只停足於山谷不肯再前進。我問他們到底發生了什麼事？他們回答說，鳥聲不吉，所以不願前進。原來是Timol社的人平時和Kurù^{n}guru極少來往，所以先做了鳥占，結果是不祥。我們叫通事說盡好話勸導，他們還是不肯，最後我們投石趕鳥，不再聽到鳥聲後才繼續前進。

　　先沿著溪岸走一段路後過溪〔隘寮北溪〕，涉渡的時候，溪流很急，部分深及頸部。然後攀升到山腰，緊抓著絕崖上的樹根和岩角橫繞山腰，但是幾乎是快要掉進崖下深潭裡，可以說走錯一步，便成深潭裡的枉死鬼。我們處於極端危險的狀況中，加上空肚子，一步十喘地度過難關。終於抵達了kurù^{n}guru社的大頭目家(Oma-no-maza^{n}geran)。

　　抵達的時候，已經是黃昏了。大頭目Pata^{n}gao在家，我們透過通事報告來意，她端坐著向我們點頭，不像別社

---

❸⁷Kurù^{n}guru是Ira社（伊拉社）的舊稱，Ira社位於更東北方的隘寮北溪南岸，地理上屬於魯凱族的範圍，社址接近霧台社（今屬屏東縣霧台鄉霧台村），但離開中央山脈尚遠。日據時代的調查結果，把它歸入魯凱族。但是根據Ira社口傳資料及《高砂族調查書》，Ira社祖先和屬於排灣族的Tabasan社，同樣地由舊社Tabataban社分出，所以早期有排灣族血統。

的蕃人那樣輕率浮躁。和我們一起來的Timol社蕃立即趨前，握其右手背行「點鼻之禮」(Sumaⁿgǔ')，從這一點可以想見頭目的權勢是多麼大。❸

　　原來，Tsarisien族〔澤利先族〕依照歷史淵源可分為五支部族：

　　(1)Takanao部族（西部）
　　(2)Ravuras部族（東部）
　　(3)Naiyū（內優）部族（下三社）
　　(4)Pavoavoa部族
　　(5)Rŷaróokóok（力里）部族❸

---

❸三地門社的人陪伊能氏一行人去伊拉社拜訪女大頭目的一幕，非常有趣。點鼻禮就是用自己的鼻子輕輕地碰觸頭目右手背的禮節，盛行於南島語系民族。這種禮節與西方人握手、吻頰或漢人拱手作揖的習俗，完全不同。

❸Tsarisien族，指排灣族西排灣群（除去恆春半島上的排灣族）及魯凱族（通常除去東魯凱群）。後來的日人學者，如台北帝國大學移川子之藏，首次把澤利先族中的部分，依照習俗與語言的差異，單獨稱為魯凱族迄今。伊能氏將Tsarisien分為五支部族算是創舉，但是後來的學者沒有繼續採用。第一支的Takanao部族，就是移川所查出的排灣族Raval系統，位於排灣族中最北的分布地，三面受魯凱族所包圍，包括位於口社溪的口社、三磨溪社、大社等，以及隘寮溪的三地門社等。至於Takanao這一個名稱的來歷不明。第二支的Ravuras部族，指魯凱族的西魯凱群，分布於隘寮北溪的南北兩岸及隘寮南溪北岸，從口社溪及隘寮溪眺望，西魯凱群位於東邊，所以伊能將第一支的Takanao部族註明為「西部」，又把第二支的Ravuras部族，亦即西魯凱群，註明為「東部」，是指分布地的相對位置。「東部」並非「台灣東部」。所謂Ravuras的出處也是不明。第三支的Naiyū（內優）部族，指魯凱族下三社群，包括Maga社（舊茂林）、Tona社（多納）及Mantauran社（舊萬山），分布於濁口溪。移川教授將魯凱族分布地以南的排灣族，根據實地調查得知全部屬於Butsul系統，再細分為北排灣群(Butsul)、中排灣群(Paumaumaq)、南排灣群（Chaobobol、Sabudek、Parilarilao等三小群）及東排灣群(Paqaroqaro)四群。伊能氏所謂第四支Pavoavoa部族和第五支Rŷaryukryuk（力里）部族指北排灣群和中排灣

（接下頁）

Kurùⁿguru社執Ravuras部族的牛耳。尤其是近年來當家作主的大頭目Ravuras是Taroma〔指Taromak，亦即台灣東部大南社〕出身，入贅於這個蕃社，以原大頭目的長女Ravaǔˈ爲妻，大振其威力，甚至把Taroma社納入其勢力範圍內，讓它臣服。二年前，大頭目夫婦去世以後，其長女Pataⁿgao升爲大頭目，以十六、七歲的年齡，在姑姑Sūrǔp輔翼之下統御各社。至於Taroma社呢？Ravuras死後又恢復獨立自主的狀態，而其他各社依然在Kurùⁿgarn社勢力範圍內。❹

＊＊由於歷史上Taroma社曾經被Ravuras部族置於其勢力範圍之內，Taroma社被認爲是Tsarisien族的一部分，但是Taroma社本來就是Puyuma〔卑南族〕的一支部族，由於曾經和Tsarisien或Paiwan混血過而形成了一個特殊的狀態。❹＊＊

群。伊能所説的Pavoavoa橫越北、中排灣群，而Ryaryukyuk群只佔中排灣的一部分，以力里社為中心的部落群而已。請參看八月二十一日所抄錄的辨務署統計表。

❹伊能氏把伊拉社描述成一個勢力強大的部落，但是他所抄錄的辨務署所作的統計表，卻顯示伊拉社人口在各社之中最少，只有十二户五十人而已。其他新舊文獻，似乎未曾記載過伊拉社的強大。詳情待查。按Taromak社（大南社，伊能氏拼寫爲Taroma）是東魯凱群的祖社，勢力強大，與西部的西魯凱群一直都有聯婚的關係。伊能氏所報導的，是雙方頭目家聯婚的一個例子，其主要消息來源，似乎是阿猴辨務署預先查過的資料，所以特別詳細。

❹東部大南社自己認定是魯凱族，西部的魯凱族及鄰近的排灣族也這麼認定。在久遠的年代裡，大南社曾和卑南社及西部的排灣、魯凱都有聯婚，因此和別族的口碑傳説、習俗與語言一樣，互有混淆與影響。不過，伊能所謂「大南社本來就是卑南族的一支部族」似乎是一種猜測，寫日記時順便抄錄辨務署官員的意見，尚未求証，所以伊能氏把本段置於備註欄中。

大頭目Pata^ngao的宅第，距離部下的家屋群有數町之遙，四周用石垣保護著，家屋巨大，幾乎是Takanao部族大頭目的宅第那樣大。簷桁上有人頭、人體、盤蛇（形如 ⓥ ）、蛇紋（形如 ⚡ ）等六十種雕刻。前庭右方立著二座用粘板岩雕成的人像(Saorai)，其一是擬人頭立體像，另一是擬蛇頭立體像，都是三尺左右高度。這一個蕃社有十二戶，五十人（其中，男二十人，女三十人）。入夜以後有粟酒宴會，社內的數十名蕃女都到宴會場所唱歌，一直到半夜方才告退。**㊷**

十五日　繼續停留在Kurù^ngurn社。早晨起床後看到蕃女在前庭盪(Rikutǔ')鞦韆(Rummakai)，蕃女的動作很活潑，有凌駕男子的氣慨。

今天前往本社所分出的部落參觀。這個部落在東方山丘上，距離大頭目家一町餘的東方，有一小溪，溪中奇石磊磊，荊棘茂盛，極為陰濕，相傳是惡魔(Garal)聚居的地方。**㊸**蕃人說：「假使有人在這裡看到惡魔，會立刻死掉。惡魔趁夜陰的時刻從這裡飛到部落，從窗子鑽進屋內。」這裡的風俗和靠近平地的部落風俗，沒有什麼不

㊷伊能氏沒有指出「Takanao部族大頭目」是那一個部落的頭目，但是這一支Raval群的祖社是Toa社（漢人稱為大社），所以伊能氏所指的是大社的大頭目。只有頭目家才可以將人頭像雕刻在簷桁上。

㊸就排灣族來講，Garal（或Garaj）是一種幽靈，有時候以人的形體出現，也會發出人聲，據說見到幽靈的人會生病，第二天晨起要立刻請巫師來禳祓。伊能氏所採集到的傳說更加令人恐怖。

同。我在一個社蕃的家中，看到用木筒養蜜蜂(Tainan)的情形。把蜂巢連同蜜蜂用布榨出蜂蜜(Arū)來，供食用和藥用。

回來後在大頭目家聽取Ravuras部族的創世口碑：

古時候，從天上降下了一個陶甕(Kurari)，掉落在Raivoan社〔大武社〕。社衆紛紛到現場去看，他們看到一個女嬰從甕中生下來。女嬰的名字失傳了，她長大後和Raivoan社的一個叫Pururu^{n}gan的男子結婚，生下一男二女：

- 長男 —— 名字叫Tatoran
- 長女 —— 名字叫Gai^{n}gai
- 次女 —— 名字叫Rūtai

長男Tatoran到Tsapo^{n}gan社〔好茶社〕去了；長女Gai^{n}gai到Parirayan社（大社）去了，次女Rūtai留在Raivoan社〔大武社〕，並且死在那裡。

至於到Tsapo^{n}gan社的Tatoran呢？他在那裡娶了一個名叫Tūku的女子爲妻，生下一個兒子（名字叫Saririu）；Saririu的兒子Vurai娶了一個名叫Rutai的女子爲妻，生下一個兒子（名字叫Ra^{n}garu）。Ra^{n}garu後來創建Kurùⁿguru社〔伊拉社〕，自己成爲大頭目，把「東部」各社置於勢力範圍內。Ra^{n}garu娶了一個名叫Rumuruman的女子爲妻，生下一個兒子（名字叫Riepun），Riepun的兒子Gi^{n}girao娶了一個名叫

Vavaoni的女子爲妻，生下一男二女：

- 長男 —— 名字叫Dùmmari
- 長女 —— 名字叫Ravaus
- 次女 —— 名字叫Surǔp

其中，長女Ravaus繼承家號，和Taroma社的男子Ravuras結婚，把入贅的Ravuras升爲大頭目，威勢漸漸增大，終於把Taroma置於其勢力範圍內。至於長男Dùmmari呢？他有二個女兒，長女叫Parus，次女叫Purisan，後來都成爲頭目。至於原來的次女Surǔp呢？她沒有子女，現在擔任大頭目Patan gao（Ravuras的長女）的輔佐人。

最初的祖先〔聖甕所生的女祖〕所生下的長女Gain gai，長大後到Parirayan社（大社），成爲大頭目，統御近平地的「西部」各社。❹

從上面的口碑，可以証實Ravuras部族大頭目家的祖

---

❹關於祖先降世神話與各家世的描述，後來的日人學者採錄了不少。伊能氏在明治三十三年所採的內容，暗示著很多族群的原始形態。換句話說，降世後的女祖與大武社青年結婚，顯示屬於魯凱族的大武社(Raivoan)是最古老的部落。按大武社位於隘寮北溪上游大武溪畔，是西魯凱群最逼近中央山脈，也就是最深入內山的大部落，族群最早居住地在高處。其次，發祥於大武社的這一族子孫，分別遷到屬於魯凱族的好茶社、伊拉社，以及屬於排灣族的大社當頭目，也暗示著在遠古時代魯凱族和排灣族是同一家。另外值得注意的是在舊慣調查時代及台北帝大土俗、人種學研究室進行大規模調查的時代，所採錄的內容與伊能氏在更早時期採錄者，有很大的差異。如果要從口傳資料研究族群所屬系統，應該將這些資料做全盤的比較研究，最重要的是要加上體質方面的研究，血液基因的鑑定等，把日據時代未完成的工作承擔起來才行。

先統御各蕃社以前，Tsarisien族已經割據各地，而那一對兄妹〔指女祖所生的長男Tatoran及長女Gaiⁿgai〕二分天下，分別將東、西兩部落群臣服，成為大頭目家的遠祖。❹

神話中從天上降臨大地的古甕，現在安置在大頭目家中Parizaya〔背面壁〕的棚架上，用一塊布片遮蓋著。甕身呈淡褐色，略近球形，縮口，圓底，高九寸，周圍一尺五寸，口徑八寸左右，甕身中央部分有「直線交角並列」而成的沈紋，形如╳。❹交角內有十字形的浮紋，與外線平行。大致上，澤利先族的古甕和阿美族的Atomo相同。我還看到他們祖傳的古甕(Dedùtan)，大小不同，一共有十個。古甕有的是縮口圓底的，有的甕口呈圓筒形，和我們在Timol〔三地門社〕所見的古甕一樣，部分有把手，有的完全沒有把手。

大頭目家的傳說繼續引用如下：

---

❹第一代女祖所生的一男二女中，長男Tatoran到好茶社(Tsapoⁿgan)成為所謂「東部」的遠祖，而長女Gaiⁿgai到大社（Parirayan，今稱Toa），成為所謂「西部」的遠祖。作為「大頭目家的遠祖」，嚴密地講有兩個：一個是到好茶社的Tatoran，因為他的第三代孫Raⁿgaru創建伊拉社，而統御「東部」各社；而第七代孫女Ravaus也變成大頭目，甚至把台灣東部大南社臣服，所以伊能氏根據上面傳說，認為Tatoran是「東部」大頭目的遠祖。另一方面Gaiⁿgai遷到大社成為大頭目，而其子孫不但是排灣族這個祖社的頭目，而且因為臣服西部近山腳的各排灣族部落，成為大頭目，所以Gaiⁿgai是「西部」大頭目的遠祖。總而言之，Tatoran是魯凱族祖社「好茶社」的遠祖，而Gaiⁿgai是排灣族（Raval系統）的祖社「大社」的遠祖，剛好二分澤利先大族的天下，涵蓋魯凱族與排灣族Raval系統。

❹「直線交角並列」是井字形的直線紋，凹下，所以叫做沈紋。交角內另有十字形的浮紋。

我族的Sitsòaian-no-vuvu（祖先）死後變成漢人所謂Soankupi，也就是Kamavanan（靈蛇），永居於Raru社。所以社蕃看到Kamavanan的時候，都要做Parish來表示尊敬，絕對不敢殺牠。Kamavanan和Saroā（普通的蛇類）是不同的。❹

Tsarisien族自古以來很愛蛇形。他們以蛇形或以蛇形的變形為基礎，構成其美術思想，將蛇紋的種種款式加以應用，不能不說有其原由的。❹換言之，構成美術的要素，就是蛇身的變化紋（狀如 〰〰〰 ）、蛇鱗的變化紋（狀如 〰〰〰 ）、蛇頭的變化紋（狀如𝄢 ）等。他們也將盤繞的蛇形、橫躺的蛇形分散於構圖內。此外，他們最珍愛的瑠璃珠之一的Murimurita珠，相傳是Kamavanan蛇〔百步蛇〕所生的。（根據舊鳳山縣方面平埔族的口碑，這種

---

❹排灣族和魯凱族所謂Kamavanan，是百步蛇。據台灣地名考証專家洪敏麟教授稱，他曾經向他母親求証，發現Soankupi就是台語「山股龜」，也就是百步蛇。百步蛇雖然有劇毒，但卻是兩族祖先的化身，族人看到牠的時候，要遵守若干禁忌，做Parish，也就是舉行宗教儀式以讓祓。伊能所引述的「做Parish」，相當於平埔族「做向」。至於神話傳說中的「Raru社」，伊能未進一步說明，待查。按魯凱族和排灣族都有古老的信仰，認為祖靈永居於大武山頂。此外，東魯凱群相信祖靈永居於大武山頂以前，通常逍遙於故地，北自大鬼湖Kaliala聖地，南行經過小鬼湖巴油池、霧頭山、茶埔岩山，最後到達大武山。

❹本段日記非常簡潔。所謂蛇形的變形，指變為簡單幾何圖形的蛇紋，如代表蛇背的菱形紋、代表蛇腹的三角紋及直線紋等。因為奉百步蛇為祖先的化身，所以大量使用蛇紋表示對祖先的尊敬，同時下意識地希望借助於百步蛇的威力，達到避邪、祈福的目的。伊能氏所謂「美術思想」，似乎是指魯凱族和排灣族獨特的美學觀念，將蛇紋的種種不同款式應用於織繡、雕刻的製作。

Murimurita珠原來是從平埔族傳到Tsarisien族的。這個說法比較接近事實吧。）[49]

這裡的住屋內部隔間，和靠近平地的「西部」部落相同，只是名稱稍微不同。舉例如下：[50]

蕃語稱法　隔間	「東部」部落	「西部」部落
頭骨架、穀棚的部分	Parizaya	Parizaya
常居的部分	Pasaraul	Tara
廚所的部分	Sintan	Kazalmanam

主要的食物，有下列各種：

粟　　Vaùo

米　　Atsăt（糙米）、Vă'（碾製過的米）

---

[49] 瑠璃珠有很多種，且每一種都有固定的名稱。伊能氏在伊拉社大頭目家所看到的murimurita珠，又稱murimuritan珠，是短管玉形，形體較大，材質和別種瑠璃珠一樣，是摻雜多種礦物製成的玻璃珠，色彩以白色為底色，以綠、藍、紅三色構成二層、三層波浪形或雁行形。murimurita珠在頭目所佩頸飾串或胸飾串中，放在底部中央位置，可見其尊貴，通常左右成對配飾。至於大頭目所說的Murimurita珠是百步蛇所生，暗示這顆珠由祖先所傳，非常尊貴。日人學者研究結果，都認為魯凱族與排灣族所珍藏的瑠璃珠，應該是其祖先在遠古時代渡台前即擁有，不可能是由漢人或荷蘭人傳入蕃社。不過，伊能氏從南台灣的平埔族那裡聽說，Murimurita珠是從他們那裡傳進澤利先族手裡，當然這也是無法証實的一則傳說。

[50] 伊能氏查出了住屋大致上分成三部分，(1)放頭骨及穀物的獨立棚架，(2)寢室等屋內主要部分，及(3)爐灶、廁所部分。不過，依照《台灣高砂族の住屋》作者千千岩助太郎的解釋，屋內通常分成四部分——(1)廳，(2)寢室，(3)室內穀物（或雜物）貯藏間及(4)豚舍（兼做廁所）。但是上面名稱中，除了tara是寢室外，其他都不見於這一本專書。伊能氏按照伊拉社的說法，把以大社為中心的排灣族Raval系統（伊能所引述的Takanao部族）當做「西部部落」，又把以伊拉社為中心的Ravuras部族（其實是僅占少部分魯凱族）稱為「東部部落」，請讀者特別留意。

蕃薯	Vusasi
芋頭	Vasa
玉蜀黍	Rapanai
黍	Ruma^{n}gai
蘆粟	Romai
薏仁	Vudai

補列Tsarisien族中，種稻並食用白米的部落如下：

Sa^{n}garan社	〔口社〕
Tuvasavasai社	〔三磨溪社〕
Rinripan社	〔紅目仔社〕
Sivară'社	〔三磨溪口社〕
Parirayan社	〔大社〕
Paiwan社	〔上排灣社〕
Pa^{n}gupa^{n}gu社	——
Kuvunrī社	——
Tukuvǔ'社	〔德文社〕
Kanadarowan社	〔Kinujaroan社？〕
Kurù^{n}guru社	〔伊拉社〕 ❺

今晚，男女社眾會集於大頭目家的前庭合跳圓舞(Tsutsuri)。半夜時分，頭目家中一個名叫Vavaone的少女正在行使巫術(Marada'an)，這是一種降神術。把觀察所得的情形描述如下：

**少女端坐於床上，她在半醒半睡狀態中半閉著眼睛，雙手顫動，時而從口裡發出痛苦的嘆息聲。她常常舉起雙手吹口氣於手上，聲音如泣如訴，不斷地說話。旁人提出問題來，她就回答，說過後突然全身傾倒，再有人問，她又端坐起來回答。旁邊的蕃人解釋說，少女被Tsumas神附身，代神發言。差不多半小時後，少女忽然用雙手撫拭她的臉，好像清醒過來，回復到她平時的樣子。擔任巫者(Marada)，如果還沒精通巫術，無意中會失神發作，最初在專心談話或唱歌時，也會突然發作。精通巫術的巫者，不會突然失神發作，能自己控制發作時間。反過來講，不會失神發作者，是沒有資格當巫者的。❺❷

　　我向這位少女問起失神發作的狀況。她說：

---

❺❶上列部落名都是舊稱。譯註者將已查出的部落漢名列舉於右，其中二個部落未查出，也可能是羅馬字拼音不對，或者是部落消失了。日本領台初期，阿猴辦務署就已經查出種稻與食用白米的部落，做為施政方針，但是這份被伊能抄錄的資料似乎不怎麼準確。比如位於今屏東縣三地鄉大社村的排灣族大社，以及德文社、伊拉社等，當時不可能種植水稻，而且依照習俗是不吃米飯的。

❺❷本段日記記述伊拉社大頭目家所見的女巫作法的情形，別的中文文獻從沒有過這樣詳細的描述。Tsumas是排灣族的神，人死以後也會變為Tsumas，所以也指神靈、精靈或死靈。也就是說，Tsumas分為善、惡兩種神。惡神(Nakuya tsumas)會作祟，需靠巫者祓除。巫者分為祭司（男性）與女巫，都在農耕儀禮中擔任重任，但像被禳醫病的工作，只有女巫才能做。女巫在咒禱、唱歌、舞動身軀中失神，失神中看見善神(Nawawak tsumas)，並且說出神的旨意，所以說這個女巫咒禱以後，Tsumas神附身而失去本來的知覺，開始傳達神的旨意的狀態，叫做Marada。Marada也指發作中的女巫。另外，從上面的描述與術語看來，這一個部落的人似乎不是純粹的魯凱族，而是排灣族。由此可見，在一九〇〇年伊能來訪的時候，所謂Tsarisien族的部落，似乎都沒有嚴密的魯凱、排灣之分，也許早期年代，兩族頭目世家常有聯婚，而維持更密切的狀態。

突然間，不像作夢，也不像在虛幻中，心中有形象映出來一般，成千上百的Tsumas從天上下降，發出wōwō聲，蝟集在我的身邊，這些Tsumas身軀矮小，幾乎是人身的一半高度，而且只有半面身軀。瞬間我就陷入睡眠中，以後發生什麼事都沒有知覺，也不知道我說了什麼話。最後恢復知覺，回到我平時的狀態。**

他們合跳圓舞的方法和Tso'o〔鄒族〕相同。一個人帶頭唱歌，眾人跟著合唱。舞步是這樣的：

第一節是左腳往前踏出一小步，第二節是右腳斜踩在左腳後方，第三節是左腳在同位置小踩一步，第四節是右腳跨過左腳踩到左前方，全身緩緩地向右轉回正面。隨著歌聲越高，腳步也跟著越快，上身向前，隨著腳步向前後急速擺動；隨著歌聲的低緩，又慢慢恢復到正常的速度和姿勢。

我問部落裡的兒童怎樣做指數法？兒童伸直十指，從左手的小指頭起，逐一屈指數到右手的大拇指。

十六日 天還沒亮就從Kurùⁿguru社到石門。我看到二個年輕的蕃人正在砍柴。把木柴截成大約三尺長，兩端各削兩次，使成銳角，差不多十根木柴綑成一束。這是結婚前要準備的工作，通常訂婚以後，男方要分兩次送薪柴到女方，第一次要動用三、四個人，第二次要用十多個

人，都是男方的親戚和朋友給予幫忙準備的。❺❸

　　從這裡涉渡隘寮北溪到北岸，轉向西北越過Tukuvǔˈ
山〔德文山〕，山路崎嶇，行進非常艱苦。好不容易到達山
頭，四周開始有山水勝境的大展望：西邊低山之間「下淡
水溪」〔高屏溪〕流經平原；東、南、北三面有群山疊嶂，
有如屏風一般：東邊有一劍劈天似的高峰——南大武山；
南邊有Kavudaran（霧台）、Karamorisan等部落盡收眼
底；北邊有Kinararowan、Tukuvǔˈˋ、Kuvunrī、
Tsǔptsup、Paⁿgupaⁿgu、Paiwan、Parirayan（大社）等部
落展開於腳下。❺❹

　　不久，從山頂轉向西邊〔應該是東北邊〕前進，抵達

---

❺❸石門指部落外圍石垣的大門，通常設有瞭望台，亦即望樓，監控敵對部落
　的來襲。石門即砌石而成的門，不是指地形上的峽谷石門。
❺❹往德文的舊道與現今的產業道路，都從隘寮北溪北岸，繞過德文山的東
　側，所以伊能氏在東南坡就有了大展望，道路似乎不經過山頂。當時同行
　的魯凱族嚮導，逐一指出分布於山腳、溪邊的部落名稱，幾乎全部都是部
　落舊名。譯註者已查出Kavudaran社即Kabadanan社，位於霧台北側，伊能
　註釋為「霧台」，實際上是一個獨立的霧台社分社；Karamorisan社即是
　Kanamodisan社，也就是佳暮社；Kinararowan社即Kinujaroan社，與佳暮
　社同樣位於德文社的東南側；Paiwan社，指漢人所稱的擺園社，今稱上排
　灣社（與下排灣社，亦即筏灣對稱以示區別）；Parirayan社即大社（Toa
　社），Tukuvǔˈ社即Tokubul社，日譯和漢譯都是德文社；Kuvunrī社、
　Tsǔptsup社和Paⁿgupaⁿgu則未出現於後來的文獻及新舊蕃地地形圖上，
　待查。總而言之，從德文山所展望到的部落群，是以大社、德文社、霧台
　社為縱軸，分布於隘寮北溪與北支流之間，行政區域除了德文社、上排灣
　社和大社是屬於今屏東縣三地鄉外，其他都屬於霧台鄉霧台村和佳暮村。
　值得探討的是德文社的屬性問題。位於德文山東南坡的社址原是屬於大社
　的領地，從霧台遷入的魯凱族祖先向大社納租，因此族人已排灣化，日常
　都講比較優勢的排灣話。同樣地，伊能氏住過並詳細調查過的Kurùˈguru
　社（伊拉社），是霧台系統的魯凱族和Daradarai社（達來社）系統的排灣
　族混住的部落。行政區域上，德文社和大社屬三地鄉的德文村和大社村。

Tukuvǔ'社〔德文社〕的石門。當我們正要走進部落的時候，突然間從部落傳來一陣喧鬧的聲音，蕃人似乎要阻止我們進去。打聽之後才知道Tukuvǔ'社正在舉行小米收穫祭，依照收穫祭的Parish〔祭祀的禁忌〕，任何人都不准進去。這時候從部落走出來了一個蕃人，告訴我們德文社所管轄的幾個小社之中，已經有半數以上完成了Parish，應該可以到那邊訪問，於是我們全體走進一個同名的小社訪問。

Tukuvǔ'大社〔德文大社〕是由五個小社組成的，社名列舉如下：

Tukuvǔ' $\left\{\begin{array}{l} \text{Tukuvǔ'} \\ \text{Tava}^n\text{gas} \\ \text{Pararitan} \\ \text{Sairǐp} \\ \text{Inapinan⓵} \end{array}\right.$

這一個蕃社大約有五十戶，一百五十人（其中，男八十人，女七十人）。

我們走向「Tukuvǔ'小社」訪問頭目Raipon的家。頭目的房屋規模很大，前庭中央豎立著一座人像石柱

⓵依照《台灣高砂族系統所屬の研究》，移川子之藏指出德文社有五個小社，都說排灣語。他所列舉的小社名稱略有不同：Tokubul、Tava^ngas、Makusa、Sarailip，但沒有舉出第五個小社名。按德文大社只是一個總稱，實際上只有一個德文社。其他小社由於合併、遷移的結果，現在都已經不存在了。

(Saorai)，高約四尺，它是雕刻著舉起雙手的人體像。屋簷的簷桁上刻著三十一個人頭像。房屋的一角，有一個完整的「打鐵場」(Maran)。

我單獨進去觀看屋內的情形，裡面很暗，也沒有人影，隨後，我們一行人也想進屋休息。頭目看到這情形，不准眾人進去。他說：「我母親去世以後，喪事的Parish〔禁忌〕還沒開禁，所以異族不可以進去。」這時候，我暗自慶幸：雖然我闖進了有禁忌的屋內，但是頭目家的人沒有當做犯禁。於是我們在頭目引導下到鄰居參觀，並且接受蕃薯的招待。❺❻

午後出發，朝西方前進，山徑平坦而寬闊。據說清同治十三年〔一八七四〕開鑿「南路」的時候，最初從「大路關」〔指「舊大路關」，屏東縣高樹鄉關福村〕啓工，道路開到Tukuvŭ社的時候，遭受社蕃的抗拒，不得已中止開

❺❻鹿野忠雄在他的遺著《東南亞細亞民族學先史學研究》第二卷中，把排灣族頭目家前庭所立的人像石柱，視為獨石(menhir)的一種，通常立於頭目家或勢力者家屋前庭。它的來由有二，其一是為紀念祖先所立的祖先人體像，其二是為懸掛剛獵回的人頭而設的石柱。鹿野博士進一步指出menhir是東南亞巨石文化的一種遺物。除了屋外的石柱外，另有屋內中柱。一般都陰刻祖先像，所以又叫祖先柱。屋內祖先柱大部分是木雕。伊能氏在不知習俗的情形下踏進喪家，沒有受到指責，他感謝頭目和家人很寬大，沒有責備他。本段日記內容有些模糊不清。因為收穫祭的禁忌，不能進入「Tukuvŭ社」，所以改到「Tukuvŭ小社」，似乎暗示著有兩個部落，都叫做Tukuvŭ。實際上不然。理由之一，是後者有五十戶，一百五十人，規模相當大，而且頭目家的規模也很大。理由之二，是下文的「Takanao部族人口表」顯示只有一個Tukuvŭ社，它的人口剛好是五十戶，一百五十人，表上又將「Tukuvŭ」當做五個小社的總稱。那麼，伊能氏最先想要進去的部落是甚麼呢？難道真的有個部落，叫做德文大社？唯一的解釋，是這一個最先要進去的地方可能是舊社，祭儀主要在那裡舉行。

路工程。（大路關這一個地名，是因為這個原因才有的。）
山路的盡頭處，隔著口社溪遠望到Saⁿgaran社〔口社〕。❺❼

　　我們走進大路關庄（粵籍漢人部落），投宿於庄首邱
來楊的家。近年來Timol社蕃〔三地門社的排灣族〕也遷進
來開墾，現在共有五十戶人家。❺❽

　　這回實地調查Tsarisien族中Takanao部族及Ravuras部
族的一部分，獲得了實際見聞，再根據阿猴辨務署預先調
查所獲資料，將這些資料向蕃人求證，去除了錯誤。所得
的統計資料如下：

---

❺❼清同治十三年關鑿的台灣第一條開山撫蕃道路「南路」，定線勘測以後，
以今鳳山市的舊鳳山郡城為起點，經由屏東縣萬巒鄉赤山與萬金，進入來
義鄉境內，經來義社、古樓社越過中央山脈衣丁山南鞍，沿著東部金崙溪
下到金崙，再北上至台東為終點。西部實際開工起點是來義鄉境內。伊能
氏根據德文社頭目等人的口述資料，發現「南路」正式由來義、古樓開路
以前，原來就決定由今屏東縣高樹東南方的加蚋埔啟工，經由新部落「大
路關」、口社、德文社，準備循著台灣登山界早期所走的「小鬼湖越嶺
路」，經過中央山脈主脊上的知本主山北鞍、巴油池（小鬼湖），東下知本
溫泉。這條登山界早期所走的舊道，因為越嶺點不高，又有魯凱族姻親道
路的規模，「南路」最初選此舊道開鑿是最好的選擇，無奈開到德文社就
遭遇到原住民的抗拒，不得已只好放棄，改由來義入山。這一則口述資料
非常重要，因為清代文獻從未記載過，而且負責開南路的袁聞柝雖然有
《開山日記》三卷，可惜在清、日政權交替的混亂中佚失了，不然應有詳
細的記載。伊能氏發現德文社－口社－大路關的道路沿線，仍有寬敞的清
代道路留存。
❺❽大路關庄，指舊大路關，在屏東縣高樹的東南方，武洛溪北側沖積地。客
家墾戶不只遷入北邊的加蚋埔社（原來是純平埔族部落），也遷入南邊的
溪埔（也住著平埔族），形成舊大路關庄。有趣的是，「南路」實際開工
起點都是平埔族部落——早期定線經由加蚋埔、大路關，最後定線經由赤
山、萬金。平埔族原住民不曾抗拒開築官道，但是山區民族就不同了。他
們抗拒的原因通常是很複雜的。主要原因是「祖先之地不容異族侵入」的
祖訓和信念。

Takanao部族〔排灣族Raval系統〕

社　名	漢稱／日稱	戶數	男	女
Saᵑgaran	口社	六〇	一三〇	一一三
Parirayan	大社	九〇	一九〇	一七〇
Tuvasavasai	サンモハイ〔三磨溪社〕	五五	九〇	一一〇
Sivară'	サンモハイロ社〔三磨溪口社〕	二四	四九	四五
Rinripan	紅目社	四〇	八五	七五
Siᵑgaris	──	四三	九〇	八七
Tsŭptsŭp	──	三五	七〇	七五
Paiwan	──	五四	一三二	一二八
Kuvunrī	──	二二	四二	五〇
Tukuvŭ'				
Tukuvŭ'	──	五〇	八〇	七〇
Tavaᵑgas	──	一八	四六	三五
Pararitan	──	四三	七二	六五
Sairīp	──	五〇	一一三	一〇五
Inapinan	──	四八	一〇五	九四
Panᵑgupanᵑgu	──	二〇	四二	三五
Kinararowan	──	三二	七〇	六〇
Taravatsă'	タヴァツァン社	四七	九七	八五
Timol	山豬毛社	四八	八四	七五
Pinaura	山豬毛口社	二〇	四〇	三〇

Masiri'	北葉社	五二	一一五	一〇三
Makazayazava	大社〔瑪家社〕	六〇	一一八	一二〇
Daradârai	——	五〇	一〇八	九三
Sararao	——	六二	一一五	一二五
Tsŷarish	——	三八	七六	七八
Rivak	——	四〇	八三	七四
Rirayan	——	二八	四九	四六
Kazazaran	——	二〇〇	三八二	三三四
Tkaza[n]giran	——	四〇	八五	七二
Taravakon	パタヴアン社	三〇	六〇	六五

Ravuras部族〔魯凱族西魯凱群〕

Kurù[n]guru	イラー社〔伊拉社〕	一二	二〇	三〇
Ravoan	——	三六	六五	五八
Radel	——	四六	七八	六七
Taramakao	——	五二	八三	八七
Kinuran	——	五〇	一〇九	九五
Siparul	——	四〇	八一	七九
Karamorisan	——	二〇	四〇	三五
Nainuino	——	二六	四五	四二
Dadegaran	——	三〇	六一	六五
Kavudayan	撫來社	二五	五〇	四四
Rairuirun	——	四〇	八二	七七

Kavararayan	──	六〇	一二五	一三八
Tsapoⁿgan	──	──	──	──
Paiwan	──	──	──	──

這一帶蕃人所用的紗線(Kara)原料都是植物纖維，主要的有下列三種：

(1)苧仔(Zakil)：產量最多，用以製作冬衣和網袋。

(2)青桐(Virao)：用以製作夏衣，質輕而涼爽。

(3)山芙蓉(Rekrek)：主要的是作為繩索類的原料。

潮州庄方面的蕃地，使用芭蕉(Wurevol)纖維製成紗線織布，但都加入一些苧仔纖維。苧仔纖維採自種籽小的苧仔。❺⁹

十七日 從大路關庄出發，經由西瓜園〔地名〕到山豬毛口隘遺址參觀了一下後，繼續經由新隘寮、犁頭鏢、浮洲、杜君英，最後抵達老埤。❻⁰

---

❺⁹「苧仔」指一般的山苧麻；「青桐」指桐麻；而「山芙蓉」又稱牛腸蔴，都是抽取纖維的原料。

❻⁰伊能氏一行人從口社下降到平地，從舊大路關（屏東縣高樹鄉關福村）起，一路南行，經新大路關（高樹鄉賽嘉村）、西瓜園（鹽埔鄉振興村）到舊隘寮（鹽埔鄉久愛村，有「山豬毛口隘」遺址），參觀了曾經派重兵屯守的清代險隘舊址，繼續南下經新隘寮（內埔鄉隘寮村）、犁頭鏢（內埔鄉黎明村）、浮圳（即埔圳，內埔鄉龍泉村）、杜君英（內埔鄉東片村），最後抵達平埔蕃的大社老埤（內埔鄉老埤村）。從以上路線分析，清末、日初的部落通道起自阿猴（屏東），東行經今長治鄉至內埔鄉的老埤，由老埤轉為北行，經鹽埔鄉至高樹鄉境內的大路關庄，最後從大路關入山，經口社至德文社、大社。而屏東至大路關路段全是平埔族及移入的漢族部落，道路暢通，但是從大路關起，通往山地部落的山徑不良於行，所以清同治十三年加以整修，準備做為通往後山的第一條開山撫番道路。

老埤是個著名的熟蕃部落，是「Makattao小群」〔馬卡道族〕的典型代表部落。庄外有嘉慶二十年〔一八一五〕五月十二日頒布的「奉憲封禁古令埔碑」，碑文如下：

奉憲封禁古令埔碑（嘉慶二十年）

特調福建臺灣府正堂、加五級、紀錄十次、又一等軍功、加□□□□□紀錄二次汪，爲曉諭永禁事。

照得鳳屬屯佃首伍和裕（即楊茂）具控粵莊職員鍾麟江等。「□墾古令埔、黨衆焚搶」及鍾麟江等具訴「以該處一經楊茂開墾、設有意外之事、粵人前無生路、後無退門、呈請□墾」一案，經本府訊明：古令埔係無主荒地，雖不准閒人開墾，應聽熟番自行墾耕，斷令鍾麟江將伍和裕所用工本減半繳還五百員，該處荒埔即歸舊番耕種。詳蒙臬道憲麋批：「既據訊明古令埔係屬無主荒地，斷令鍾麟江將伍和裕所用工本減半，捐繳番銀五百員，給還伍和裕承領；地歸該社熟番自行墾耕，洵爲妥協」。現據五品職銜鍾麟江、廩生黃觀光、黃鑑川、職員李連程、謝儲賢、賴啓傑、武生李瓊林、管事鍾泮東等具呈：已遵斷繳銀具結，聯名懇請示禁，將古令埔山腳一帶，不許圍莊；只許社番自行栽種，閩、粵人不得佔墾，亦不許屯辦、通事、土目按地私抽等情；亦屬杜絕爭佔之道。仰即查明給示，勒石永禁，仍將鍾麟江所繳番銀，給還伍和裕承領，並飭行鳳山縣勒石永禁外，合

行曉諭。爲此，示仰闔邑人等知悉：該處古令埔永禁開墾，准社番自行墾耕。不許軍弁、通、土按地抽租，亦不許圍莊，閩、粵人等亦不得侵占滋事。如敢故違，定即拏究不貸。各宜凜遵，毋違！特示。

嘉慶二十年五月十二日給**❻**

今天到老埤庄內頭人潘乾坤的家訪問。他很高興地準備酒肉請客，並且暢談老埤社平埔族來歷：

> 我們這一族叫Makattao人，原來和台南方面的平埔仔(Siraiya)是同一個祖先傳下的。我們居住在以鳳山方面爲中心的平原，舊城原是放索社的故地（鳳山這個地名也出之於這個族稱）。當時我們的族人很繁榮，很多族人駕獨木舟(Bariki)，遠航到小呂宋（已經忘記了小呂宋的蕃語名稱）貿易，攜回小呂宋地方的土人Karaya（就是台灣澤利先族的祖先）當奴隸。後來Karaya不肯被奴役而入山。在荷蘭人的統治時代，我們這一族的一兩個蕃社，曾經接受教化，學會了用羅馬字拼寫蕃語的方法。（潘乾坤的家中還保存著一張康熙四十年〔一七○一〕所寫的漢文及羅馬字

---

❻ 伊能氏的日記沒有抄錄碑文，依照《台灣南部碑文集成》補記如上。地名「古令埔」，指未墾荒地上長著很多「古令」樹（苦苓樹，又叫苦楝樹），因而得名。由此可見台灣各地的舊地名，命名的方式有獨特之處。從這一道禁令，也可以看到平埔族與漢人爲土地而互動的實例。清吏對平埔族土地的保護措施，似乎沒有收到實際效果。

拼寫的蕃語並列的典契。）在鄭成功統治的時代，我們這一族曾經被討伐，在戰爭中我們的頭人Sukune陣亡，由Maikui接替，他以頭人身分統率族人。後來我們在清朝統治的時代歸化，這時候族人分散爲幾個蕃社，最後遇到閩族的侵占，族人各自退到偏僻的地方生活。❷

(1)Tapuyen社〔大傑顛社〕：就是漢人所稱的大傑顛社，原來居住在維新里的大社及下社（蕃語地名叫做Peita），明鄭時代被鄭氏部將討伐後，退到大崗山後面的尖山附近，後來又被閩人驅趕，少數人留在尖山附近原地，大部分的族人遷到羅漢門的地方，住在蕃薯藔的西北側番仔藔，最後遷到其東南側，亦即蕃薯藔的口隘、中

---

❷這一則口述歷史含有多層震撼人心、驚動台灣史研究者的第一手資料：第一，老埤庄馬卡道平埔族，和台南方面的Siraiya Proper（西拉雅本族）是同族，曾經接受荷人教化；第二，口述資料很詳細，老埤社馬卡道族頭目還記得明鄭時代作戰陣亡的頭目名字與接替人的名字；第三，把重要的歷史事件交代很清楚；第四，最重要的是明白地指出其祖先仍維持平埔各族渡台以前的生活方式，也就是説平埔族是和其他的南島語族一樣是海洋民族，能駕「獨木舟」或其他類型的小船遠航至菲律賓群島貿易（小呂宋是否指現在的呂宋島，或是像接近巴士海峽的巴丹群島等島嶼，待查。）；第五，頭目特別指出往菲島貿易的時候，把當地的土人帶回台灣奴役，土人不堪奴役而逃至山中，變成澤利先族。這是相當大膽的陳述，至少反映出退居於山麓地帶的老埤社及加蚋埔社的馬卡道族對山區的排灣族和魯凱族（當年合稱爲澤利先族）的看法。荷蘭及本地文獻上曾經記載荷蘭人據台之初，仍使役從南洋帶進來的土人水手和奴隸，而且鄭成功的軍隊裡曾經有二支黑奴軍團，但是伊能氏在歷史上首次引述，平埔族和荷蘭人一樣帶回奴隸的故事。探討這一則口述資料，足夠一個學人花一輩子時間研究，並寫成一本專書！

隘、尾隘等地。**❻❸**

(2)Vurrak社〔武洛社〕：就是漢人所稱的大澤機社。原來居住在阿里關的東南方武洛庄，後來被閩民驅趕，遷到茄蚋埔庄。**❻❹**

(3)Tārau社〔搭樓社〕：原來居住在阿里關的南方搭樓庄（現在原地仍叫番社庄），後來被閩人驅趕，遷到茄蚋埔和隘寮。**❻❺**

(4)Akāu社〔阿猴社〕：原名Takō社，原居地是現在的打狗〔高雄市〕，明代被林道乾所逐，遷到阿猴街〔屏東市〕，後來又被閩人所逐，退到番仔寮，最後遷到浮圳、隘寮。現在阿猴街南側的番仔埔仍有少數阿猴社族人住在那裡。**❻❻**

---

❻❸ 大傑顛社的馬卡道族原來世居於今高雄縣路竹鄉的大社和鄰接的分社「下社」，也就是社中村、社東村、社西村一帶。伊能氏查出那一帶統稱Peita。被討伐後退到路竹和岡山的東方大崗山背後，當地叫做尖山，就是現在的田寮鄉尖山村（又名水蛙潭）。由於閩系漢人入墾其地而受到壓迫，繼續退到內門鄉（舊稱羅漢門）觀音亭的番仔寮。由於台南一帶的西拉雅族四大社之一的新港社人，也因為漢人侵墾其地，被迫退到羅漢門，把安居其地的大傑顛社馬卡道族擠壓到南方的旗山（舊稱蕃薯寮），不久又遷到旗山北側的口隘、中隘、尾隘，最後大傑顛族人於道光年間集團移民到後山——台灣東部。

❻❹ 大澤機社原名是武洛社，位於今屏東縣里港的東南側武洛庄，即里港鄉茄苳村與戴興村。原文「阿里關的東南方武洛庄」，按阿里關指今高雄縣甲仙埔的東阿里關，武洛庄在其東南，但彼此間距離很大。武洛社的馬卡道族受到入墾的閩系漢人壓迫，從里港退到其東方的加蚋埔庄，也就是高樹鄉泰山村。伊能氏原文寫「茄蚋埔」，台語發音相同。

❻❺ 搭樓社的馬卡道族，原來住在里港的西南側，亦即今搭樓村和潮厝村，由於受到閩系漢人侵墾壓迫，退到東方的加蚋埔和更東方的隘寮庄（今內埔鄉隘寮村）。

(5)Marun社〔下淡水社〕：就是漢人所稱的下淡水社，原來住在下淡水溪東邊的下社皮庄附近（下社皮庄的南邊有個地名，叫番社庄），後來被閩人所逐，遷到頂林、中林、下林、老埤一帶。❻❼

(6)Tapoyan社〔上淡水社〕：就是漢人所稱的上淡水社，原來住在下淡水溪的東邊上社皮庄，但是被閩人所逐，遷到杜君英，在那裡遇到水災，社衆分散到新杜君英、中林、番仔埔、柳仔林居住。❻❽

---

❻❻在打狗停留了幾天，伊能氏已經寫下打狗社馬卡道族的悲慘命運。被迫遷徙的族人到屏東平原，今屏東市南區的番仔埔（光華里與福德里）定居，後來因為漢人入侵，退到東方的番仔寮（長治鄉繁華里等）、番仔厝（內埔鄉大新村、建興村）、浮圳（內埔鄉龍泉里、中林里）及隘寮。按當年的隘寮溪自隘寮起向西分出幾道網狀溪流。依照明治四十四年最初實測的蕃地地形圖，隘寮與其西的德協之間約有八條河道，河道之間都是沙洲，番仔寮和番仔厝分別位於隘寮溪舊河道網狀流的北岸和南岸，都是平埔族新開拓之地，而舊隘寮和新隘寮也分別在隘寮溪舊河道網狀流的北岸和南岸，那麼所謂「浮圳」這個地名，應該是指西邊番仔寮、番仔厝與東邊舊隘寮、新隘寮之間。舊地形圖也顯示頂浮圳、下浮圳兩個小聚落，位於老埤庄的東北側。由老埤社的口述資料，可以猜想從屏東阿猴社退到東方尋找新天地的馬卡道族，衝破地理障礙，在隘寮溪容易氾濫成災的溪埔地建立新社，稱為番仔寮、番仔厝、浮州、隘寮。

❻❼西元一六四七年及一六五〇年，據台的荷蘭人製作的蕃社戶口、人口調查表，顯示下淡水社的蕃語是Verovorongh（或Verrovorongh），漢字譯音為「麻里麻崙」。伊能氏拼寫為Marun，可能是因為土人把麻里麻崙簡稱為麻崙。按下淡水溪（高屏溪）東岸的下社皮，就是今屏東縣萬巒鄉萬丹的西南側。後來遷到東北方的老埤，形成老埤社。老埤，今屏東縣內埔鄉老埤村、中林村、龍泉村。

❻❽上淡水社的蕃語叫Tapoyan，漢字譯音為「大木連」。荷據時代蕃社戶口、人口調查表顯示Tapouliangh（或Tapoeliangh）。原居地在高屏溪的東邊上社皮，也就是萬丹的西北側。上社皮在北，下社皮在南，與「上淡水」、「下淡水」的名稱相呼應。在萬丹西北側的上社皮庄受到入墾的漢人壓迫，東遷到杜君英（內埔鄉東片村）、中林（中林村）、番仔埔（內埔東側）及柳仔林（內埔東側檳榔林？待查。）。以上六社之中，武洛社（大

（接下頁）

(7)Riri社〔力力社〕：原來居住在東港溪的東邊力力社庄，後來被閩人所逐，遷到萬金庄，被漢人稱為萬金社，部分的族人後來又遷到加瓜弄庄。**69**

(8)Syaryen社〔茄藤社〕：就是漢人所稱的茄藤社，原來住在東港溪的南方海岸「茄藤港」，明鄭時代被鄭氏部將討伐，退到其東方的番仔庄和番仔店，在那裡受到閩人驅趕，遷到餉潭方面的萬弄庄、糞箕湖庄等地。**70**

(9)Pansoa社〔放索社〕：就是漢人所稱的阿加社，

澤機）、搭樓社、阿猴社、下淡水社、上淡水社五社，均位於東港溪以北，是清代「鳳山八社」中的五社；另外三社（力力社、茄藤社、放索社）位於東港溪以南，另成一個小族群。值得注意的是，東港溪以北的馬卡道族在道光初年集體遷徙到台灣東部，但同樣是馬卡道族的溪南各社，如力力社、茄藤社、放索社，卻都沒有移民後山。

69 東港溪向西南注入大海，所以所謂東港溪東方，也可以說是溪南。力力社是溪南第一個馬卡道平埔族蕃社，位於東港溪南支流力力溪匯流點東側，今屏東縣新園鄉力社村和園內村。新遷徙地在萬金庄，今萬巒鄉萬金村。也就是說，族人又從東港溪下游，溯行其支流的力力溪到上游的山麓地帶尋找新天地。部分的族人繼續遷到加瓜弄庄（萬金村西南方的佳佐村）。《台灣地名研究》的作者安倍明義考証過：力力社的馬卡道族後來從萬金庄遠徙到恆春地方。

70 茄藤社，又名奢連社，漢譯的奢連社（台語音）比較接近馬卡道原音Syaryen。伊能氏已指出其故址在茄藤港，因為港口受到漂沙影響而淤積成陸地，漢人入墾時形成新聚落，叫茄苳腳，今屏東縣佳冬鄉佳冬。漢人入墾後茄藤社的馬卡道族退到那裡去了呢？伊能氏說退到番仔庄與番仔店，但這兩個小地名沒有出現於舊地形圖上，也沒有出現於明治四十二年七月阿猴廳奉台灣總督府命令所作的「平埔蕃族戶口及沿革調查表」上。調查表顯示茄苳腳庄已經沒有番戶，但提到茄藤社人移住於崁頂（今崁頂鄉崁頂），最後輾轉遷到餉潭庄（新埤鄉餉潭村）、糞箕湖庄（箕湖村），部分族人搬回茄苳腳庄北側的石光見庄（佳冬鄉石光村、玉光村和萬建村）。此外，安倍明義說茄藤社的馬卡道族遷到「林邊庄車路墘」（今南州鄉萬華村一帶），但是未見於其他文獻。伊能氏說除了餉潭、糞箕湖外，族人也遷到萬弄社。按萬弄又寫萬瀧、萬隆，今新埤鄉萬隆村。

原來居住在楠仔坑（其東方仍留下舊地名「大社」）及舊城附近，在明鄭時代被鄭氏部將所逐，遷到東港，後來又受到閩人驅趕，遷徙到南方水底寮庄東側的番仔崙，繼而遷到東方的埔姜營庄、新開庄、中庄、內寮、頂營庄。**⓱**

〔屏東平原〕這邊的平埔族，往年以蕃名叫Honomu的草花（漢人稱爲金草）當做平埔族的標記，舉行祭典祭拜祖先的時候以Honomu花獻祭；舉行結婚儀式的時候，新娘手腕也戴Honomu花環。**⓲**

午後從老埤出發，前往內埔庄（粵人村庄）。途中遇

⓱Pansoa社，當年閩籍漢人用台語音譯為「放索社」，又名「阿加社」。原居地在楠仔坑（高雄市楠梓）、左營的舊城，以及高雄縣大社鄉大社，從近港口的左營龜山向東北延伸到觀音山一帶。這一支馬卡道族被討伐後，南遷「東港」，實際上遷到更南邊的林邊溪出海口北岸，舊地名叫放索，又名田垱厝，今屏東縣林邊鄉田厝村和水利村。繼而沿著海岸線到枋寮鄉水底寮西側（原文「東側」有誤）的番仔崙庄。按番仔崙位於枋寮西北側海岸，舊地形圖顯示番仔崙庄、枋寮庄、水底寮庄形成一個等邊三角形，前兩地在海岸，有港口，水底寮卻是內陸的村庄，也是最大的一個庄。水底寮東邊有幾個平埔番社群，從北邊算起有大響營庄石頭營（玉泉村）、新開庄（新開村）、內寮庄內寮及頂營（均內寮村）。至於「埔姜營」即埔姜庄，位於大響營北側。綜觀分布於屏東平原的馬卡道族，因為受到漢人入墾及侵占土地，最後退到東邊山麓地帶，與排灣族各社為鄰，漢人最後還是尾隨而至，至此馬卡道族已無地可退，與漢人混居在一起，終被同化，但部分族人南遷恆春地界，有的南遷枋寮、新開而落藉其地，有的更從枋寮越嶺到後山地界。這馬卡道族在台灣西部最後定居的地方，已如上述，從北邊向南看，有加蚋埔、大路關、隘寮、老埤、萬金、新置、餉潭、新開、內寮等，剛好排列成一條南北直線，這是馬卡道族在台灣西部的最後退路，也是最後喪失其語言、文化的地方。

⓲平埔族所重視的Honomu草花是不是金草蘭？有待進一步考証。作為族群標記，而且祭典和結婚慶典中使用的草花，研究平埔族的相關文獻上卻沒有出現過，伊能氏是唯一的報導人。

到大雨，道路泥濘易滑，行進困難。日暮時分才抵達內埔，宿於內埔辦務支署內的宿舍。

內埔庄附近有西勢庄〔屏東縣竹田鄉西勢村〕，庄內有忠義亭。康熙末年朱一貴作亂的時候，下淡水溪沿岸的移殖粵人不肯附逆，聯合十三大庄、六十四小庄組成一支義軍，以清朝的旗號協助清軍討平賊兵，當時的閩浙總督覺羅保滿鑑於義軍平亂有功，奏請清廷彰顯西勢庄，賜予旌旗與匾額，御題「懷忠」，並勅建忠義亭於庄內。近來每逢有事，都把忠義亭當集會場所。所謂「六堆」，就是在這個時候組織起來的。**❼❸**

十八日　乘轎子從內埔庄出發，進入萬丹街（閩人部落）。午後杉本敎授離隊回鳳山。不久下起驟雨來，雇不到轎伕，宿於萬丹街。這裡有□□戶，□□人。**❼❹**

十九日　乘轎子從萬丹出發，到東港溪乘坐竹筏過溪，中午進入東港街。整天下著雨，非常鬱悶。

二十日　到東港辦務署調查地方情況。在地理上，東港地方包含兩條溪的河口。其一是隘寮溪的下游到出海口的東港溪，又稱爲東溪；另一是荖濃溪、楠梓仙溪和口社

---

❼❸客屬村庄以當時討平朱一貴之亂時的戰時部署，分為六區，亦即先鋒堆、前堆、中堆、後堆、左堆、右堆，涵蓋今萬巒、麟洛、內埔、竹田、新埤、旗山、美濃、新園、高樹、里港等地部落。
❼❹今屏東縣萬丹鄉萬丹，當時已是個繁華的街市。

溪匯流後到出海口的下淡水溪，又稱爲西溪。兩條河流都有竹筏之便。坐竹筏可以溯行下淡水溪到阿里關庄、蕃薯寮地方，也可以溯行東港溪到潮州庄方面。凡是舊鳳山縣境內的內陸物資及下淡水溪所貫穿的平原物資，多半是靠河流舟楫之便流通，而這些物資的主要集散地在「西溪南岸」的東港街。**⑦⑤**

東港街的發展，實際上基於上述的形勢，據說在乾隆年間就有市街的形成。原籍泉州的居民最多，漳州人少一些，一共有一二二〇戶。六九九四人（其中，男三七九二人，女三二〇二人），清代曾經設置「水師汛防」及「陸路汛防」。

按下淡水溪所貫穿的平原，農業很發達，尤其是粵人部落務農爲生，一般都有勵精刻苦的風氣。每逢陰曆的四月和十月爲水稻的收穫期，第一期的收穫量較高，例如田園一甲地，可以收穫十二石稻穀，第二期的收穫量，幾乎是第一期收穫量的四分之三。產量僅次於稻米的重要農

---

⑦⑤屏東縣東港鎮位於東港溪南岸。但是，伊能所描述的東港街並非限於現在東港鎮的市街中心。早期聚落分散於北岸，而且高屏溪和東港溪兩條溪的出海口相距不到二公里，中間濱海地帶今天已劃歸新園鄉，但是當年仍屬於東港。因此，伊能說，「在地理上，東港地方包含二條河口」。安倍明義的《台灣地名研究》記載：「往年東港的主要市街在東港溪的西岸，屬於現在的新園庄。康熙年間入墾於其地的漢人，因爲夾在下淡水溪和東港溪之間，地面低濕，每年雨季，河水氾濫，家屋和耕地流失，同治初年一場大水災後一度集體遷到東港溪東岸的現在位置」。伊能日記裡又說東港街是貨物集散地，位於「西溪南岸」，也就是夾在兩溪之間的舊街。按兩溪都朝西南方向流到河口，所以西溪南岸就是西溪東岸，也就是安倍所說的「東港溪西岸」。

產，有甘蔗、蕃薯、落花生、大豆等。從打狗港輸出的砂糖中，至少有一半是本地方所產的，從東港用船隻運到打狗港正式出口。本地方是農業地帶，所以幾乎是看不到其他各行業的，如果有，也只是偶而出現於東港街的一角。一般來說，工業和製造業都不振，全部要仰賴台灣對岸的廈門、香港供應，東港因而變成一個特別輸出港。**❼❻**

耆老說直到三、四十年前，遠洋巨輪也能夠駛入「東溪內港」，但是年年有沙堆流入溪底淤積，而且東港街的北邊溪岸受到潮汐漲落變化，波濤忽而高漲，每年都使市街土地流失而陷落，現在假如不設法救護，整個市街會潰陷於水中，當今最為緊急的搶救辦法，就是火速進行護岸工程。**❼❼**

今天晚上東港辦務署的主記德田氏來訪。

二十一日　今天再度到辦務署調查轄區內的蕃情。轄區內的蕃族是屬於Tsarisien族〔澤利先族〕中的Pavoavoa部族及Ryaròòkròòk部族。至於Konanau部族是以Tsaⁿgarao山，也就是漢人所稱的南崑崙山為中心，北面以龍角灣的溪谷與Takanao部族為界，南面則以三條崙的溪谷與Ryaròòkròòk部族為界。Ryaròòkròòk部族南面以葠芒溪

---

❼❻「本地方」，指屏東平原，是台灣南部的穀倉。「特別輸出港」，是專為出口農產品而形成的港口。

❼❼「東溪內港」，就是東港溪河口所形成的河港——東港。伊能氏在東港過了三夜，白天實地觀察地理形勢，並在東港辦務署查閱資料，但是日記裡沒有記載宿處。

與Paiwan族為界。**㉘**

東港辨務署預查所得的蕃社名稱及戶口、人口資料抄錄如下：

㉘日本據台初期最早實地調查「蕃情」（山地原住民動態）的單位是台灣總督府殖產部（以派遣人員到現地調查為主）和分設於全島各地山麓地帶的辨務署。辨務署是由清制的撫墾局改制為撫墾署後，第二次改制而成的，以蕃地治安與調查、平地人拓墾蕃地的監控為主要工作。上面伊能氏抄錄的族群名稱，仍沿用原住民原稱，因為日文譯名和科學的族群分類工作還沒開始。東港辨務署所轄的所謂澤利先族，據台北帝國大學的移川子之藏教授在《台灣高砂族系統所屬の研究》一書，是指西排灣群中的「中部排灣」，因為是南部排灣族的發祥地，所以叫做Paumaumaq（發祥地的意思）或Pavoavoa（耕地、祖先的耕地等意思）。伊能氏採用Pavoavoa（帕博阿博阿）為中部排灣各社的總稱，叫部族。按「部族」比「群」還小。在移川博士的「中部排灣」小群裡，還包括比較靠近南方的力里社（Rarukruk社，即伊能氏所謂Ryaryukryuk部族中的Renrie社，亦即キナゼン社，中文譯為力里社）。依照鳥居龍藏的實地調查，力里社（即キナゼン社）和屬於Paumaumaq的幾個大社，如Bongarid社（望嘉社）、下Pailus（下白鷺社）等敵對，所以東港辨務署和伊能氏把力里社和它的附屬小社群，單獨稱為一個單元，叫Ryaryukryuk部族（力里部族），與其他的Pavoavoa部族（帕博阿博阿部族）隔開。另外，辨務署和伊能氏也把屬於Paumaumaq的部分部落，也就是更靠近中央山脈的Konanau社（即Kunanao社，古樓社）及其附屬小社群，單獨成為一單元，叫Konanau部族（古樓部族），並且說明Konanau部族是「以Tsaⁿgarao山（排灣語指北大武山，另拼音為Tagaraus山，《鳳山縣志》稱為南崑崙山）為中心，北面以「龍角灣溪谷」（古地圖沒有標示，應該是指臨寮溪）和Takanao部族（即Raval系統的排灣族，以大社為祖社）為界」。這一段說明，似乎不大對。按古樓社離開北大武山及南大武山很遠，不可能以這聖山為中心；它位於中央山脈主脊衣丁山西側，屬於七佳溪源頭地帶，北面鄰接來義溪源頭的來義社（舊社），西北面的部落群是伊能氏所謂Pavoavoa部族，不可能是直接和Takanao部族的大社、口社等部落相接。伊能氏所抄的東港資料，又說Konanau部族「南面以三條崙溪的溪谷與Ryaryukryuk部族為界」。按清代輿圖與日據時代的新舊蕃地地形圖，從未顯示「三條崙溪」。三條崙就是清代開山撫番道路「三條崙道」的起點「石頭營」東側小山，如果以這個地理位置推測，那麼三條崙溪應該是指七佳溪（Chikatan溪，台灣光復後的地形圖誤寫為「力里溪」），以七佳溪為界，南面與Ryaryukryuk部族（力里部族）為鄰。南面部分倒是很準確。伊能氏又說「Ryaryukryuk部族南面以萃芒溪與Paiwan族為界」。按力里大社群包含「三條崙道」（今

（接下頁）

Pavoavoa部族〔Paumaumaq部族〕

社名	戶數	人口		〔譯註〕
Voⁿgariˊ社	一〇〇	男三七〇 女二八〇	六五〇	Bongarid社 （望嘉社）
Putsunnok社	四九	二〇〇 一八〇	三八〇	Putsunlog社 （文樂社）
Pairǔˊ社	四六	一八〇 一四〇	三二〇	Pailus社 （下白鷺社）
Tanasiu社	四五	一六〇 一五〇	三一〇	Tanashiu社
Tsŷajŷakavus社 （內社）	二〇〇	七〇〇 六五〇	一三五〇	Chawagawagas社 （來義社）
Konanau社	三〇〇	一一〇〇 一〇〇〇	二一〇〇	Kunanau社 （古樓社）
Tengasan社	二〇	八〇 七〇	一五〇	Chingasan社 （眞雅社）
Tsŷorikau社 （大社）	四五	一五〇 一七〇	三二〇	Chyoragao社 （大社）
Puntei社	七一	二四三 二五四	四九七	Puntei社 （佳興社）
Kurajŷuts社	四〇	一五〇 一四〇	二九〇	Kulals社 （庫瓦魯斯社）

浸水營古道）上的部落群，如割肉社、歸化社等，南邊以萊芒溪（今士文溪）與Paiwan族（即排灣族萊芒群）為鄰。伊能氏的觀念中，所謂澤利先族包括西魯凱群、北排灣與中排灣各小群，但不包括萊芒溪以南的排灣族。依照鳥居龍藏和移川子之藏不同年代的調查，萊芒群，又稱Chaoboolbol群，以內文社為中心稱霸南排灣之地。這一段說明對族群在地理上分布情形，相當準確。總而言之，伊能氏還沒到中排灣、南排灣做實地調查，先利用東港辦務署預查資料，作一番概略說明而已。

社名	戶數	人口		〔譯註〕
Tsŷokuvun社	二○	八○ 七○	}一五○	Tokubun社（德文社）
Kapiyan社	一四○	五○四 四八二	}九八六	Kabiyagan社（佳平社）
Toadada社（タウ社）	四五	一五一 一三五	}二八六	——

Rŷarŷukrŷuk部族〔力里部族〕

社名	戶數	人口		〔譯註〕
Renrie社（キナゼン社）	二○○	男二二○ 女二二○	}四四○	Rarukruk社（力里社）
Kantui社（カンタイ社）	八○	一五○ 一二○	}二七○	——
Rīparīpa社（レイパ社）	二○	三五 三五	}七○	——
Takwojŷo社（歸化門社）	二○	四五 四○	}八五	Kinaliman社（歸化門社）

　　然後，我們去東港辦務署參事洪占春秀才家訪問，向他請教東港的情況。在他的家看到《閩中撫聞》（十一卷），這本書是閩省晉江陳雲程、孫鵬兩人編纂的，其中第十卷是台灣府之部，收集台灣府的歷史逸事。❼❾

　　訪問過了以後到設在東隆宮廟內的公學校〔小學〕訪問。公學校教諭谷山水之巫氏在會面的時候，暢談了東港

---

❼❾日本據台之初，為確切掌握民情資料，各地撫墾署及後來改制後的辨務署都重用曾經參與纂修地方志的漢人或曾經熟知官制、地方沿革史的秀才、文人等，讓他們以參事名義出入官署備詢。

地方的習俗。晚上到坂本軍二氏的官舍訪問。坂本氏曾經到過蕃地調查Paiwan族中的Tsŷakvukvum部族，所以向他請教蕃情。**⑧**

按Paiwan族可以分爲四支部族：

(1)Tsŷakvukvum部族（上社）
(2)Parizarizao部族（下社）
(3)Suvon部族（萃芒）
(4)Pakurukal部族（大麻里）**⑧**

根據上社的口碑，Paiwan族本來是由一個大頭目統轄的，而Tsŷakvukvum（龜文）社是中央集權的核心部落，後來大頭目的四個兄弟分別統轄各地，結果形成四個部族。**⑧**

二十二日 今天清查清國政府對Paiwan（排灣）族施行

---

⑧ Tsŷakvukvum部族，指南部排灣中的Chaoboobol群，伊能氏認為士文溪以南的部族不是澤利先族，特地用"Paiwan"（排灣族）以示區別。

⑧ 這南部排灣的分類法，與鳥居龍藏、移川子之藏、鹿野忠雄等學者的見解，有很大差異。例如分為Suvon（萃芒）、Tsŷakvukvum及Parizarizao等三個部族。鳥居與鹿野等將Suvon群併入Tŷakvakvum群中。Parizarizao部族，又稱Parilarilao或Parijarijao，大體上是恆春地方清所稱的瑯璚十八社中以豬勝束社頭人為總頭目，參與牡丹社戰役的牡丹社、高士佛社、女奶社、竹社都包括在內。至於Pakurukal部族，就是太麻里溪一帶的Paqaroqaro，又稱排灣族東海岸群，嚴密地講，應稱為Suqaroqaro族（斯卡羅族）的東海岸群。在地理上，士文溪以南的部族在北邊叫「上社」，而位於恆春地方的Parizarizao部族在南邊叫「下社」。日據時代分別稱為「恆春上蕃」、「恆春下蕃」，以獅仔頭溪為分界線。

化育政策的史料。**㉝**

**　條　教

欽加{總鎮銜統領鎮海後軍等營兼各路屯軍閩浙儘先補用協鎮府張
同知銜特授鳳山縣正堂張}

　　為謹遵憲章分設社長壯丁以伸禁令事。　　照得：
璜牙益社合社男女壹百九十餘人，現當薙髮效順之
初，賜姓別族之始，亟應慎遵明理服眾者，以為董
率，庶足以資約束，而專責成。茲查沈家卯馭眾有
方，奉公守法，堪以立為璜牙益社社長。為此頒發條
教，仰該社長敬謹收執遵照，後開各條，家諭戶曉，
詳細講明，務使一一聽從，同遵教禁，痛改從前惡
習，永為華夏良民。倘敢違玩不遵，爾社長即嚴加督
責，抑或送官究辦，不准徇情容隱，所有賞給，爾社
長口糧銀七五足洋五元，及春秋兩季本人衣褲二套，
即由爾社長，依時親至招撫總局，照章請領，以勵勤
勞，果其教約有方，能使合社之人，一年之內不滋一

㉜伊能氏調查以後，日據時代學者都注意到這一個部族聲勢浩大，但其轄地
只是北起士文溪，南止於楓港溪以北的草埔後社、竹坑社等，其勢力未及
於楓港溪以南的Parizarizao群。據譯註者的見解，在歷史上內文社（漢人
又稱之為龜文社）的大頭目威鎮士文溪以南的恆春半島是個事實，各部族
的口傳資料都傳頌這件事，但是威鎮瑯璚十八社的Suqaroqaro族豬朥束社
也是個歷史事實，是否同時分庭抗禮的狀態呢？還是其聲威極盛的年代有
所不同呢？待查。

㉝依照伊能氏的《台灣文化志》，清廷對於各地「生、熟番」施行「化育」。
光緒十二年，鳳山縣為擴大番人的教化，制定五教與五禁共十條的教條，
頒行於轄下各「番社」。伊能氏在東港查閱原來保存在荖芒部族Chinava-
navan社（南本社）內的教條與禁令，史料價值很高，因而抄錄於日記裡。

事者，再請加賞豫銜，以示優異者。其奉行不力，仍有違犯教禁情事，除查明究辦外，並治爾社長約束不嚴之罪，其即懍遵，毋負本統領教化生成之至意。切切毋違，須至條教者。

條教列左

一教正朔。　照得：年有四時臨閏之分，月有大小朔望之別，日有早晚晝夜，又有十二時支，必須遵照流年憲書，以知四時寒暑往來，為天道循環之究理等，逢朔望之日，交相慶加，敬禮神明。

一教恆業。　照得：士農工商及四民正業，讀書之外，當以務農為本，或樹藝五穀，或種茶桑，則衣食財用之需，可以給人足，總要勤耕力作，以收地道有恆之利。其次則學習手藝，造作各項器具，亦可交換粟布，以禦飢寒，不得專以游獵為生，不務恆業。

一教體制。　照得：人為萬物之靈，不可赤身露體，致與禽獸無異。此後無論男女老幼，務要常穿衣服，順四時之冷暖，以為厚薄，庶有為人體制，不與禽獸相同。

一教法度。　照得：體制既備，更要整理容裝，以昭潔淨。此後男人剃頭辮髮，按十日一次；女人梳頭挽髮，按一日一次，均不准其過遲。爾該管社長壯丁，必須教導遵行，毋得始勤終怠，其越乎法度之外，有負責任。

一教善行。　照得：人有五倫，君臣父子夫婦兄弟朋友是也。務要敬愛君親，善事父母，兄弟有長幼之序，夫婦有內外之分，朋友貿易往來，相交以信，不可以下犯上，使詐欺凌。如其子弟聰明，即令其讀書識字，習知禮義，自能去惡歸善，久遵化成。

五教既詳，再申五禁。

一禁做饗。　照得：人生疾阨本乎天災，死生由來於數定，如遇地方多病，急應焚香叩禱，多做善事，或可轉禍為福，若以殺人解阨，則阨必加重，徒將己身陷於罪戾，自取滅亡，須知天地好生，斷無殺人可以求福之理，應嚴禁做饗惡習，違者立斬不赦。

一禁仇殺。　照得：爾等各社人眾，均係生長於斯，非親即鄰，應敦和好。倘有言語口角，務向社長壯丁理論。抑或稟明官長，剖斷明白，自有以服其心。若仇殺則結怨漸深，雖勝亦必抵命，違者按律究辦，決不姑寬。

一禁爭占。　照得：普天之下，莫非王土。今以爾等住址處所，即作為爾等固有地方，一經界限分明，即由爾等墾種納糧，不得彼此爭占滋生事端。倘敢故違，重究不貸。

一禁佩帶。　照得：爾等既務恆業，農夫各有農器，手藝各有匠器。至於刀銃槍箭等類，盡屬兵器，乃軍營講武之具，非民間所得執持。此後爾等除在山

打獵之外，不准將前項兵器佩帶身旁。違者拿獲究公，從重治以違禁之罪。

一禁遷避。　照得：疾病乃人事之常，何地蔑有，全賴調養醫治，以冀起死回生。查爾等逢家有病人，輒合家避居，別置病人於不問，親情骨肉，於心何安。爾後如有抱病之人，務要在家服事，不得仍前遷避，違者查究。

右給璜牙益社沈姓社正長沈家印

光緒十二年十一月初一日給

功牌

記名簡放提督軍門統領福建臺灣鎮海後軍等營
兼各路屯兵勝勇巴圖魯張

為給發功牌事。　照得：本軍門辦理防撫事務，凡在事出力人等，自應擇尤獎賞，以示鼓勵。查有社長衛甲歪約束有方，奉公出力，堪以賞給陸品頂戴。除詳請彙案咨部外，為此牌，仰即行遵照，仍當勉圖上進，冀膺懋賞，切勿始勤終怠，有負本軍門激勵至意，凜遵毋違，須至功牌者。

右牌仰陸品頂戴衛甲歪執此。

光緒十七年十二月十九日給

記名提督軍門給發口糧票

統領張給發口糧事。　照得：國如社自光緒十二年十一月初一日薙髮歸化日起，其該社之正社長衛甲歪照

章月支口糧湘平七五重、洋伍元，按月親執票赴局照章請領，並將領到數目若干元，於票上註明，以便此票。

右票仰國如社正社長衛甲歪收執

計開

十一月三十日實領得本月分足洋五元

十二月三十日（仝上）

（下略）＊＊

其次，查閱鳳山方面蕃社義學的來歷。當初，除了恆春方面的蕃社義學，東港地方共有義學六所，《鳳山縣采訪冊》有詳盡的記載：

一在港里杜君英庄

一在港西里嘉蚋埔庄

一在港東里北勢蔡庄

一在港東里枋寮庄

一在港東里糞箕湖庄

一在港東里赤山庄

以上番社義學，係光緒元年台灣道夏獻綸設置，聞當時尚不止此，今已裁去大半。

午後去探訪東港陸路汛防遺跡。

二十三日 乘轎子從東港街到崁頂庄〔屏東縣崁頂鄉崁

頂〕。庄內有石碑，碑文抄錄如下：

> 港東之里，有街曰崁頂，人煙輻湊，四民雲集，
> 巍然一巨鎮也。東望傀儡，蜿蜒磅礴，趨街首而關康
> 衢。西北有埔，形勢陡起，寬且厚，實爲本街藩屏，
> 各庄門戶焉。上有墓，鱗疊成塚。居民掘取沙土，逼
> 墳埋，幾溝壑矣。纍纍幽城，風凄露冷，一遭崩隤，
> 魂魄何依？仁人君子能毋休惕，矧乃地靈人傑，坤輿
> 鍾衍，宜培厚，不宜剗削耶。爰是邀街庄立禁約，掘
> 者罰戲，違即呈官，以固地脈，以安泉壤。嗚呼！茲
> 乃義舉，既詢謀而僉同，事屬良心，尚永遵而勿失。
> 乾隆二十九年十一月
>
> 　　　　　　　莊江、柯哲瀾仝本街民等立

由此可知，崁頂庄在往年的時候，是這一個區域的中
心，也是貨物集散地。

不久，進入潮州庄街市〔屏東縣潮州鎮〕，有□□戶，
□□人。現在潮州庄已經是這一個區域貨物輻輳的街市。
我們到潮州辦務支署訪問，署員宮定七氏在辦公室接見我
們。我們在他的宿舍休息一會，同時向他打聽地方情況，
然後繼續上轎子出發。途中，從四塊厝〔潮州鎮四春里〕
起走上一片茫茫的荒野，最後抵達新置庄〔屏東縣萬巒鄉
新置村〕，投宿於生蕃通事吳哖的家。現在溪水大漲，結
果沒有辦法進入蕃地，不得已在新置庄召集嫁到庄內的蕃

婦三名，打聽蕃情並調查蕃語。❷

　　這一次調查的結果，發現我需要重新檢討並變更蕃人的族群分類法。我曾經以為這裡的蕃人可以分為Tsarisien和Paiwan兩群，並且認為這兩群在族群系統上很接近。我現在發現這樣的想法完全不正確，這兩者應該歸屬於一群，以Paiwan這一個稱呼做為代表。表列如下：

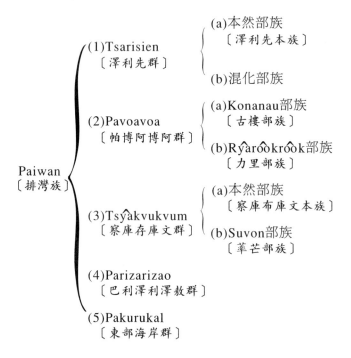

　　上面的Tsarisien群已遺忘了古時候曾經自稱Paiwan人。事實上，他們曾經這樣稱呼過。在Tsarisien群中有一個蕃社叫做Paiwan社〔指上排灣社〕，而且Pavoavoa群把Tsarisien的蕃人稱為Nava Paiwan（Nava是「北方」的意

思），也就是北方的排灣人。照Pavoavoa蕃人的語言，Tsarisien是「山」的意思。至於Pavoavoa一詞，出之於Voavoao（「上面」的意思）。Pavoavoa人和Tsarisien人一樣住在山上，所以無論是Pavoavoa或Tsarisien，都是「山上人」的意思。

Pavoavoa群現在都有「頭厝」(Po-uru-an)，頭厝的建築形式，據說和我們在排灣族其他族群所看到的，沒有兩樣。❽

二十四日 從新置庄出發，循舊路返回東港。❽本來我們要從東港搭船到小琉球島，剛好碰上台灣南部的雨季，沒有船出航，不得已探陸路往鳳山，預定於二十五日出發。現在在東港記下東港辦務署預查好的關於小琉球島的資料，做為將來的參考。

**西洋人把小琉球島稱為Ramby Island，而Ramby這一個島名，似乎是出之於平埔族中Siraiya小群的土語Ramai。根據屬於Siraiya小群的Sinkan社〔新港社〕口

---

❽新置庄的東方有排灣族各部落，伊能氏可能想涉渡林邊溪，往上游的排灣族部落訪問，但是八月的溪水高漲，使他無法如願前往。其東方的文樂、望嘉、來義、古樓諸社，在伊能氏來到新置庄的幾年前，鳥居龍藏已經來調查過。當年新置庄已有排灣女子嫁過來當漢人或平埔族人的妻子，她們懂得平地語言，所以伊能氏都向她們聽取部落情況，並採集排灣語彙。所謂「生蕃通事」是負責「生蕃地」的通事，本身可能是「熟蕃」（平埔族），也可能是漢人。通事的任務是為官署雇用，負責連絡或宣達政令，甚至替官署征收原住民應繳的糧餉。

❽頭厝，似乎是指頭屋（Skull house），是陳列著歷年割下的頭顱的集合所。

❽新置與東港之間只有一條舊道，伊能氏走來時的路返回東港。

碑，新港社人原來是從小琉球島遷移到台灣島西南海岸的，那麼，古時候的小琉球島就是新港社蕃的棲息地了。「小琉球」這個地名，原是台灣本島的人命名的。據說，清康熙年間，清廷命耶穌教會的宣教師測繪台灣地圖時，清廷認爲台灣島古稱小琉球，實在不恰當，因此才把這個名稱移到這一個小島的。**⑧⑦**

小琉球島位於東港的西〔南〕方海上，東經一二○度□□分、北緯二十二度□□分，島上面積一平方日里，其東西及南北長各爲一日里十八町，周圍四日里十七町。中央有一高丘，土人稱爲「剖腹山」。漢人的村落，主要分布在海岸，有四個村落，名稱、戶數與人口如下：

---

⑧⑦ 小琉球島，今稱琉球嶼。據伊能氏的《台灣文化志》，西洋人稱小琉球島為Rambay島。又據Campbell的 *Formosa under the Dutch* ，十七世紀荷蘭人來台灣時，小琉球島上的人稱呼他們的島為Lamey。Lamey和Ramai音近似。伊能氏日記上所寫的Ramby在《台灣文化志》裡已修正為Rambay，伊能氏解釋為屬於平埔雅四大社群，亦即他所稱西拉雅小群中的新港社語。台灣史學者曹永和和L. Blussé（包樂史）曾經在一篇合寫的論文〈小琉球原住民的消失〉，考證在荷據時代，荷蘭人於一六三三年與一六三六年兩次派兵，加上西拉雅新港社、蕭壠社及馬卡道族放索社等社的戰士，去攻打小琉球島，殺死島上居民，也俘虜了島民。到了一六四五年一月，小琉球島上居民全部被放逐而導致族群消失了。第一次討伐軍的指揮官Claes Bruyn在報告中提及被討伐的小琉球島上居民，無論在習慣、身體形狀、膚色或宗教方面，大致上和台灣島上的熟蕃相同，只是語言不同。由此可以推測，過去的小琉球居民應該是西拉雅族，也就是漢人所稱的平埔熟蕃，並不是後來清人所指稱的「烏鬼蕃」。至於伊能氏於日據初期在新港社所採到的一則口傳故事，說新港社人原居小琉球島，參照Bruyn的報告中所提到的話：「聽說居民是蕭壠社人坐竹筏漂來移住的」，那麼協助荷蘭人征伐的平埔族和原住島上的平埔族是同族。漢人移居小琉球島，應該是一六四○年代以後的事。

- 白沙尾庄：一三五戶，九九〇人（男五三二人，女
  四五八人）。
- 杉板路庄：九四戶，六九二人（男三六六人，女三
  二六人）。
- 大蓁庄：四七戶，三三〇人（男一九〇人，女一四
  〇人）。
- 天台庄：七一戶，五二七人（男二八七人，女二四
  〇人）。

關於小琉球島，文獻所顯示的有下列幾種：

- 《番俗六考》：新港、蕭壠、麻豆各番，昔住小琉
  球，後遷於此。

- 《台海使槎錄》：小琉球社對東港，地廣約二十餘
  里。久無番社，餉同瑯嶠、卑南覓，皆邑令代輸。
  山多林木，採薪者乘小艇登岸，水深難於維繫，將
  舟牽拽岸上，結蓁而居。近因偵緝餘孽，所司絕其
  往來矣。

- 《鳳山縣采訪冊》：小琉球嶼，在港東里，縣東南
  六十里，……孤懸海中，周圍二十餘里。（東西相
  距四里許，南北相距六里許，積方二十四里有
  奇），澳、莊各六（按六澳，東曰大蓁澳，地近尖
  山，有泉兩穴可資濯溉），西曰杉板路澳（舊時有
  杉板船泊此，故名），南曰天台澳，北曰白沙尾澳

（可泊小艇），西北日花瓶仔澳（有花瓶石，肖形而名），東南日厚石澳（下有嶢石暗礁，舟誤犯之，立碎）；六莊即打牛崎莊、尖山莊、相思埔莊、魚埕尾莊、濫潭莊、龜仔路腳莊是也，居民四百餘戶、男女二、三千口。地不產五穀，以捕魚兼蒔雜糧為生。光緒三年，恐宵小之易於藏匿也，亦屯兵戍守之。（營地在白沙尾澳，現駐水師汛官一員，目兵二十四名）。……土分紅黃二色，且多沙礫，下有嶢岩不堪泊舟。

島的中央有剖腹山，高八十六公尺，向四方伸出起伏的山稜，島上幾乎沒有平地，地質由珊瑚礁構成，地力不肥沃。

島上住民以捕魚為主要生計，也兼做農業。漁撈的工作包括採集夜光貝，他們僅靠肉眼採取，所以風浪稍高的時候，便無法工作。至於農業，只有分布於各地的少許水田和旱田，水田共十二甲三分四厘，旱田共十一甲一分三厘，收穫量分別是二四七石及一一六石而已。不足的米糧要仰賴東港供應，但是東港住民所需要的海產物，則要靠小琉球供應。島民種植蕃薯、落花生為主食，蔬菜也要從東港運來。島上的婦女以飼養袋角鹿為業，全島共有二百隻左右，母鹿每隻三十圓至四十圓；公鹿一百圓至一百二十圓。

住民的生活水準大致上很低。他們住於低矮的茅屋，

全島最富有的人也只有三千圓的資產而已。民情淳樸，從來沒有人犯罪，夜間房屋不鎖門，即使有人遺落東西於路上，也沒有人撿起，收爲己有。所以，我國派駐於小琉球島上的警察，因爲無事可辦而閒得發慌。這裡設有東港公學校的分校，只有一個台灣人教師，每天來上學的學生有三十名，據說學生都很用功。島上的水質很好，可以說是一個很健康的地方。

小琉球島上有很多名勝古蹟。《鳳山縣采訪册》有如下記載：

> 烏鬼番舊居：石洞在天台澳尾。相傳舊時有烏鬼番聚族而居，頷下生腮，如魚腮然，能伏海中數日，後有泉州人往彼開墾，番不能容，遂被泉州人乘夜縱火盡燔斃之。今其洞尚存，好事者輒往遊焉。
>
> 花瓶石：在花瓶仔澳西北數武，有巨石峙海中，高二丈許，其上小松數株，類花之插瓶然，故名。❽❽
>
> 觀音亭：……。

烏鬼蕃的故居，是人類學和歷史學上應該深入研究

---

❽❽荷據時代的《巴達維亞城日記》中，一六四○年記載荷蘭行駛到台員（台灣台南的安平）的大帆船，有黑奴在船上工作。曹永和也考證過鄭芝龍、鄭成功父子稱霸海上時，大帆船上也雇用黑奴（不是非洲人，而是印度洋、印尼諸島上的有色人種），甚至鄭成功也有兩隊年輕的黑人兵團。這些黑奴是和台灣平埔族同屬南島語族。我們可以推論島上的所謂烏鬼，就是皮膚稍黑、荷據時代與明鄭時代遺留下來的黑奴，後來傳說在烏鬼洞中慘遭殺害。這些烏鬼與一六三○年代被荷蘭軍隊討伐的平埔族是不同的，年代也不同。

的。此外，天台高地有一處遺跡，據說有人曾經在那裡發現埋於土中的陶器，大概是平埔族先住民所遺留的。❸❾

《鳳山縣采訪冊》記載島上的景勝爲「海日初升，霞光煥發」，也因此把「球嶼曉霞」列爲鳳山八景之一。＊＊

二十五日 從東港出發的時候，有人警告我們：東港到鳳山間的道路，最近常有匪徒出沒，和押運郵件的隊伍一起出發，可以得到警察的保護。我們涉渡東港溪以後，再渡五房洲溪，進入五房洲庄〔屏東縣新園鄉五房村〕，這一段路途上，由一名擔任巡查補的土人護送，從五房洲庄起改由二名巡查護送我們涉渡下淡水溪的下游。《鳳山縣采訪冊》有如下記載：

> 淡水溪。……源受南雅仙山泉，南行遞納十溪（旗尾、彌濃、揭陽、三張廊、二重、巴六、番仔蔡、海豐、阿猴、後廊），九溝（嶺口、統領坑、知母令坑、昇仙坑、小園榜、大坑、嘉棠莊、竹仔蔡、冷水坑），八圳（嶺口西圳、新莊、南圳、耆老、隆恩、中冷、九塊厝、崇蘭圳），旁注一圳（嶺口東圳），一塘（九曲塘，即曹公圳頭），兩溪（中厝溪及五房洲溪），迄東港入海，長七十里。縣治諸溪，當

---

❸❾日據時代國分直一和金關丈夫兩位教授，於一九四八年發掘過「小琉球嶼的先史遺跡」，遺物中包括紅褐色的粗面先史陶器破片、褐色上過釉的近代陶瓷片，以及與安平壺同質的白色陶瓷片。其中也包括鹿科動物的骨頭和貝類。

以此爲最。按縣治緯溪凡四十六條，而經溪只此一條。全邑疆域，儼被此水中分爲二。東岸港東西兩堡，與西岸十二堡，地適相等。兩岸相距三里許，夏秋水漲，或寬至四、五倍不等。沿溪田園廬舍，常被淹壞，他如尖山、南勢、隘蔡、巴六、四十份、西勢、東勢、九甲、後蔡，擺律、薑園、頂苦溪、下苦溪，皆能衝壞田廬，民恆患之。

我們從這邊的河岸，可以遠望對岸的兩魚山。《鳳山縣采訪册》又說：

> 兩魚山（一名下赤山，一名滾水山），在港西里淡水溪邊，縣東二十里，平地起突，高十丈餘，長二里許。二山相連，勢如雙鯉，故名。按舊志：下赤山，以土色赤，故名。又云：滾水山，不甚高，頂湧溫泉。先是，潢湧出泉，水多泥淤。至乾隆十二年，始湧溫泉，近地不生草木。

《續修台灣府志》也有如下記載：

> 康熙六十一年夏，鳳山縣赤山裂。長八丈、闊四丈，湧出黑泥。至次日，夜出火光，高丈餘。

我們不久就通過鳳山的山麓。《鳳山縣采訪册》說：

> 鳳山，在……縣東南十八里，脈由大坪頂山出，

高四里許，長十里許，……首昂如冠。（俗名爲鳳譽山），最爲丹秀，旁列二小峰，形若飛鳳展翅，縣治命名取此。按此山南爲馬鞍山，即鳳頸也；北爲朝天嶺，即鳳臀也；又北爲大坪頂、鳳彈山、下考潭、蛟龍坑、龜仔潭、尚書林、山仔頂、拔仔林、總舍陂諸山，皆鳳尾也。統計鳳山自首至尾，約長二十里。❿

從山下的赤崁庄起，改由三名陸軍兵士護送我們。因爲連日下雨，低窪的地方積水，有兩個地方要通過深及胸部的水潭，一行人困苦萬分。好不容易通過難關，走進鳳山城的東門。❾❶

二十六日 停留在鳳山整理這幾天查獲的資料。

**傀儡山不是單指一座山，而是舊鳳山縣境內各大山支脈的總稱，也就是漢人所謂「傀儡生番」所分布的山地，所以叫做傀儡山。位於這一片山區的中部而且是最高的山峰，叫做南太武山。❾❷

《鳳山縣采訪册》有如下的記載：

重巒疊嶂，挿漢凌霄，爲縣治諸山之冠（内地舟

---

❿這裡的「鳳山」並非現今高雄縣的鳳山市，而是指從鳳山市向南延伸到鳳鼻頭海岸的一條細長台地（地形學上稱爲鳳山隆起珊瑚礁），靠近南邊的山叫做鳳山，海拔一四五公尺，這是最高點。伊能氏似乎沿著台地東側向北方的鳳山郡城行走，所以他說「通過鳳山的山麓」。

❾❶赤崁村位於鳳山隆起珊瑚礁中部台地（大坪頂，今大坪村）的東邊，今屬於高雄縣大寮鄉義仁村至新厝村一帶。

至澎湖，即見此山），即生番亦不能造其巔，朝夕常有白雲擁護。

這一座山的南方，另有一座高峻的山叫做南崑崙山，又名廍亭嶺山。《鳳山縣采訪冊》又說：「高出雲表，其大亦與南太武山相埒。」這兩座山凹折之處，叫做崑崙坳。光緒□□年，清廷重新開鑿一條通往台東的道路，道路的越嶺點就在這一個地點。❽

這些山的蕃語名稱如下：

---

❾清光緒二十一年（一八九五）台灣割讓給日本，伊能氏在五年後進行南台灣的考察旅行，一面做實地調查，一面在鳳山、東港等有辨務署駐紮的城鎮，進行地方志的研究。他所看到的漢人史冊對地理形勢描述很籠統而且不確實。傀儡山，即中央山脈南段西坡，有魯凱族及排灣族居住的山地，而漢人所謂「南太武山」，實際上指「北大武山」——中央山脈南段「傀儡山」的最高峰。光緒年間的「鳳山縣」介於「台灣縣」，與「恆春縣」之間，涵蓋今高雄縣與屏東縣的一部分，縣城曾經設於今左營及鳳山市。清代的有效治權僅及以鳳山為中心的平原與海岸，所謂傀儡山只是想像中的山區，是治權所不及的原住民所在地。此外，伊能氏日記原文將清人所稱的「南太武山」寫成「南大武山」，譯文已改正過。

❽本段采訪冊的記載，也是清人臆測之詞，實際上纂修史冊者沒有親自前往，以致地理上的描述錯誤百出。伊能氏也沒有親自前往勘察，只是抄錄並覆述史冊上的資料而已。按北大武山的南方主脊上有很多高峰，如南大武山、茱仁山、衣丁山、句奈山、姑仔崙山等，史冊上所謂「南崑崙山」，除了《鳳山縣志》、《鳳山縣采訪冊》等史冊外，一般沒有這種稱謂。采訪冊上說其凹折之處叫做崑崙坳，按崑崙坳指Konlonnau社，亦即古樓社，同時也指清代於同治十三年最早開鑿的開山撫番道路「南路」主線橫越中央山脈的越嶺點，那麼，南崑崙山應是衣丁山了。清人對中央山脈一帶地形非常陌生，只是很籠統地說「南崑崙山」是位於所稱的「南太武山」之南的高峰，因此所謂「其大亦與南太武山相埒」的大山，應該就是現今我們一般所稱的南大武山了。伊能氏所謂「光緒某某年重開通往後山的道路」，不知是根據什麼資料。「南路」於同治十三年開鑿以後，文獻上未再提及重修道路的消息。這一條清代古道，譯註者曾經於一九九四年進行主線與副線道路全程的調查。主線越過衣丁山南鞍，而副線則越過姑仔崙山南鞍，是同治十三年同時開鑿的。

- 南太武山：Kavuru^{n}gan（Tsarisien族所稱）
  Avuru^{n}gan（Pavoavoa部族所稱）
- 南崑崙山：Tsa^{n}garao（Pavoavoa部族所稱）
- 山豬毛山：Kamurao（Tsarisien族所稱）**❷❹****

午後訪問鳳山辦務署主記服部氏，暢談到連時間都忘記了。

二十七日　夜來的驟雨延續到天明，早上的雨勢更大，不得已繼續停留在鳳山。今天整理日前所調查關於Tsarisien〔澤利先〕族的習俗資料。

　　(A)人類的思想❾❺

自稱與他稱 ＼ 蕃社	Pinaura社〔山豬毛口社〕	Kurù^{n}guru社〔伊拉社〕
自稱	Tsarisien	Tsarisien
對鄒族的稱呼	Tsun^{n}gao（或^{n}Guts^{n}guts）	Sun^{n}gao
對布農族施武郡群的稱呼	Tahomak	————
對平埔族的稱呼	Sirazzǔ^k	Sirazǔk
對漢人的稱呼	Kapaira^{n}gan	Kapaira^{n}gan
對一般人的稱呼	Tsao-tsao	————

　　上面Tsarisien族的語彙中，有幾點是在族群研究上值得重視的，說明如下：

　　(1)Tsarisien：相當於南鄰的Pavoavoa部族的自稱

「山」〔針對山下的平埔族，自稱「山地的人」〕。

(2)Tsun^{n}gao（或Sun^{n}gao）：這是對鄒族的稱謂，原義是「異族」。Amis族〔阿美族〕也把Ataiyal族〔泰雅族〕稱爲Tsun^{n}gao。❾❻

(3)Tahomak：這是對施武郡人的稱謂，原義近似「內山蕃」。Parizarizao部族把Tsyakuvukvun部族稱爲Tepomomak；而Tsyakuvukvun部族則也將其南方的部族稱爲Tepomomak。無論是Tahomak或Tepomomak，都是同一個語詞。❾❼

(4)Kapaira^{n}gan：這一個對於漢人的稱謂，可能是出之於「台灣」這個地名。從Taiwan一語演變成爲Kapaira^{n}gan的順序羅列如下：

---

❾❹據日據時代台北帝國大學移川子之藏教授的大作《台灣高砂族系統所屬の研究》，Kavorangan（即Kavuru^{n}gan）廣義地說，指祖靈所在地的北大武山和南大武山，而Tagaraus（即Tsa^{n}garao）特別指北大武山。因為口述者不同，採訪的年代也不同，難免在拼音及所指的山岳對象，呈現混淆與差異。如此看來，排灣族對北大武、南大武兩峰的稱法雖然不同，但是同樣認為是祖靈永居之地，把這兩峰看成一體。至於清代的漢人也用「南太武山」、「南崑崙山」指高出雲表的北大武山、南大武山等高峰，不過因為地理形勢不明，從未確實指出那一座峰頭。在屏東縣山地門附近有一些中級山，所謂山豬毛山究竟指那一座，清人和伊能氏都沒有做明確的交代。依排灣人的想法，Kamurao山是指那一座，待查。

❾❺指「人類思想發生的程度」（據伊能演講稿「台灣蕃地探險實話」），也就是原住民如何思維自己和別族的關係。

❾❻本段所說的鄒族，指南遷的南鄒族，Sun^{n}gao，今稱Saaloa（沙阿魯阿群），漢人最初稱為「內優番」，後來改稱「四社番」。花蓮阿美族把附近山區的泰雅族稱為Tsu^{n}gao，後來Tsu^{n}gao（崇爻）變成地名，指花蓮平原，最後包括阿美族的當地各族群，被稱為「崇爻蕃」。

❾❼施武郡是南遷的布農族，在中央山脈以西的部分，分布於濁口溪上游，與澤利先族為鄰。Parizariazo指恆春下群，而Tsyakuvukvun指恆春上群。

Taiwan（台灣）

Paian（Pavoavoa語）

Pai^{n}gan（Kurù^{n}guru語）

Paira^{n}gan（Pavoavoa語）

Kapaira^{n}gan（Pavoavoa語和Kurù^{n}guru語）

　　毫無疑問地，當年漢人意圖移殖於台灣西南平原的時候，先住民把移入的漢人稱為Taiwan，後來，人的稱謂變為地名的稱謂。事實上，舊鳳山縣中心地帶位於北邊的半屏山與南方的赤山、西方的興隆〔左營〕交界內，當地有一座山曾經被叫做「大灣山」，可見「台灣」這一個地名本來不是指稱全島，而是島上西南方的一個小地名。❾❽

(5)Tsao-tsao：Tso'o族〔鄒族〕自稱Tso'o，原義是「人」的意思。Tsao-tsao應該和Tso'o一樣，是同一個語音變化出來的。鄒族把同族的人稱為Tso'o

---

❾❽Taiwan，原音是Taioan（譯為大灣、大員、台員等）。據伊能氏在大作《台灣文化志》裡的分析，住在台南一帶的西拉雅平埔族把當年移入的漢人稱為Taian或Tayan；而住在高屏溪一帶的馬卡道平埔族則稱漢人為Pairan；南部排灣族稱漢人為Airan、Pairan或Paira^{n}gan；東部阿美族把漢人稱為Pairan。總之，對漢人的稱謂變為地名，然後擴大為大地名。在《台灣文化志》裡，伊能又說：「鳳山舊城之東郊，有個地名叫做大灣庄。……大灣與台灣是同音異字，亦即Taioan。」原來是指這一帶明鄭時代即已拓墾之地，與台南附近的大灣一樣，是早期的漢人聚落。日記中的大灣山，指今高雄縣仁武鄉灣內村，舊名赤山、赤山仔。當年有小山，又叫做赤土山。此地的漢人被稱為Taioan（大灣），轉為小地名，最後擴大為台灣島名。大灣庄，今仁武鄉大灣村。大灣、赤山以北到半屏山，以西到左營舊城，是舊鳳山縣當年的聚落中心。

（人），而Tsarisien族則把這個語音所指的「人」，逐漸擴大到一般人類。

Tsŷajŷakavus社〔來義社〕的Pavoavoa語：

自稱	Paiwan
對Tsarisien族〔澤利先〕的稱呼	Nava-paiwan
對平埔族的稱呼	Sirazù
對漢人的稱呼	Paira^{n}gan（或Pairan）
對〔恆春〕上社、下社〔排灣族〕的稱呼：	Wire-paiwan

(B)大小頭目的區別

　　大頭目：Taraval^{n}gan-maza^{n}geran

　　小頭目：Tararak-maza^{n}geran

(一)Paiwan族之中，就各大頭目統治下的蕃社加以區分，可分爲以下各部族：

　　(1)屬於Takanao部族的Tsarisien

　　(2)屬於Ravuras部族的Tsarisien

　　(3)Rŷarôòkrôòk部族

　　(4)Suvon部族

　　(5)Tsŷakuvukuvum部族

　　(6)Parizarizao部族[99]

(二)未受大頭目統治的各獨立部族：

(1)Pavoavoa部族的各社

(2)Pakurukal部族的各社

(3)Naiyu部族的各社❿

(C)人名的區別

(一)頭目家男子的命名〔示例〕

Tail	Ravară^t	Takanao
Gi^{n}girao	Tsemuresai	Namakao
Tanuvă^k	Kui	Sul
Aras	Patsă^k	Raraùran
Ariu	Rumaris	Rautsu
Vasai	Tsaovan	Varō
Rită^k	Tsi^{n}gao	Vurŏ^k
Ũtsl	Ripon	Sura
Masksk	Ranpao	Kururu

(二)頭目家女子的命名〔示例〕

---

❾以上是伊能氏所獨創的分類法。Takanao部族指以口社溪口社及大社為中心的排灣族;Ravuras部族指位於隘寮溪的魯凱族;R$\hat{y}$ar$\hat{y}$ukr$\hat{y}$uk部族指以力里溪力里社為中心的排灣族;Suvon部族指以士文溪萊芒社為中心的排灣族;Ts$\hat{y}$akuvukuvum部族指枋山溪上游內文社為中心的排灣族;而最後的Parizarizao部族則指伊能氏所謂恆春「下社」的排灣族。請參照八月十四日日記伊能氏對澤利先族的舊分類和譯註。

❿Pavoavoa指隘寮南溪南岸以南的部族,即移川子之藏所指的Paumaumaq群,以Padain(高燕社)為中心的中部排灣族。Pakurukal部族就是位於台灣東南海岸的東海岸排灣群,舊稱「大麻里蕃」。Naiyu部族指分布於濁口溪的魯凱族下三社群。

Vunnė	Zupǔl	Ũrun
Ravaus	Pataⁿgao	Sennul
Rēgan	Vavaȯne	Surǔᴾ
Numnumman	Moreno	Zuzǔᵗ
R̃isris		

(三)平民男子的命名〔示例〕

Tsamǎᵏ	Sakǎᵗ	Pari
Pauruᵗˢ	Sakuriu	Sakinu
Sesǐᵏ	Saravo	Maruⁿgan
Raopei	Teusao	Pariprĕᴾ

(四)平民女子的命名〔示例〕

Suripao	Vavawan	Moakai
Kkai	r̂yawǎᵗ	Sakun
Karal	Awaⁿgan	Rarui
Isil	Sarau	

一般平民人家如果冒用頭目家專用的名字，則要受到處罰。

(D)被認定有罪的行為

　(一)姦淫(Makits)

　(二)不正當的爭論(Marivū)

　(三)竊盜(Tsimakao)

(E)處罰的種類

　　(一)攫髮(Punnunguts)

　　(二)笞打(Kūmurum)

　　(三)譴責(Kerewan)

　　(四)放逐(Mayasmamaza)

(F)族制的特徵

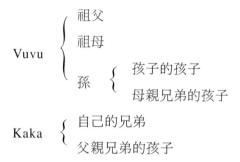

	祖父
Vuvu	祖母
	孫 → 孩子的孩子 / 母親兄弟的孩子

| Kaka | 自己的兄弟 / 父親兄弟的孩子 |

(G)禮節

　　(一)對長輩敬禮的方式：將自己的鼻子輕輕碰觸長
　　　　輩的手背後再碰觸其後肩上，叫做Samanguˋ。

　　(二)表達謝意的語言：Marímari。

(H)月中之影（山豬毛口社所傳）

　　　　遠古的時候天上有兩個太陽。那時候只有白天
　　而沒有黑夜，地上在太陽照射下熱得無法忍受，穀
　　物也不結實，所以我們這一族的人大大地受苦。當
　　時部落中有一個人張開他的弓，把其中的一個太陽
　　射殺，被射中的太陽就變成了月亮。我們所看見的

月亮上的陰影，就是當年的創傷。

(I)矮身的蕃人（山豬毛口社所傳）

　　古時候，在南方的深山裡住著身軀矮小，不到我們腰部高度的蕃人，他們的眼睛不在臉上，而是長在兩個膝蓋上。矮蕃經常出來向我們澤利先族挑戰。矮蕃白天的時候眼睛看不見，但是到了夜間就看得清楚，所以我們澤利先族白天打勝仗，晚上打仗就很辛苦。矮蕃的名字叫ˇGutol。

(J)託高會〔刺球儀式〕（Maruvu）

　　通常每隔五年就會舉行一次託高會（陰曆十月間）。部落裡的人用藤條製成人頭般大小的藤球，再把它帶到靈地(Tsatsava)，於是部落內的壯丁每人手裡都握著一支長竹竿守候在那裡。當藤球被拋向天空的時候，衆人競相使用竹竿的尖端接球，接到的人便是優勝者，衆人便紛紛向他敬酒致意，大家喝到酩醉爲止，飲酒時彼此誇示自己的英勇故事。

　　這一個刺球的風俗，能證明Tsarisien族馘首之風原來就非常盛行，現在已經變成純粹的遊戲節目了。據說〔恆春下社群〕Parizarizao部族在舉辦刺球的儀式時，都以藤球擬示人頭，而〔內文群〕Tsyakuvukuvum部族舉辦的時候，必須先獵取一

個人頭。⑩

(K)祈雨

　　枯旱不下雨的時節，派一個老巫女到深山作法。她手裡拿著叫做Pǔ的草葉進入山中，大聲祈求上蒼下雨，將草葉鋪在地上，剪一些豬毛披散在上面，以這些動作「做Parishi」。假如「做Parishi」後眞的下雨了，部落的人在這一兩天內都不進入深山。⑩

(L)靈地（Tsatsava）

　　每一個部落入口處都有一個「石門」(Ririu-no-Tsatsava)，石門內側有Tsarisien族所認定的靈地（Tsatsava），祭祖儀式必須在這裡舉行，他們相信祖先的靈魂都降臨其地，所以石門以內的部落範圍，禁止砍取樹枝或摘取樹葉。⑩

(M)對亡魂的感念

亡魂
　　　　} Garal
惡魔

---

⑩刺球儀式，伊能氏的日記原文寫成「託高會」，古時候漢人對排灣族五年祭中的一個刺球儀式，稱為託高會。

⑩Parishi是祭祀、神聖、禁忌、不吉利的意思。所以舉行Parishi，是舉行祭祀或遵守祭典禁忌的意思。在這裡特別指巫女作法祈雨。

⑩八月十三日的日記也曾經提到Ririu-no-Tsatsava。部落範圍內不准砍樹或摘樹葉，與每年某一個時期不准入山打獵一樣，同樣是原住民的高度生活智慧，可見原始部落自古以來很有生態觀念。

祖靈：Tsumas

祖先：Sitsòaian-no-Vuvu

（Sitsòaian意謂「昔日」。）

疾病是惡魔的所為。

惡魔趁夜間從窗口入屋，所以夜間要把窗子關好。

Kurùⁿguru社〔伊拉社〕的口碑：

> 部落外面的小溪那裡奇石磊磊，荊棘又茂盛，是惡魔聚集的地方。假如有人到那裡撞見惡魔，必死無疑。惡魔趁夜陰的時刻，從那裡飛到人家，從窗子進去作祟。

（下面是Pavoavoa部族Tsŷorikau社所傳關於祖靈與惡魔的口碑：

> 本社東南方的Tsaⁿgarao山（南崑崙山）中有祖靈居住。祖靈不喜歡異族接近祂的地方，所以本族的人嚮導異族進入山中，必須用茅草遮蓋行李，裝出正在逃難的模樣，才能避禍。在山上的祖靈視異族為敵人，常常對異族發炮，發炮時不但有閃光，也發出隆隆的雷聲，雷電就是這樣引起的。[104]

> 惡魔常住於蓊鬱的山林中，著白衣，晴天的時候，只在日暮以後才出現，但是雨天的時候，白天

---

[104] 本故事是Tsŷorikau社所傳。關於祖靈發威的模樣，比西洋希臘神話中的宙斯（眾神之王）更有趣。伊能氏所謂Tsŷorikau社，後來的文獻、地圖均未出現過，可能是Chyoragao社的另一種拼法。待查。

也出現。假如有人撞見牠，必死無疑。）⑩

(N)迷信

  (一)把米或米酒帶進室內，就會有人生病。從前有
     人曾經種過稻子，收成以後，在舂米的時候，
     人就死掉了。（這是山豬毛口社所流傳的故
     事。）⑩

  (二)把異族的東西，或者把異族用手碰過的東西拿
     到穀倉附近，穀倉內的穀物會腐爛掉；但是假
     如經過社蕃用手碰觸過的話，這些東西拿到穀
     倉附近，也不會產生禍患。（本則口傳故事是
     山豬毛口社所傳的。）

  (三)打噴嚏（蕃語叫Minasin）是由於日光照進鼻
     孔裡所引起的，要暫停出外行動。（本則故事
     也是山豬毛口社所傳。）⑩

---

⑩排灣族與魯凱族的神靈或鬼魂都著白衣，也勸人著白衣赴聖地。白衣代表
神聖、聖潔。

⑩排灣族和魯凱族在早期的年代不但不吃米，也不吃用米加工的東西，認為
米是部落的禁忌，不只是不可以帶進室內，甚至不准帶進部落內，更絕對
禁止出現於祭典場地。吃小米的民族極端排斥白米，不只是祖先所告誡禁
止的，更是一種禁忌。伊能氏採錄到的口傳故事，說明為什麼白米是一種
禁忌。

⑩原住民認為打噴嚏、放屁、跌倒都是不祥的行為，非常忌諱。尤其在祭
典、鳥占等儀式中，視為極大的不吉利，甚至因而取消神聖的儀式、出
獵、出草等活動。這是各族群共同的禁忌。原文「外行を小息す」難解，
從字面上看，是「打噴嚏的時候，暫停出外行動」，但是，似乎也可作其
他解釋。

(O)天花

　　假如有人罹患了天花，社眾就往深山之中搭建一間小木屋，再把患者丟棄在那裡，死掉以後就地土葬。⑩

(P)醫術

　　族人依據大自然裡的生活經驗，採某些植物治病。下面是一些顯著的療效：

(一)被蛇咬的時候，採Duresh草的果實或Rakena草，搗成草汁塗抹於傷口。

(二)刀傷用Waut草或Rakerakena草搗成草汁塗抹。

(三)燙傷用Ppŭᵏ（赤藜）的葉子和Sama的葉子混合搗成草汁塗抹。

(四)筋骨痛（蕃語叫Maposù）用Adapi草搗成草汁，塗在皮膚上。

(五)肚子痛的時候，用Risiᵏ草根煎熬服用。

(六)皮膚腫大化膿的時候，用Adape的葉子搗成草

---

⑩本則傳說和穀倉的傳說一樣，故事起因於維護族人，免於傳染病的侵入或蔓延於部落內。原住民對疫病少有抗體，常常因為漢人、日人的進入部落，或者因為族人到平地而受到感染。像天花這一種恐怖的傳染病族人束手無策，只能採取隔離措施。萬一發生多人感染，只好把部落和病患丟棄，逃到遠隔的地方重建部落。天花（Smallpox）曾經在台灣原住民住區和平地流行過，幸而日據時代衛生組織加以撲滅。世界上的天花流行，以一九七七年為最後一次病例，一九七九年世界衛生組織宣佈為已根絕消失的傳染病。

汁塗抹。 ^⑩

(Q)生火的方法

遠行到外地，有時候爲了取火，用樹豆的枝幹作成木錐，搓揉於台木上生火。

(R)女子的刺墨（Utsěk，參照圖示）

Utsěk的細部名稱：

(a)Kinil potal

(b)Ateingara

(c)Karingurngure

(d)Pororeris

(e)Karavikal

(f)Karutail

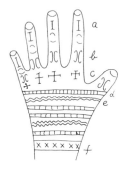

（以上是在Kurùnguru社〔伊拉社〕所採錄的女子手背黥紋名稱。）

Ⅰ Ⅹ 大	Parutsatsao
十	Parutsatsangan
≋	Karavikavu
▥	Paroreris
⬚⬚⬚	Karotetail

（以上是在Pinaura社〔山豬毛口社〕所採錄的黥紋

---

⑩以上所舉出的各種草藥的日文、中文名稱不詳，留待將來的研究。

名稱。）❿

(S)思想發生的程度

(一)上肢部分

肩膀	Avan
上臂	Waraⁿgaraⁿgan
臂節〔手肘〕	Piku
下臂	Kaspuritan
手腕部	Karakaratan
手	Rima
手掌	Kavian
拇指	Vuruⁿgan
食指	Sitoruk
中指	Garogaval
無名指	Vadarùdal
小指	Rarakan
指甲	Karuskosen
手筋	Irumuvute
脈	Merup
指節	Pitsure
指內節	Wutsu

---

❿ 本段關於女子的刺墨，是指排灣族與魯凱族女子的刺墨，不包括男子刺墨。南部族群的刺墨和北部泰雅族的刺墨完全不同，請留意。

(二)下肢部分

腿	Dapal
膝蓋	Tso^{n}gara
膝內節	Rekuts
脛	Utovotan
腳	Kura
腳背	Kura-pokapan
踵	Kuzùkuzan
腳踝	Petsin
腳趾	（同手指）

（以上是在Kurù^{n}guru社〔伊拉社〕所採錄的上、下肢細部名稱。）

(三)樹的部分

樹（總名）	Káseo
幹	Tsural
枝	Ra'a'
葉	Asao
皮	Arits
髓	Kuru
節	Aritsen

(四)花的部分

花	Paura
瓣	Asao（同樹葉）

雄蕊	Oval
雌蕊	Kena
萼	Voro^{n}gan
花柄	Asosal
蕾	Porol

（以上是在Timol社〔山豬毛社〕所採錄的花、樹細部名稱。）

(五)表意聲

首肯	Aò
否定	Iné
嚇鳥聲	Isšŕ

(T)鳥占（Kurú^{n}guru社）〔伊拉社〕

鳥名　　　　Kavaki（畫眉鳥）

好聲〔吉聲〕Tso^{n}gaò-tso^{n}gaò-tso^{n}gaò ké-ké-ké

歹聲〔凶聲〕Tso^{n}gaò-tso^{n}gaò-tso^{n}gaò

（Pavoavoa部族做鳥占的時候，只傾聽Tsurere鳥，即萬丹鳥仔的叫聲以判斷吉凶。）

(U)發音特徵

字首的T，有的變為無聲，例如拼寫為Ṫon（角），但第一個字母的Ṫ不發聲，唸On；有的保留其音，例如Ton（角）。又如Kina（母親），Tsarisien族〔指魯凱族〕保留K音；但是Pavoavoa

部族〔指排灣族西排灣群的Paumaumaq〕，則省略K音而唸Ina。又如Takáts（小鹿），Tsarisien族保留K音；但Pavoavoa部族則省略K音。

二十八日　在鳳山調查台灣南部烏鬼蕃的事蹟，多半承盧德嘉氏幫忙。烏鬼蕃是什麼蕃人呢？《續修台灣縣志》有如下記載：

> 烏鬼，蕃國名，紅毛奴也。其人遍體純黑，入水不沈，走海面如平地。

《鳳山縣采訪冊》則說：「烏鬼蕃，頷下生鰓，如魚鰓然，能伏海中數日。」

口碑中的遺跡有兩處，一個在舊鳳山縣東北方的烏鬼埔山，另一個在小琉球島。《鳳山縣采訪冊》又說：

> 烏鬼埔山，在觀音里，縣北三十八里，……相傳紅毛時，為烏鬼聚居於此，今遺址尚存。樵採者常掘地得瑪瑙珠、奇石諸寶。蓋荷蘭時所埋也。
>
> 石洞，在天臺澳尾（小琉球）相傳舊時烏鬼番聚族而居，……後泉州人乘夜放火盡燔斃之，今其洞尚存。

東港人洪占春應我的查詢，提筆寫下答語：

> 小琉球嶼，前有烏鬼蕃穴居於其地。今遺址在天

台澳，現存穴內有白螺盤，蓋烏鬼蕃所遺也。

其他關於烏鬼蕃的記載，見於《重修台灣縣志》：

- 烏鬼橋，在永康里，紅毛時烏鬼所築，後圮，里眾重建。
- 烏鬼井，在鎮北坊，水源極盛，雖旱不竭。……先是，紅毛命烏鬼鑿井，砌以茯茶，亦名茯茶井。今改甃磚甓。舟人需水，咸取汲焉。⑪

烏鬼蕃是什麼樣的人類呢？這是有待今後研究的一個課題。現在只從上面引用的地方志史料，作一個歸納：

(一)烏鬼蕃皮膚黑而下巴有怪異的特徵（無法知道下巴的突起物是身體的一部分，或是從體外加裝的飾物？）烏鬼蕃天生習慣於海中活動。

(二)烏鬼蕃分布於南起小琉球島，北至台南的區域，以鳳山為中心分布，相傳現在仍有遺跡。

(三)相傳烏鬼蕃所留下的東西，是瑪瑙珠、奇石、各種寶石及白螺盤。⑫

(四)烏鬼蕃曾經被荷蘭人當奴隸役使過。

---

⑪關於小琉球的烏鬼蕃故事，伊能氏在八月二十四日的日記說因為雨季不能前往，結果，在東港向東港辨務署借閱了官員預查的資料。現在回到鳳山繼續查閱舊地方志，將關於烏鬼蕃的記載補上。《重修台灣縣志》所記烏鬼橋、烏鬼井都在台南市，與小琉球無關。請參照二十四日的日記譯註。
⑫螺盤及螺碗都是用大海貝製作的碗盤，平埔族古時候也使用過。

(五)烏鬼蕃曾經被漢人焚殺。

**有了上面的歸納事項，現在仍有以下的疑問：

「烏鬼蕃是膚色呈黑的人類，曾經有意或無意間移住於小琉球島，其中，部分的烏鬼蕃在三百年前被荷蘭人帶到台灣本島來當奴隸役使；部分留在小琉球島的烏鬼蕃是在二百年前遭受漢人虐殺，終於滅族的嗎？」

「從小琉球島向台灣島西南部移動的平埔族『Siraiya 小群』〔西拉雅族〕，是因為遭受烏鬼蕃驅逐的嗎？因為荷蘭人據台的時候，這些小琉球島上的平埔族才逐漸遷到台灣來，直到漢人占據小琉球島的時候，這一批平埔族已經開始漸漸消失了。」⑬**

文獻上查過了烏鬼蕃的事蹟後，雇用人力車從鳳山出發。剛從西門出城不到數町處，暴雨沛然，烈風愈驟，行路上滿溢的泥水淹沒了車輪，再用力拖拉也無法移動，我在車上拼命勉勵車伕，強拉之下車體突然橫倒於泥漿中。幸而人員沒有淹死，但上半身全濕，雨勢更加驟急，人車再次顛倒於泥水中。

我對車伕連續大喊「細膩！」，車伕也連續哀叫「艱苦！」，無論是車上的人或拉車的人，衣服盡濕，行李也

---

⑬上面是伊能氏根據台灣方志所記的資料而發出的疑問。假如當年他能到小琉球嶼作實地探訪並查閱到荷蘭的檔案，應該有更精確的分析。西拉雅族曾經傳說來自小琉球嶼，伊能氏將西拉雅族渡台的年代，猜測是十七世紀荷蘭人據台以後的事，不過這也是一種臆測。參照二十四日的日記與譯註。

泡濕了，也來不及收拾、整理，只是憂慮著不要再三重蹈覆轍而已。⓮

中午時分，好不容易抵達連雅寮〔漁村，今高雄市苓雅區〕，一到碼頭，但見激浪跳岸，舟伕都說沒有辦法操舟，不得已跑到一所古廟避雨休息。

不久雨變小了，風勢也稍微收斂了，雇用一隻舢板小舟到對岸的旗後〔高雄市旗津〕。小舟行駛時被巨浪所阻，操槳極難，幾乎花了半小時才到對岸。剛才在人力車上泡濕了下半身，現在在小舟上又將上半身給海水打濕了，全身都泡在水裡。

我費盡力氣上到一個客棧，忽然瘴氣發作，感覺全身倦怠，終日倒臥在病床上養護，外面的風雨依舊未息。⓯

二十九日　早晨從旗後乘小舟到鹽埕埔〔高雄市鹽埕區碼頭〕。打鼓山〔壽山〕東麓，已在進行鋪設火車鐵軌的工程，當工人挖到地下約二尺深的地方，就露出貝塚的「遺物包含層」，我參觀時採集到下面遺物：

⓮伊能氏的著作中很少直接使用台語，但在這一天的日記首先出現他和人力車伕用台語對答，而且直接記在他的日記上，可見這次因翻車而生病，對他有極大的震撼。這件慘重經驗，是伊能氏寫下著名的「踏查三原則」的主要動機。原文寫「細貳」，就是台語的「細膩」，是「小心啊！」的意思；而「艱苦」，是「好苦啊！」的意思。

⓯瘴氣是清人的用語，實指瘧疾。伊能氏在台灣十年感染瘧疾多次，以這次在高雄和旅程終點站基隆所感染的病況最為嚴重。雖然在本段日記上沒有詳細描述，但後來我們在他這本《南遊日乘》裡的序頁看到「小序」。在小序裡，伊能提到這一天晚上在病情加劇的情形下，用鉛筆寫下「踏查三原則」的全部實況。請參照〈東瀛遊記〉「小序」。

遺物 { 二種貝殼
獸骨
陶器破片

　　按打鼓山下原來是平埔族「Makattao小群」〔馬卡道族〕的棲住地，這一個遺址豈不是和這一族有關？要解釋這個問題，這一個遺址本身就是最有力的證據。❶❻

　　其次，我們到舊城〔高雄市左營舊城〕南門訪問。城牆規模仍很大，但是城內建築物多半頹壞了，空餘屋基殘跡，到處都是茂密的荊棘，使人頓生「麥秀」之感。❶❼

　　舊城內，原來立在天后廟埕的「楊邑侯去思碑」依舊在那裡。碑文抄錄如下：

　　　　公諱毓健，號力人，湖廣徐州府長陽縣人。以名卿貴冑，樹幟膠庠。歷任秦閩間，並著異績，曆臺薦，以郡刺史簡用。當臺郡需才，總制滿公復請天子借爲臺司馬，捕奸剔弊，商民大蘇。壬寅秋，來攝鳳

---

❶❻伊能這一本日記尚未重見天日以前，一般人，包括日人學者與戰後的台灣學者，都不知道伊能氏是第一個發現這個文化層與馬卡道族有關係的人，也不知道伊能氏最早發現「壽山下遺址就是因為避禍遠離的馬卡道族故址」。所謂省立高雄中學的早期日人教師首次發現這個馬卡道族遺址的說法，是不正確的，發現的年代應往前推到明治三十三年八月二十九日。「遺物包含層」，今稱文化層。

❶❼伊能氏看到曾經一度繁華的舊城廢址，如今雜草和荊棘叢生，心底不由得生起「麥秀」之感。麥秀指麥秀歌，中國周朝時，原商朝貴族箕子，經過殷墟，感宮室毀壞，生禾黍，心傷之，因作〈麥秀〉之詩歌，曰：「麥秀漸漸兮，禾黍油油；彼狡童兮，不與我好兮。」後人乃將〈麥秀〉引為流離或亡國之思。伊能氏此處應指前者。

篆。鳳遭災焚之餘，百姓彫敝。公下車，即訪疾苦，貸倉穀，修蓮潭水利。凡諸徭役，悉從減省。設紙阜，立銅鑼，以來搒背；修樓櫓，崇祀典，皆出宦橐。又念哀鴻甫集，躬親勸稼，持酒餅以相慰。勞力不足者，給種予之。由是田野大治。間復勤於聽斷，殆無留牘。公餘之暇，詔士子以文行，修義塾，倡示來學。請廣本籍取額，以厚風俗。皆淬屬為之，絕不以代庖有所寬假。計公治鳳特及一年，其所設施，皆數百年大經大猷，足為保鳳良規，非同小惠，要譽當世。蓋常凜承家訓，期以清白報天子，隨在而著其忠厚愛民之實。時當苦旱，步禱龍蛇之祥，洵異事也。茲當還郡，士民念公不置。夫人平居得一衣飯，沾沾不忘，溯其由來，志其姓氏焉。公貽我罔極，繫我父母。顧無片石志不朽，重貽父老羞。然不博求名鉅傾胸而數數書者，文言之何如。質言之，斯則吾邑人以樸侍公意也。謹相與稽首而勒諸珉。

雍正元年桂月　日立石

　　碑文上列記著舉人謝希元等九十八人的姓名，石碑高六尺三寸，寬二尺六寸，每行四十九個字，共二十四行。

　　城內也有潮軍義勇祠，現在已傾坍一半，已經無法看到舊觀。據說是咸豐三年〔一八五三〕林供之亂，潮州兵勇協力剿討賊兵，光緒四年（戊寅清和月）欽加二品銜統領台南潮普全軍福建補用道克勇巴圖魯方勳所建的。

城外靠北邊的市街稍微繁華，祀奉孔子的大成殿在這裡。論規模，舊城的大成殿僅次於彰化的。正殿有孔聖和四列弟子的神主牌。大清歷代皇帝的御筆匾額尚存，其中康熙帝「萬世師表」、乾隆帝「與天地參」、嘉慶帝「聖集大成」、道光帝「聖協時中」等御題筆跡特別可觀。

大成殿門外左壁，立著康熙四十七年十月所建立的「重建廟學碑記」，右壁也立著「重濬蓮池潭碑記」。

蓮池之濬，始於顏氏。歲久淤泥壅塞，幾與地平。附近田園，向資灌溉者，無利賴矣。居民謀疏通之，絀於力而止。康熙四十八年，邑侯宋公隨郡憲周公巡行至此，見草奧其宅，邦懸於室，地互數里，盡為石田，目擊心傷。於是，歷阡陌，相地勢，而觀流泉。由茄冬院至半屏山麓，議築壩開圳，以便蓄洩，計費不貲。侯慨然出粟千二百石以貸民，鳩工興作，填岸鑿渠，淤者濬之，塞者通之，計長千三百丈，費金四百有奇，而蓮潭灌溉之利，遍興隆莊矣。四十九年孟夏告成，父老子弟群相感歎曰：微巡行之役不及此。今而後，旦暮擾鋤，歲樂倉箱之慶者，皆郡憲邑侯賜也。爰立石而為之記。

康熙四十年五月　日勒

好可惜啊！每個地方的古蹟都被遺棄在那裡，從未加以整修，不到十年以後，恐怕有關台灣二百年前歷史的好

標本〔指祠廟與石碑〕，將會湮沒無存。大成殿的後殿，現在被一所公學校占用。

舊城的西邊有蓮池潭，周圍大約二日里，以滿潭蓮花而聞名。《鳳山縣采訪冊》有如下記載：

> 潭中有活泉，為聖廟泮池，每逢荷花盛開，香聞數里。

之後，從舊城出發，到半屏山西麓的左營庄路旁，參觀從地下深一尺處挖掘出來的「遺物包含層」。我採集到陶器破片，認為是和打狗街鹽埕埔遺跡出土物同類。⓲

從左營庄出發，經由後勁庄〔楠梓區後勁〕，過了嘉慶十二年建造的後勁溪橋，便進入楠梓坑街〔高雄市楠梓〕。今天投宿於鳳山辦務署參事□□□的家。□參事已經剪斷了辮子，改穿和服，從外表看來幾乎是我們母國的人士。家裡的牆壁上高掛著天皇陛下和皇后陛下的玉照，據說他早已習得西洋醫學。他以前住在台南，曾經和洋人傳教師親近，稍微「蟬蛻」了漢人固有的陋習，因此他的言行大有參考價值。⓳

⓲位於高雄市左營區龜山周圍的舊鳳山縣城，自從遷移縣城到鳳山以後，被遺棄在那裡，而漢人聚落位於城北，也就是蓮花潭及半屏山西邊，今左營市市區。

⓳日本據台初期，在各地辦務署（撫墾署撤消後改為辦務署）下，設立參事職位，聘請曾經編纂過地方志、采訪冊的漢人及地方文人擔任，協助辦務署了解當地的風土人情，參事只是顧問性質。伊能氏在高雄市楠梓訪問到居住在當地，卻擔任鳳山縣辦務署參事的一個漢人。他的姓名伊能氏還沒問出或忘記寫下來。伊能指出這位參事習醫，也很會阿諛台灣的新主人。

在□參事引導下參觀了楠梓坑街裡裡外外。相傳本地曾經是平埔族的棲住區域，實際上街外東方有大社庄，庄名就是平埔族的大社。這裡楠梓樹鬱蒼成林，所以地名也叫做楠梓〔唸Lâm-á或念Lam-zu〕。後來，在大約二百六、七十年前，泉州人到這裡來，開始砍樹蓋房子，最後形成一個市街。市街南邊，現在還有一株老楠梓樹，樹幹大到足夠三個人伸手合抱的程度，這株老楠梓樹，可能是從古時候大社的平埔族居住的時代存活到現在的。

今天我所走的路，就是古時候居民聯絡舊台灣府（台南）與舊鳳山縣（舊城）的通路。從台南城東門走出來，經由大湖〔台南縣湖內鄉大湖〕、半路竹〔高雄縣路竹鄉〕、阿公店〔高雄縣岡山鎮〕，折向西邊到半屏山的西麓，才進入〔位於左營的〕舊鳳山城。**⑳**

楠梓坑街的南方有一條溪，也叫做楠梓溪，有一座橋橫跨在溪上，上刻「乾隆三十九年五月、道光八年十月、光緒十四年正月重修」幾個字。這一座橋和後勁橋一樣，橋墩是用石塊砌成，石縫敷以蠣灰，所以既堅固又不怕洪水的衝擊。這是台灣的築橋方法之一，值得參考。**㉑**

三十日　雇用土人嚮導到烏鬼埔探訪烏鬼蕃遺跡。烏

---

⑳台南、左營間的古道，大致上沿著台一線公路南伸，由於公路的開築與農田的開墾，這條清代以來的古道完全消失了。
㉑蠣灰，是把貝殼燒灼後搗碎，加水調和而成，作用有如水泥。像安平古堡的牆壁，則除了蠣灰，另加糯汁和糖水，所以非常堅固。在楠梓橋上伊能氏所看到的，應該也是如此。

鬼埔位於形成楠梓坑東邊屏障的觀音山向北延伸的烏鬼埔山西麓，現在分爲頂庄和下庄兩個聚落。頂庄在山腳，而遺跡位於這一庄靠山的地方。所謂遺跡，一個是古井，相傳是烏鬼蕃所挖的；另一個是想像中的烏鬼蕃故居。⑫

　　這一口烏鬼蕃古井已閱歷相當久的年代，空餘一個地名，甚至它的故事也失傳了，我好不容易召集了耆老查問，才知道古井的確實位置。古井的直徑大約二尺，深六尺處有水，但雜草叢生，無法汲水。它的構造是從井底起用自然石砌成圓筒狀，井上本來沒有桁架。三十多年前楠仔坑人砌磚成一個八角形的桁架，以便利汲水，但是後來有一個女子不小心掉進水井而溺死，庄民忌諱這件事就不再使用，古井也荒廢到現在。

　　另一個想像中的烏鬼蕃住居的遺址，位於古井的東南方二、三町處的上方，只剩一小堆看起來有點像屋基的殘留物，附近土中沒有發現任何遺物。⑬

　　今天承烏鬼埔下庄的庄正謝元幫忙，雖然他是一個老人而且路途遙遠，他自告奮勇給我帶路而且請吃一頓午

---

⑫伊能氏所謂土人，通常是指漢人，但似乎包括平埔族，也就是說不能完全確定是平埔族者也叫做土人。他對烏鬼埔的地理描述，不易了解。烏鬼埔應該是俗名，正式的舊名是鳳山厝，今高雄縣燕巢鄉鳳雄村，楠梓東北方，觀音山丘陵北側，靠近深水溪，山麓有一口古井。另一說，是烏鬼埔在大社鄉的蜈蜞潭，今牛蜈村。《鳳山縣采訪冊》說「烏鬼埔山在觀音里」，可見烏鬼埔山只是指觀音山丘陵向北延伸的部分，並非一座獨立山。

⑬關於烏鬼蕃在這裡的故居，除了伊能氏來查看以外，史上似乎沒有別人來查訪過。伊能的日記暗示著他曾經試挖地基，但沒有發現遺物。

飯，盛情可感，午飯後直接返回楠梓坑街。⓬

　　之後，我從楠梓坑到阿公店〔岡山〕，途中又逢下雨，我感覺瘴氣〔瘧疾〕再度發作了。據以前所獲資料，古時候這裡是沒有人煙的荒原，只有一個老翁自己蓋了一間茅屋賣粿，行人指稱是阿公店，後來就變成地名了。不過，關於阿公店這一個地名的來歷，上面的故事不過是一個近因，可能另有遠因：本地本來是平埔蕃阿加社的所在地，可能從「阿加社」的讀音轉訛為近音的「阿公店」。⓭

　　阿公店的西方有彌陀港，古名淳泥。《重修台灣縣志》所謂「嘉靖末，林道乾懼為倭所併，又懼官軍追擊，揚帆直抵淳泥，攘其邊地以居，曰道乾港。」就是指彌陀港。

　　「林道乾戰敗，艤舟打鼓山下，恐復來攻，掠山下土番殺之，云云」，是指離開彌陀港以後的事。往昔，彌陀港一地在海岸，由此可見海盜林道乾曾經寄舟避居於此，後來又進一步侵入打狗掠殺土番。⓮

　　**在這兒要順便提起的，是台灣史上漢人發現台灣島的沿革，大致上可以分為兩期。

⓬庄正，是一庄之長。

⓭阿加社又名放索社，原來住在高雄縣大社，後來遷到屏東縣林邊鄉水利村。這一支馬卡道族向南遷移，但沒有聽說過曾經向北分布到岡山。伊能氏所說的阿加社，是否獨立於放索社之外的一個平埔部落？待查。

⓮彌陀港，地名，今高雄縣彌陀鄉海岸地帶，原來有港口，今已淤塞。關於海寇林道乾入侵台灣沿岸掠殺平埔族的慘事，參照伊能氏所著《台灣文化志》與本篇八月八日的日記譯註。

第一期是「上代期」。隋朝開皇年間，曾經有漢人來探險，當時船隻寄航於台灣西海岸，到底是西海岸的何處，則已經很難查考了。⓬

第二期是「中代期」，是屬於明代。最初在明宣德年間，太監王三保的船隊遠征西洋，有一次在航行中遇到颱風，他的船漂流到台灣西海岸，靠岸的地方恐怕是「打鼓」，也就是現在的打狗港附近，因為三保太監在當地種薑（所謂三保薑）的故事，一直流傳於距離阿公店的西邊〔東邊之誤〕二日里處的大崗山一帶。⓭

又，往年的西海岸一帶，是Pansoa社〔放索社〕平埔族棲居之地。《續修台灣府志》所載：「明太監王三保舟至台，投藥水中，令土番染病者於水中洗澡，即癒。」的傳說，應該是指台灣西海岸這邊的事蹟吧。

其次，是關於明永樂年間鄭和到台灣西海岸探險的記載。《重修台灣縣志》所載：「永樂時，中官鄭和偏歷東、西洋，靡不獻琛恐後，獨東番遠避不至，和惡之。家

⓬ 關於隋代開皇年間的事蹟，伊能氏在《台灣文化志》上卷「清代以前漢人所知之台灣」一文有詳細的考證。他引述《台海使槎錄》內〈赤嵌筆談〉所引「福建海防考」內文：「隋開皇中，嘗遣虎賁陳稜略彭湖地。」如此看來隋朝的時候，漢人只到過澎湖。《台灣文化志》沒有再提起漢人船隻寄航於台灣島的故事，可見已修正了日記的記載。

⓭ 太監王三保即鄭和，俗稱三保太監。大約在明朝永樂三年（一四○五）至宣德五年（一四三○）之間，鄭和七次遠征西洋。伊能氏在他的《台灣文化志》上卷引述他的人類學老師坪井正五郎的論文〈關於明抄本《星槎勝覽》〉所作的結論，說鄭和為了避海難而到過台灣南部沿岸。伊能氏指出這是宣德五年六月，鄭和第七次航海的歸途所發生的事。

貽一銅鈴，挂諸項，其後人反寶之，富者至掇……數枚，云云。」，就是說明這一件事。原來棲居於台灣西海岸的土番（平埔族），本來有脖子上佩帶銅鈴的風俗，基隆方面的「Ketaⁿganan小群」〔凱達格蘭族〕也有這種風俗。⓫

　　明嘉靖四十二年〔一五六三〕，海寇林道乾從澎湖退踞台灣的安平，後來仍出沒於西海岸各地，也一度侵入打狗掠殺蕃人。就在這個時候，漢人的船也漂流到嘉義方面的魍港（蚊港），從此開始與土番交易。《重修台灣縣志》記載：「中國漁舟從魍港飄至，遂往來通販以爲常。」⓭如此看來，漢人最初移入台灣拓殖的時間，豈不是明嘉靖四十二年前後？

　　最後，明朝天啓五年〔一六二五〕顏思齊占據北港，也就是現在的蚊港。⓲**

⓫清代外國人所拍攝的照片，顯示平埔族男子胸前佩帶銅製「金鯉魚」，但未見到銅鈴頸飾的照片。也許在更早的年代有佩帶銅鈴的事實。凱達格蘭族是屬於台灣北部、北海岸的平埔族，他們有沒有銅鈴頸飾，有待進一步查證，但是這本志書上所記述的，卻是在西海岸「東番」（平埔族）住家，鄭和所發現的銅鈴。

⓭魍港，位於朴子溪舊出海口，今嘉義縣東石鄉塭港村，亦即今東石港北側，原來的舊港。蚊港、塭港都是從魍港轉訛而成的名字。

⓲顏思齊與倭寇勾結出沒於海上，自稱「日本甲螺」。他來台的年代，伊能氏在《台灣文化志》有過詳細分析，最後推測顏思齊是在天啟四年八月登陸蚊港，分占十寨，當時鄭芝龍只是其中的一個寨首。伊能氏在阿公店只停留一夜，白天忙於烏鬼蕃遺址的實地調查，而且幾天前在高雄感染的瘧疾復發，不顧病情利用極短的時間，就分析史冊所記的資料，令人驚嘆他超人的精神力量。「顏思齊占據北港」，北港是台灣的古名，荷蘭人也稱台灣為Formosa，也稱為Pokan，漢譯為「北港」。伊能氏日記，是說顏思齊占領台灣的蚊港，也就是現在的東石港。

三十一日 從阿公店出發，踏上幾天前來的時候所走的大路返回台南，從小南門進城。還沒進城以前，順路先到「明延平郡王祠」參拜。前年南遊的途次，我曾經來參觀過，這次又來參拜，更加感覺郡王祠宏偉又莊嚴。入夜後瘴氣再發。

明治三十三年（一九〇〇）九月

一日　頭很痛而且發高燒，終日躺在客棧病床上苦悶，口誦阮蔡文傳記來安慰自己。入夜以後感覺稍微好轉，讀《台灣日日新報》。自從〔七月二十九日〕起程以後，白天為採訪歷史與地理資料而奔走，晚上盡力做資料的整理工作，已經有一個月沒有時間仔細看報，現在才從報紙上得知台北方面的消息。❶

二日　病情稍微緩和了一點，出門到城內每條街行走，中午的時候，又發燒，隨即回到宿處躺在床上。天黑的時候，公學校校長海老原君來訪。

三日　訪問師範學校和台南縣官署。中午畠山慎吾君來訪，隨後杉木正直氏也來訪。

四日　病痊癒了，感覺心情愉快。午前到台南縣官署參觀藏書，午後在城內穿梭於大街小巷。在大西門內邂逅了兼松君。今年四月他正要出發作環島旅行的時候遇見一次，想不到在台南又碰面了，可以說是一件奇遇。❷

---

❶ 阮蔡文的事蹟，請參照〈南遊日乘〉的小序、〈阮驃騎傳〉全文與譯註。
❷ 兼松指在台北大稻埕街開辦國語學校的兼松礒熊，畠山、杉木的身分不詳。伊能抵達台灣的年代，客觀條件不允許一般人到處旅行，所以在異地與朋友碰面，算是奇遇。當年台南屬於台南縣。

今天在大西門內查看「改建台灣府城記」,抄錄如下:

　　古來郡邑之設城廓,在國中則謹啓閉,以待四方之敬;在邊境則嚴鎖鑰,以資寇盜之防。凡民之奠其居,樂其業,足以長恃久安,而無不依賴焉。我朝自京師以至荒徼,一郡一邑,莫不臨江踐華因其地,飛樓雉堞壯其觀;外則有郭,下則有池;制之而盡善,費之而不惜。其使民有安居之休,吏有盤詰之治,何其盛歟!台郡越在東南大海中,自前代不隸華夏,里居僻陋,村落參差。即鄭氏竊據,亦非中國之規制。是以有可設之險,無捍衛之固。迨歸入版圖,其始也,大吏以瀕海沙淤,不宜環築;又以時有地震,雖築之亦不固。因周植木柵爲垣,而繞以刺竹,隨時修補,以爲守禦之防,蓋百有餘年矣。丙午歲,逆匪滋事,猝然而至,各屬無所備,城市爲墟。惟郡城以居民稠密,而木柵完固,乃得統率兵民,力爲保護,始獲安全,誠海外天險之區也。夫殊域形勝所關,區區竹木,誠不足以恃爲屏翰;而況今昔異其宜,土地殊其利,一勞而永逸,不得不酌其情焉。於是大將軍協辦大學士嘉勇公福公康安、工部侍郎正白旗滿州副都統公中佐領德公成、兵部侍郎巡撫福建提督軍務徐公嗣曾,相時度勢,條陳善後之事宜,首以改築土城入告。奉旨俞允,爰撥帑藏以速成之。舊制七門,缺其

西一面，今添設券臺一，計袤延二千五百二十餘丈。
估工程十有二萬四千六十餘兩。自戊申仲冬至庚戌季
夏，凡城樓、城垛、城門以及卡房、馬道、水洞之屬
俱告竣。所謂遠邇量事期，計徒庸餱糧，以令役實加
黽勉焉。今則煙火萬家，猶之內郡，裹裳至止者，爰
樂闤闠之休。予忝守茲土，安敢不仰體聖上南顧之
心，更化其獷悍之氣，有屏垣之衛，無不虞之來乎，
後之君子，亦望戴之以恕，御之以寬，爲保障，勿爲
繭絲。二三子遺，庶有豸焉。不然者，雖金城湯池，
究何補於黎庶蒼生之治哉？是役也，始終襄事，日身
編於畚鍤之間不辭勞瘁者，爲原任臺灣太守萬公綿
前，前署馬巷別駕張公鼎，粵東孝廉陳超，蘇洲上舍
陳維修及郡人吳天河、陳必琛、林廷佐、韓高翔、戴
鳳群、林朝英、黃國樑、郭友直、程拔魁、杜朝聘、
林九尾，因記城工之始末，並誌于石。

　　時乾隆五十五秋八月穀旦，知臺灣府事柳州楊廷
理識。

五日　　從台南城大東門出去，登上東郭門樓觀覽東
方一帶的形勢，然後環繞城外到春牛埔古戰場憑弔。❸

---

❸ 清康熙六十年（一七二一）朱一貴作亂，在台南城外春牛埔發生一場激
　戰，清將游崇功的悲壯事蹟，見於《鹿洲初集》〈游遊戎傳〉，參照〈巡台
　日乘〉八月六日的日記及引用的文章。春牛埔位於舊台南城東北角外圍，
　近三份仔庄一帶，今台南市東區中西里。

然後從大北門進城。門內有一座石碑「興建台灣府教場碑記」，查看以後抄錄如下：

　　　　臺灣討平，既十有七載矣，政治民風，翕然丕變。戊寅之秋，余奉天子之命，移鎮茲土，歷覽臺郡形勝，一切規模，靡不振舉。獨教場養武之地，未之議建。隨亟商僚屬，咸捐清俸搆演武廳一座。是歲菊月興工，嘉平告竣。雖不敢侈為雄觀。然體制略備，以此閱軍旅，宣武藝，訓練揚旂之際，俾山陬海澨，咸瞻克詰之聲靈，實保邦者所不容緩。尚望後有同志，式廓而增煥之，永與河山並垂不朽也。

　　　　鎮守福建臺灣等處地方總兵官都督僉事世襲二等阿達哈哈番張玉麒撰。
康熙三十八年二月穀旦立

　　我想這是台灣最古的石碑之一。

　　在台南的調查項目大致完成了，決定明天（六日）要踏上歸途。今天晚上山田、海老原兩君前後來訪。

　　六日　　早晨作出發前的準備。不久齋藤貞藏君也來訪，台南師範學校的杉本教授也託人送來贐儀，於是我到師範學校和台南縣官署向朋友諸君告辭，歸途兼松君與我一起到大西門，查看城壁下的告示碑，抄錄如下：

　　　　欽加同知銜，署理臺南府安平縣正堂，記大功四

次，加十級，紀錄十次范　爲出示嚴禁事。光緒十五年五月二十一日據芙蓉郊董事職員張大琛等稟稱：竊琛等前稟販運婦女等情，蒙批：如稟轉詳，通飭嚴禁。惟此奸徒怙惡不悛，而近日奸風尤熾，形同化外。琛等目睹心酸，是以仰懇迅先示禁，便購線密挐懲辦。庶無依女子免流離失所之苦，而奸徒知法隨令行之警。再郡城有等紳富，買用婢女，甚至念歲以上，仍使其市肆往來，間外無分。遇有輕浮之徒，當眾戲調，稍爲面熟，即有貪利六婆勾成姦。所謂姦盡則出殺由，禍害更甚。琛等以風化攸關，可否請以示禁有婢之家，凡使女至念歲以上者，如本有婿，或無婿而有娘家可主者，該家主收回原交身價，退回字據，將該女交其父母領回婚配，不得久留使用。似此可無怨女之憂，藉培家主之德。販運奸徒，亦可奸無從入手；引誘之輩，又可絕勾姦之術。琛等心存義舉，仁憲自有權衡，是否有當，不揣冒瀆，陳情再叩，仰祈俯賜轉詳，通飭勒石嚴禁等情到縣。據此，卷查先據該董事張大琛具稟，奸徒販賣人口一案，業經詳蒙道憲批飭各屬一體示禁在案。茲據前情，本縣查：錮婢不嫁，最爲惡俗。該職員所稟，係爲杜絕姦拐，整頓風化起見，似可俯如所請，除詳請道憲通飭一體示禁外，合行出示嚴禁。爲此，示仰闔邑紳商軍民諸色人等知悉：自示之後，如有年大婢女，趕緊即

行婚配，不得仍蹈故轍，倘敢錮婢不嫁，一經察出，無論何項人等，定即從嚴懲辦，決不姑寬。各宜自愛，毋違！特示。

光緒十五年六月　日給立石

上面的告示反映著當年社會風紀敗壞的實情，不只發生在台南一地，實際上已普遍於全台灣，當今的急務，是要矯正這種歪風。

之後，從台南到安平港，搭乘繞西海岸的汽船「宮島丸」。中午從船上遠望陸地，但見安平的赤嵌城〔熱蘭遮城〕遺址高峙，真是一座海防要塞，荷蘭人在這裡築造砲台並非偶然。《被遺忘的台灣》（作者署名C.E.S.）裡的一張圖片顯示當年的一鯤身，部分已經和台灣本島連結，但是內江水深、巨輪進出的實景，原來是從外海這邊的角度畫出的。❹

七日　　凌晨三點汽船拔錨啓航，六點抵達打狗港，停泊於港外。航行的時候，風平浪靜，船一點也沒有搖晃，航行了二十五海里。昨天中午登船，船還停靠在安平的時候，船上的執事把我的朋友山田君贈送的一包時令水果送過來，讓我能夠吃吃新鮮水果，消磨船上無聊的時

---

❹十七世紀的安平原是一個浮洲，叫一鯤身，而一鯤身與台南（當年叫台員）之間有內海，叫做台江。如今安平和台南完全連結在一起，已成台南市的一部分，後來連接處有運河和魚塭，但是現在已逐漸變成繁華的市街了。

間。❺

　　從船上眺望打狗港外的形勢，但見打鼓山和旗山左右對峙，其間僅有一道小海門，顯然無法允許巨輪自由進出。這兩座山面海的一邊，呈現陡急的斜面，在海水沖擊之下山肌裸露，可見海岸不適於人居住，也不適於耕作。至於旗山的形狀，宛如一面隨風飄揚的「長尖旗」（形如◺）。「旗山」這個山名，原來是出之於它的形狀，靠近海門處的旗山高大，相當於旗頭，向南延伸到盡處，便是旗尾了。那麼，「旗後」這一個街市名稱，可能是因為位於旗山的背後吧。❻

　　還沒來到打狗以前，我到處查詢我國領台前夕，擔任清國各機構的巡撫、知府、知縣姓名。今天趁船停泊於打狗港外海的時間，整理這些資料，列記如下：

- 巡撫　　　　　唐景崧
- 臺南府知府　　朱和鈞
- 安平縣知縣　　謝壽昌
- 嘉義縣知縣　　鄧嘉鎮

---

❺伊能氏在前一天中午就上船，直到翌晨船才開航，所以說在船上等候開航很無聊。從伊能氏和鳥居龍藏當年的記述可知，要搭乘定期班輪，乘客都在白天上船，船不是在半夜開航，就是在凌晨開航，而且沿線停靠每一個港口，海上旅行很辛苦。

❻打鼓山，即今高雄市壽山；旗山，指旗後臨海的一道山丘；旗後，今高雄市旗津區。當年伊能來的時候，旗後才是真正的街市。打狗港的入口狹窄，內港很小，其北岸與東岸今日已成繁華市區，當年除了鹽埕埔是街市外，內港周圍只不過是小漁村而已。

- 鳳山縣知縣　　盧自鑅
- 恆春縣知縣　　盧肇經
- 臺灣府知府　　陳文騄
- 臺灣縣知縣　　范克承
- 彰化縣知縣　　黎景湘
- 雲林縣知縣　　李聯珪
- 苗栗縣知縣　　〔沈茂蔭〕
- 臺北府知府　　管善元
- 淡水縣知縣　　李　鑑
- 新竹縣知縣　　〔葉意深〕
- 宜蘭縣知縣　　〔汪應泰〕
- 澎湖廳　　　　陳步梯
- 基隆廳　　　　方祖蔭
- 埔裡社廳　　　唐步雲

八日　　　凌晨一點，船從打狗啓航，五點駛入瑯瑀灣，停泊於車城〔附近的射寮港〕，從打狗到這裡，航行了四十海里。❼

這一帶有「瑯瑀山脈」做爲西台灣的屏障，在衆山連峙中，靠近北邊有一座山形如富士山，叫做大雲頂，而牡

---

❼屏東縣車城外海叫瑯瑀灣，有港口叫射寮港。當年射寮港是台灣南部除了打狗港以外的最佳海港。伊能氏沒有來以前，不但華南的戎克船進出這個港口，甚至同治十三年（一八七四）牡丹社事件爆發的時候，日軍三千名也從這個港口登陸，強占南台灣七個月。

丹山位於大雲頂南方。❽

　　海岸這邊有龜山（海拔七十九公尺），海岸丘陵以龜山爲起點，南伸到台灣島西南岬，古名沙馬機頭。❾

　　龜山以南的丘陵，頂上平坦而寬大，另名大坪頂。龜山是明治七年我國征台軍的登陸點，而車城和新街就在它的北邊。❿

　　午前八點，船再拔錨，繞過西南岬後，正要駛入南灣的時候，天氣突然大變，風急浪高，因此船身搖動得很厲害，駛到鵝鑾鼻燈塔附近，就停泊於外海。午後風浪更大。從瑯璚灣到這裡共十六海里。

　　今天是陰曆八月十五日，可惜入夜以後天空有雲，結果沒有賞到海上明月。

　　九日　　凌晨一點，船從南灣啓航，針路由東轉北，沿東海岸北進。這時候，風浪漸漸高漲，早晨六點才開進卑南。從南灣到這兒共五十八海里。清晨的時候黑雲籠罩於山上，終日無法觀覽山勢。⓫

　　今天在卑南船上整理連日以來查獲的，從光緒十一年

---

❽伊能氏當年使用明治二十九年及三十年陸地測量部測繪的二十萬分之一地形圖，精確性不夠，也沒有標示山脈名稱。按「瑯璚山脈」只是台灣中央山脈南段尾稜，山不高。大雲頂是清朝史冊上所稱的山名，應該是指南迴公路最高點「壽峠」西北邊的著路知可山，海拔九一五公尺。牡丹山位於南迴公路南邊牡丹社附近，海拔五六六公尺，二山都座落於中央山脈尾稜上。

❾沙馬機頭，又寫沙馬磯頭，今貓鼻頭岬。

❿日軍在一八七四年五月六日登陸射寮港，立即設本營於龜山山腳，不久因遇水災，把本營遷到龜山頂。

〔一八八五〕清廷刷新台政到我國領台之初這一段期間的巡撫、布政使及道台之沿革：

巡撫

- 劉銘傳　光緒十一年五月補授，十六年十月卸任。
- 沈應奎　十六年十月兼護，十七年三月卸任。
- 邵友濂　十七年三月補授，二十年九月卸任。
- 唐景崧　二十年九月署任，二十一年五月歸國。

布政使

- 邵友濂　十四年二月上任，十五年十月卸任。
- 唐景崧　十五年十月上任，十六年十二月卸任。
- 沈應奎　十六年十二月上任，十八年二月護理巡撫。
- 顧肇熙　十八年二月署任，同年八月卸任。
- 唐景崧　十八年八月上任，二十年九月署理巡撫。
- 顧肇熙　二十年九月署任，二十一年三月歸國。

按司道

- 劉　璈　十一年六月卸任。
- 陳鳴志　十一年六月上任，十三年九月卸任。
- 唐景崧　十三年九月上任，十五年十月調署布政使

⓫前夜船似乎從鵝鑾鼻外海駛進南灣避風了。卑南，今台東，當時沒有港阜設備，汽船都停泊於外海，船客改乘小舟登岸。這隻汽船是環島的定期船，伊能氏留在船上。

。

- 程起鶚　十五年十月上任，同年十一月病死。
- 唐贊袞　十五年十二月護任，十六年十二月卸任。
- 唐景崧　十六年十二月回任，十八年二月補授布政使。
- 唐贊袞　十八年二月護任，同年八月卸。
- 顧肇熙　十八年八月上任，二十年九月署任布政使。
- 陳文騄　二十年九月上任，二十一年五月歸國。

午後四點，船駛離卑南，風浪依然強烈。

十日　凌晨二點，船抵花蓮港。自卑南到花蓮港共七十五海里。午前十點船又啓航，風浪稍微平靜。

　　花蓮港以北的海岸，巉岩崎嶇，森林翁鬱。從得其黎〔立霧溪口〕到北邊的Dome角的海岸，斷崖峭立七千尺，快要接近中午的時候，從船上看到聞名的〔清水〕斷崖奇觀。從前搭乘"Marchesa"號巡航於東南亞島嶼群的Guillemard看到這奇勝，作了下面的描述：

　　　　昧爽時，從船上左舷望到被層層濃雲籠罩下的群山，彷彿透過煙霧突然出現於眼前，我們的船轉向海岸徐徐逼近。這時候太陽剛升起，日光射向那最高的峰尖，山峰映出一片熾熱的紅光，而山腳依然是黯雲低垂。光線未射到的峽谷裂縫背後，原來更黯暗，但

是此刻在旭日照耀下露出廣大的斷崖面，有淺墨色塊狀蒸氣停留在那兒。太陽還沒完全露臉，此時灰色的天空被塗成淡紅色線條。扁舟趁著東風吹襲飛馳起來，大家都恍然如醉，從像流墨一般的大洋向遠方熟視，即使感覺遲鈍，也令人感到景物壯大莊嚴。水簾一般流瀉的雲煙漸漸被風高高地捲走，無論是嶺頭、峰尖、峽谷，或隱沒，或出現。到了光線漸廣、雲彩漸薄的時候，白晝完全戰勝夜晚，取代了夜晚

Marchesa號巡航台灣東海岸時，所看到的清水斷崖的素描，本圖由譯註者提供。

以後，一切變得光明、晴朗。能夠遮住海岸的，現在只剩斷崖峭壁的半腰，那一條雪白的雲，輕輕地停掛在那兒。位居世界最高的台灣斷層海岸，現在屹立於我們眉睫近前。❷

---

❷ 上面Francis H. Guillemard的文章擇自他的巡航記 *The Cruise of the Marchesa*, 1886。Guillemard是十九世紀英國鳥類學者，曾經乘船巡航新幾內亞、台灣、琉球及馬來諸島的海域。Guillemard顯然從台灣東海岸的外海看到清水斷崖一帶的雄偉景觀，也作了一張有名的地理素描。

船不久就繞過Dome角，午後二點駛入蘇澳灣。這時候又不期然地在船上與學友鳥居龍藏君邂逅。他已從埔里社跋涉入山，越過中央山脈下到璞石閣〔花蓮縣玉里〕，從花蓮港上船，準備到蘇澳登岸。我恭賀他完成長期的探險活動，安然回來，同時感到在蘇澳再次碰面是一件奇遇。我們隨即分手，分別奔向陸、海兩地。從花蓮港到蘇澳共五十二海里。❸

蘇澳港是……❹

十一日　凌晨一點，船從蘇澳駛出，繞過台灣島東北的三貂角，近望鼻頭角，最後駛進基隆港。從蘇澳到基隆共五十海里。到基隆就完成了南巡的全部路程。今天因為要整理行李，同時查尋資料，在基隆停留一天。

今天查閱舊書的素描，同時核對荷蘭人據台三十二年期間的領事和宣教師名單，主要的是依據法國人C. Imbault-Huart的*L'le Formose*〔《福爾摩沙島》〕。

---

❸伊能氏所謂Dome岬角，可能是套用Guillemard的遊記附圖所提到的一個海岬名稱，在花蓮與蘇澳之間，應該是南澳烏石鼻，形如圓頂。鳥居和伊能兩人在花蓮、蘇澳間同在一條船上，居然在航行中沒有碰面，卻在蘇澳灣鳥居正要下船的時候才碰面，可見兩人被分配到不同等級的船艙。鳥居在第四次渡台作人類學調查時，特地從埔里、集集翻越中央山脈到玉里。他在東北部最後一段旅程是準備從宜蘭縣大里走淡蘭古道到基隆，實際上他做到了。伊能氏每次遇到鳥居的時候，日記上或信上都提到，也流露出兄弟一般的親情，可見伊能氏是有豐富感情的青年。
❹留下空白的半頁日記，可能是蘇澳港的資料還沒齊全，所以留待下次再補寫。

領事(Liste des Gouverneurs de Tai-ouan)

- Maarten Sonk   1624~1625
- Gerard Fredrik Szoon de With   1625~1627
- Pieter Nuyts   1627~1629
- Hans Putmans   1629~1636
- Johan Van Der Burg   1636~1640
- Paulus Traudenius   1641~1643
- Maximiliaan Le Maire   1643~1644
- Francois Caron   1644~1646
- Pieter Antonis Zoon Over't Water   1646~1650
- Nicolaas Verburg   1650~1653
- Cornelis Caesar   1653~1656
- Frederik Coyett   1656~1662

宣教師(Liste des Missionnaires Protestans à Tai-ouan)

- Georgius Candidius   1627~1631
- Robertus Junius   1629~1641
- Georgius Candidius   1633~1637
- Assuerus Hoogesteyn   1636~1637
- Joannes Lindeborn   1637~1639
- Gerardus Leeuwius   1637~1639
- Joannes Schotanus   1638~1639
- Joannes Bavius   1640~1647

- Rovertus Junius   1641~1643
- N. Mirkinius   1641
- Simon Van Breen   1643~1647
- Joannes Happartius   1644~1646
- Daniel Gravius   1647~1651
- Jacobus Vertrecht   1647~1651
- Antonius Hambroek   1648~1661

                              Décapité

- Gilbertus Happartius   1649~1652
- Joannes Cruyb   1649~1652
- Rutger Tesschemaker   1651
- Joannes Ludgens   1651
- Gulielmus Brakel   1652
- Gilbertus Happatius   1653
- Joannes Bakker   1653
- Abrahamus Dapper   1654
- Robertus Sassenius   1654
- Marcus Masius   1655~1661
- Petrus Mus   1655~1662
- Joannes Campius   1655~1662
- Hermannus Buschhof   1655~1657
- Arnoldus à Winsem   1655~1662
- Joannes de Leonardis   1656~1662

- Jacobus Ampzingius   1656~1662
- Gulielmus Vinderus   1657~1659

十二日　從基隆搭乘第二班列車回台北。大屯山和淡水河的景物依舊未變。

澎湖踏查

〈澎湖踏查〉解題

　　伊能嘉矩喜歡用不同的篇名，來區別在台灣的公務旅行日記，以及辭去台灣總督府官職，返回日本以後的旅行日記。他在日本國內的旅行，多半是採風俗、探古蹟的遊覽性質，沒有公務的包袱，所以都採用「遊記」、「採風行」、「南遊錄」等字眼；而在台灣，不管是蕃地調查、史地探訪或接洽公務，則都採用正式的「日乘」或「日草」名稱。本篇日記〈澎湖踏查〉是唯一的例外。

　　澎湖群島的踏查行，是他繼明治三十三年（一九○○）夏天的南台灣調查後，於同年十二月二十九日到次年一月十五日，共十八天冒著冬季寒流一波波吹襲、海上風浪強大的天氣所進行的區域性史地調查。

　　其間，二夜在船上、一夜在基隆港候船，實際踏查的日子不過十五天，其中的十天在馬公作放射狀踏查，五天在澎湖本島以外的小島過夜。

　　就在這次澎湖之行，伊能氏首次（也是唯一的一次）使用「踏查」字眼，來表示它的性質。他手裡拿著日本政府剛於三年前測繪完成的二十萬分之一「澎湖島圖」，內容相當精確。面對著島嶼與港澳星羅棋布、海岸線曲折、犬牙交錯的地理形勢，他果然坐船從海上細細地觀察，和他從前從海上觀察安平、鹿耳門一樣；同時也在陸地上以徒步方式訪查各地，完成了日本領台以後首次的，一氣呵成的澎湖調查。

　　其實，澎湖群島的調查最有趣的，是歷史事件特別多，特別複雜。他到訪的時候，史蹟文物多到俯拾即是的程度，但是要在短暫時日內逐一清理，卻需要高度技巧，伊能嘉矩真的做到了。

　　這裡承載著厚重的歷史——由於澎湖的地理位置比台灣島更接近中國大陸，素為海盜、倭寇，以及華南漁民聚集之地，數百年來明、荷、清、法、日等都曾經在這片島

群與海域上互相爭戰過。伊能氏一邊做實地踏查，一邊利用《澎湖廳志》中的資料為線索，實地求證。日記上大量引述史冊記載，是基於這個原因，也是本篇日記最為顯著的特色之一。

細閱日記內容，可以發現有幾點是前人傳聞或史冊上所未曾提及、未曾重視的史料。

例如歷代史冊從來沒有描述過船隻開往澎湖的航路。伊能氏特別留意汽船怎稱從遠洋駛入馬公港。他說：「凡是從台灣本島航向澎湖港的船隻，只有兩條航路可以選擇：其一是從台灣本島與澎湖群島之間，亦即澎湖水道進入；另一是遠繞澎湖群島到其西側進入。」然後詳述各島嶼突出海面的險礁與如何避開危險駛入港口，也描述投錨位置與海深多少等，可見他的觀察力確有獨到之處。

對於遍布於各島嶼的古城、古堡、古井、炮台、古廟、城牆、石碑、書院等重要史蹟物，伊能氏均不厭其詳地描述並考證其沿革，除了參考史冊外，也特別引述日本人與西洋人的文書，印證相關史蹟的來龍去脈。

關於馬公「紅木埕鄉」的紅毛城，他便引用了R. Riess的《台灣島史》及日人編著的《台灣諸島誌》所述的一件歷史慘案。這兩本書的報導內容有很大的差異，伊能嘉矩在日記裡只作簡略引述，沒有加以評論。他用自己的眼睛觀察一番後，說：「紅毛城砌造得粗拙，但規模宏大，讓人想像到當年荷蘭人急忙築城以防明軍來襲的狼狽狀，他們根本沒有時間建築純荷蘭式的疊磚城堡。」

伊能氏後來經過考證，扼要地將這一件荷蘭人驅使澎湖人當奴隸築城的始末，寫在遺著《台灣文化志》中，作了合理的說明：城砦尚未竣工以前，被役使的漢人一千五百人之中，有一千三百人因為每人每日所領的米糧才半斤（荷治時代，半斤只有六兩而已），相繼餓死。竣工以後，荷蘭人把倖存者當奴隸，販運到巴達維亞，很多人不堪虐待死於船中，或罹病而被投棄於海中，而最後活著抵達目的地的，不及半數。這件澎湖地方發生的慘案真相，我想

一直盤旋於伊能氏腦際，經過二十多年後才在最後的遺著中解明。這是史學家伊能嘉矩留給後繼者的最佳典範。

　　他很重視明末在澎湖實施「徙民墟地」的慘事，在日記有限的篇幅裡探討其眞偽。對於八罩島（望安島）在歷史上多次被海盜侵掠以後的現況，從訪查獲知島民還有「澳甲制度」這樣的一個自治組織，以對抗海盜的侵入，這種驚人的事實，他都用實地調查方式去求證。

　　〈澎湖踏查〉所記的是密集的史蹟考證與驚人的發現，比任何一本澎湖歷史書還要充實有趣。臨走以前，他向當年的澎湖廳長所提出的史蹟保存建議，是出之於愛護鄉土的肺腑之言，讓我們感嘆一百年前，伊能嘉矩就提出了史蹟保存的新觀念！

　　在撰寫〈澎湖踏查〉日記的同時，伊能氏還將相關史料寫在另一本筆記本裡，題爲〈澎湖踏查參照〉，可惜在伊能氏逝世七十年後，已經佚失了。

　　〈澎湖踏查〉裡隨處標示著「參照之一」、……「參照之十五」，意思是參閱另本筆記，其中獨漏「參照之三」。這十五小篇備忘性質的澎湖史料，只有參照之一、二、四五、六、七、十二、十三、十四及十五共八篇，是《澎湖廳誌》等史冊的節錄、引用，我們可以在文獻檔案中查閱到，原文也都已收進相關段落的譯文之內。倒是參照之八、九、十及十一共四篇，未出現於各地志書，而是伊能嘉矩踏查時，在現場直接抄錄的文字。除非古蹟重現，或其他文獻曾經轉錄過，這些屬於古碑的碑記，我們可能再也無法看到了。列舉如下：

　　一、重修永安橋記（參照之八）。

　　二、龍德宮廟前的示禁之碑（參照之九）。

　　三、天后宮外的示禁之碑（參照之十）。

　　四、內垵鄉天后廟內道光二十四年汛官歐陽耀所立之碑（參照之十一）。

明治三十三年（一九○○）十二月

二十七日　今天接到台灣總督府命令，將出差到澎湖群島，進行地理與歷史的調查。❶

二十九日　從台北出發，當天抵達基隆過夜。

三十日　搭乘環繞台灣海岸的定期汽船「福岡丸」。這艘船排水量一千六百六十二噸，屬於近海汽船。午後三點從基隆出航，天氣晴朗，海面平靜如浮油一般，航行中絲毫沒有動搖。船駛出港外便改針路為西向，近望大屯山與富貴角燈塔後轉為南向，正遠望到觀音山的時候，船已進入台灣海峽，再轉為西南方向，似乎要繞到澎湖群島的西側，從此四周只有海天一色，不見島影。

三十一日　午後七點左右才遠遠地望到群島中的極北島嶼──北嶼。凡是從台灣本島航向「澎湖港」的船隻，只有兩條航路可以選擇：其一是從台灣本島與澎湖群島的中

---

❶本次伊能氏出差到澎湖群島共十八天，其目的是為了編纂地理和歷史教科書做準備，到現地調查、蒐集相關資料。本次出差的性質和五個月前的南台灣調查相同，唯一不同之點，是七月二十八日起四十六天的南台灣調查，涵蓋了蕃地調查，時間更長、更辛苦。不過，澎湖群島的調查也不見得輕鬆，因為歷史上漢人與荷蘭人移入澎湖的年代比台灣本島更早，彼此互動的歷史繁雜，在海域與島上，荷、法、日與清國之間發生過激戰，明、清軍隊又與明朝的海盜、日本的倭寇交戰過，留下很多古蹟；而在地理形勢上，島嶼與港澳星羅棋布，海岸凹凸參差，犬牙交錯，伊能氏在很短的期間內，依靠海上觀察與陸地查訪尋求第一手資料。

間，亦即澎湖水道進入；另一是遠繞澎湖群島到其西側才進入。據說這兩條航路，都要注意到下面要點：

無論採取那一條航路，都會遇到兩處險礁，也就是從桶盤嶼向西北方向突出二分之一海里及向西突出四分之一海里的礁脈，以及從鷄籠嶼向西以半個金屬環形狀突出的礁脈。所以要進入「澎湖港」的船隻，都要迴繞漁翁島〔西嶼〕西南端的 Richter 岬角一海里外，然後轉向東微北的方向航行二分之一海里，才能安全入港。❷

航行中島影出現得更多，左舷上望見 Richter 岬角的燈塔〔漁翁島燈塔〕後，船徐徐進入媽宮城外十町處（水深六尋）投錨。據說這條水道的最佳泊處，是沿著「風櫃尾半島舊荷蘭炮台與天測嶼延伸過去的直線，再進入灣內水深八尋的位置」。午前十一點半投錨，在船上用午餐後立即登岸。❸

午後瀏覽了媽宮城內的大概情形。媽宮城是澎湖群島

---

❷伊能氏來澎湖調查，還向船長問出航路，可以想見他很用心詢問並做自己的觀察。在這裡伊能氏所謂澎湖港，是廣義的馬公港。很多地理解說的專書都忽略航路的說明。只有伊能氏指出所有的船隻都從群島西南方，通行於漁翁島與桶盤嶼、鷄籠嶼之間，才能進入馬公港。按澎湖群島各島嶼外圍有許多暗礁環布，甚至最佳的航道（漁翁島與風櫃尾半島之間的水道），也因為桶盤嶼與鷄籠嶼都有險礁突出，所以船隻需在漁翁島燈塔（位於 Richter 岬角）導引之下進入澎湖港。請注意「澎湖港」與「澎湖海」不同。澎湖海是澎湖本島、中屯嶼、白沙島與漁翁島所環抱而成的一個內海。而伊能氏所謂澎湖港，實指澎湖本島的一個大海灣，亦即馬公半島與風櫃尾半島所形成的澎湖灣，灣內有大晏山半島再把海灣分成南北兩個海灣，而馬公港位於較小的北灣，灣內水深，古來是個優良港口，因為有大戎克船出入，所以北灣又稱為戎克灣；位於南邊的大海灣又稱馬公外港。

的政廳所在地，所以又叫做澎湖城。康熙二十三年〔一六
九四〕台灣初入大清版圖時，澎湖成為隸屬台灣府的台灣
縣所兼轄之地，當時在澎湖設巡檢署，做為文治機關。巡
檢署設在文澳社，規模很小，沒有城垣。後來在靠近海岸
處另建立一個城垣，叫做澎湖新城。❹

　　關於澎湖新城的建置，眾說紛紜，莫衷一是。《澎湖
廳志》有如下的考証：

　　　　按《台灣縣志》載：澎湖新城，康熙五十六年
　　造，周約里許，門二，城南設砲。台府志載：康熙五
　　十六年，總督覺羅滿保、巡撫陳璸、布政使沙木哈，
　　建澎湖新城。胡氏紀略力辨其誤，以為當時建議，後

---

❸明治三十三年底伊能氏來調查的時候，日政府還沒著手建設馬公港，當時
　的地理形勢尚不明，所以伊能很努力地觀察、記錄。「媽宮城外十町
　處」，指距離媽宮城外一‧○九公里的港灣內投錨停泊，停泊處有六尋
　深。按每尋八尺，所以停泊處水深四十八尺。風櫃尾半島上的荷蘭舊炮
　台，不是今日列名一級古蹟的「西嶼炮台」。明天啟二年（一六二二
　年），荷蘭東印度公司的巴達維亞政廳命 Corne Liseijersen 率兵船十二艘，
　兵員一○二四人，去攻打澳門後退到澎湖，在媽宮城東北方建紅毛城，並
　在風櫃尾、金龜頭、嵵裡、四角嶼及漁翁島（西嶼）建造五座炮台。伊能
　氏所指的是風櫃尾舊炮台。測天嶼，指大晏山半島西端的小島，現在已經
　和半島連成一體了。伊能氏直接引用船長或大副的話，來說明正確的航道
　與停泊位置。
❹當時的澎湖巡檢署設在文澳，今馬公市西文里，明代及清初的巡檢司兼辦
　行政、司法與學政，署址都在這裡。按媽宮城在北灣入口處，而文澳在北
　灣底，媽宮後來成為班兵集中之地，逐漸變成首邑。康熙五十六年總督覺
　羅滿保及巡撫陳璸曾建議築造澎湖新城於媽宮，但實際上只設一個堡壘於
　金龜頭而已，而建造的年代也無法查考。伊能氏在他的《台灣文化志》裡
　指出清法戰爭結束以後，在光緒十三年（一八八七）十二月起建造澎湖新
　城於媽宮，光緒十五年十月完工，因為位於媽宮又稱媽宮城。完工之年澎
　湖廳治由文澳移入媽宮城內。

不果行者。而蔣氏續編，則疑爲臆說。考媽宮澳之西，逼近海岸，有所謂新城者，小而堅緻。今已改建，其爲何時所築，不可考矣。

由此可知，最初只建造一座海防要塞，上有砲門防守隘口，並沒有所謂城垣。這一座所謂新城應該是位於現在的金龜頭附近，原來是荷蘭時代所築城堡的位置。《澎湖廳志》又說，「城垣用糖水調灰疊磚，與台灣安平城一樣堅緻。」那麼，新城是將荷蘭古堡改修而成的。到了清嘉慶九年〔一八〇四〕，副將王得祿增築雉堞；光緒元年，副將吳奇勳改建砲台。

清雍正五年〔一七二七〕，廢除巡檢署，新設澎湖廳，派通判駐箚，這時文治機關也擴大了，從分縣升爲分府，所掌理的政務規模也隨之擴張，廳署仍設在位於文澳的舊巡檢署舊址，只增築簡略式的城郭而已。文治機關擴張的結果，《澎湖縣志》的纂修者作出如下短評，道盡了它的功能：

澎湖遂成海外樂郊，與台灣並稱東南保障矣。

後來，在光緒十年清、法之役，法軍爲了占領澎湖，於光緒十一年二月十五日攻陷媽宮當做根據地。六月，清、法兩國講和，法軍才撤出。當時有識之士便有革新台政與澎湖築城改鎮之議，選定媽宮爲未來的廳署位置，要從文澳移到媽宮。據《澎湖縣志》，其要旨如下：

澎之腹地在大山嶼，大山之結聚在媽宮港。其地內港澄淨如湖，小島環抱，帆檣雲集，煙火千餘家，為澎之市鎮，故設協營駐守，洵要地也。文澳則退處偏隅，居民稀少，較為僻陋。且文武號同城，官乃相去四、五里而遙，未免睽隔。茲移治媽宮，有數便焉。賈舶所聚，便於稽查也；官倉所在，便於防範也；兵民雜處，便於彈壓也；朔望宣講，文武會商公事，便於往來也。夫廳、縣為親民之官，而紳商者，小民之望也。今澎之紳商多萃，媽宮以廳治移此，則腹地之勢常重，官紳之跡常親，耳目切近，下情亦可時達矣。有賢吏出，宣上德，達下情，與父言慈，與子言孝，課學課士，務農通商，使疾苦得以時聞，情偽無由遁飾，眾心有所依附，而政於是乎成。

光緒十三年十二月，在澎湖鎮總兵吳宏洛監督之下，興工建澎湖新城，十五年十月竣工。城的規模是城牆七百八十九丈二尺五寸長，牆垛五百七十個，牆的高度連同牆垛一丈八尺高，牆根深入地下三尺五寸，牆壁的厚度也有二丈四尺。城牆周圍設東門、西門、南門、北門、小西門及小南門共六門。東門與西門臨海，西面〔西南〕鄰接金龜頭，北面有護城的河溝一道。光緒十五年澎湖廳署正式地從文澳遷到媽宮的新城。

澎湖新城內最古的建築物是媽宮〔天后宮〕，也是媽宮港〔馬公港〕這一個地名的來由。《澎湖廳志》有如下記

載：

康熙二十二年我師克澎湖，潮水漲三尺，井湧甘泉，知爲神助。事聞，勅建神祠於湄洲。次年，加封天后。六十年，台匪竊發，我師進攻鹿耳門，水漲數尺，七日克復。巡台御史禪濟布奏聞，賜「神昌海表」匾額。云云。

此廟的右壁立著靖海侯施琅的靖台碑記。（參照之一）❺

施將軍廟碑記　　　　施琅

閩海汪洋之東，有島曰澎湖，明朝備倭，更番戍守；及鄭氏據台灣，勢爲咽喉，環島要害，皆設砲台，因以爲城。康熙二十年辛酉八月間，余奉命專征至閩，群議咸以浩渺之表，難以奏膚。余乃矢策繕舟楫、訓甲兵，歷有歲餘。以二十二年癸亥六月二十日（按「續編」爲十四日），乘南風由銅山進師，直抵八罩。僞帥劉國軒統衆拒敵；適風息潮退，難以進取。余暫收軍八罩，再申軍令，以二十二日揚帆齊發，砲

---

❺「參照之一」指上述碑記及以下其他史料，伊能氏已經抄錄於他的筆記本《澎湖踏查參照》，爲了避免重複，日記只用「參照之一、二、三……」標示。以下譯註時，如果史冊上已有記載，將引述的參照史料直接補入日記譯文裡。如果史冊上沒有顯示，則保留「參照之一、二、三……」，俾便將來「澎湖踏查參照」記事本出現時，能夠讓讀者利用索引參考。」

聲駭浪，火焰衝天；將士用命奮戰，盡焚其舟，而破其壘。僞軍盡歿，屍浮海中，以□青波。時以爲僞軍俱亡，不知其僅以身免，乘小艇匿敗艘二十餘遁去也。

所有在水撈起僞將士八百餘，帶傷負創、喘息猶存者，俱施以醫藥，浹月痊癒；仍給糧食，撥船載歸，令其傳諭台灣，束身歸命。其陸地僞將卒楊德等四千餘員名，倒戈乞降；余更奏請，奉有旨赦其前罪。是以台灣人心咸知有生，紛紛內潰。僞潘及僞文武，自度勢窮難保，修降表至矣。余□於□八日□□躬臨赤嵌受降，海疆從是廓清。以數十年來未靖之波，臨淵血戰始定，則斯島謂非巖區歟！爰是誌於□□□朝□成之。故記之云。

太子少保、靖海將軍、靖海侯世襲罔替、水師提督事務施琅立。

這是台灣最出色的古碑之一。據廳志，碑文中九個字闕如，但是石碑的下半部已經有數十個刻字被磨滅了。媽宮東邊走廊，立著澎湖水師左營遊擊柳圓的石碑記，建於乾隆四年〔一七三九〕。

　　　　天后宮東廊石碑記　　　　柳圓
天后爲水師福曜，凡操舟楫者莫不受其德澤。我朝褒封錫區，典至渥也。圓叨調澎左，得登廟堂，瞻

禮聖像。然香燈斷續，亦非所以昭誠敬。爰是謀之澎廳周君、協鎮顧公，莫不嘉其義舉，樂成厥事，各捐俸紋銀十二兩。圓亦捐廉十二兩，共成三十六兩，買黃明店收稅，月得銀六錢五分紋庫，付諸鄉老，以爲廟中香費，垂諸永久。謹勒數言於石，以誌盛事云。乾隆四年（歲次己未）仲夏穀旦。

靖台之役是清廷要統御明朝餘黨的軍事行動，這些明朝餘黨尚奉明朝正朔，據守台澎作爲明、清兩朝代政治競爭的最後舞台。因此，靖台軍的主將施琅，將靖台戰爭擬託爲天命、神意。媽祖的崇拜本來是海神信仰，因此橫渡危險的台灣海峽的船隻莫不拜媽祖，祈求平安。本來是單純的海神信仰，卻在靖台之役與政治意義結合，顯然地增加了軍事行動的聲勢。

施琅的「請加封天妃」奏摺，引述如下：

康熙二十二年六月十六、二十二等日，臣在澎湖破敵，將士咸謂恍見天妃，如在其上，如在其左右，而平海之人，俱見天妃，神像是日衣袍透濕，與其左右二神將，兩手起泡。觀者如市，知爲天妃之助戰致然也，又先於六月十八夜，臣標署左營千總劉春，夢天妃告之曰；二十一日必得澎湖，七月可得台灣。果於二十二日澎湖克捷，七月初旬內台灣遂傾島投誠，其應如響。云云。

施將軍廟在東街，祀奉靖台首功施琅的神靈，是台灣的一個重要史蹟。❻

在這裡需要特別記下曾經爲澎湖歷史增添一頁光彩的開水井事蹟。澎湖本島本來就缺乏清水，《澎湖廳志》記載：

> 澎湖素號水鄉，而四面汪洋，水盡鹹鹵，又無高山大麓，溪澗川流以資沮注，澎之人其需井而飲也，較諸他郡爲甚。一遇旱乾，則男婦徹夜守井取水，截竹桶以汲之，嗷嗷渴待，有甚於饑。噫！其可憫也。……今澎湖之井，不誠爲澎民之司命歟！

何況軍隊被調到遠方缺乏飲用水之地，士卒苦於沒水喝，一旦發現清泉，不知會鼓舞士氣多少倍？開井成功，通常是認爲有神助，代代流傳，紀念這樣有神助的事蹟。

媽宮城內有兩口值得紀念的水井，其一是萬軍井，另一是萬歲井。

**萬軍井的由來：清康熙二十三年，施琅在澎湖打勝仗，兵員一萬多名駐留於媽宮，因爲飲用的井水嚴重不足，他向天后神祈求甘泉，頓時湧出泉水，汲之不竭，所

---

❻祠廟是施琅平定台灣，被封爲靖海侯後所建的生祠，原來位於媽宮澳的東街，今省立澎湖醫院現址。日據時代徵用土地興建省立醫院前身的「澎湖島病院」，把祠廟遷到天后宮東側，萬軍井對面。施琅本來是鄭成功的部將，投清後任水師提督，大敗澎湖的鄭軍，終結明鄭的統治台澎，而有功於清廷。

以叫做萬軍井。陳昂的詩「仰仗威靈涉險來」、「地轉海鹹生淡水」就是吟詠這個事蹟的。

詠僞鄭遺事　　　　陳昂（侯官人）

昔年亡將濟時才（成功舉兵時，施襄壯年最少，號知兵，尋因覺懼，逃亡），仰仗威靈涉險來。地轉海鹹生淡水（澎水故多鹹，及我師雲集，隨地掘井，水泉出皆淡），天回風颶起奔雷（六月中常有颶風。是日將戰，有風從西北來，士皆股栗；公乃大呼祈禱，須臾雷震，遂轉南飆）。官軍血戰滄波沸，逆虜魂銷劫火灰（燒僞艦二百餘艘）。澳嶼全收三十六，受降澎島戰門開。

萬歲井的由來：（明治二十八年三月，我國比志島混成枝隊占領澎湖，兵士苦於天氣炎熱、瘴癘流行而染病者無數，且島上缺乏淡水，兵士口渴不堪。剛好在媽宮城內舊演武場旁有一口井，水質很好，泉水滾滾湧出，汲之不竭，兵士飲用以後，士氣大振。因此把這口井命名爲萬歲井，井旁立一座石碑刻上一首詩，永留紀念。）**

啊，歷史是會重演的，開井的奇蹟故事，豈不讓人嘖嘖稱奇？❼

---

❼日記原文在「萬歲井的由來」以下有半頁空白，伊能氏未及補寫。譯文將伊能氏寫在《大日本地名辭書》中續編第三：台灣，關於萬歲井的一段抄錄如上。「比志島混成枝隊」指陸軍大佐比志島義輝所指揮的一支陸軍聯隊，明治初年用「枝隊」代替「聯隊」。

明治三十四年（一九〇一）一月

一日　早晨起床後，朝向母國深深的一鞠躬。能夠在我國第一個占領的新領土迎接新年，是多麼幸運啊。午前十點從媽宮城北門出去，到法國水師提督 Courbet 的墳墓參拜，墓碑呈尖閣形，法文的碑銘如下：

A LA MEMOIRE
DEL'ADMIRAL COURBET
ET DES BRAVES
MORTS POUR LA FRANCE
AUX PESCADORDES
1885

回想當年Courbet提督統率一支法國艦隊到遠東，決定要占領台灣，由於法國總理Jules Ferry的內閣瓦解，法國的政策突然改變了，Courbet孤守澎湖等待本國的指令，於一八八五年三月下旬不幸染上惡疫，化為孤島的朝露。❶

---

❶伊能在他的《台灣文化志》有更詳細的記載：法國艦隊司令Courbet（孤拔）占領媽宮港後，適逢法國內閣更迭，中法兩國講和，不得不放棄澎湖歸國，他心裡憤恨交加又罹患熱病，死於旗艦，遺骸由旗艦運回本國，而媽宮城北門外今中正國小旁的墳墓，是法國人為紀念他悲憤病亡之地而建的。墓內埋葬著孤拔的遺髮，後來遺髮遷葬於基隆市法軍公墓內。

之後，沿著海岸往后屈潭鄉〔馬公市重光里後窟潭〕，有池府王爺廟，樑上掛著雍正丙午陽月題刻的匾額。

《澎湖廳志》所記載的「廟祀大王神，各有姓，《紀略》以為金龍大王類，亦土神也。」，就是指這座廟的各尊主神。在澎湖各澳〔港灣聚落〕都有這種廟，其中西嶼外塹大王大有靈異，據說出入海上的商船必備牲禮獻祭，然後投入海中遙祀。

然後，到西衛鄉〔馬公市西衛里〕，這裡也有池府王爺廟，樑上掛著雍正乙丑孟春所題刻的匾額。

這座池府王爺廟內有「公議禁約牌」，抄錄如下：

> 一禁開場聚賭事
> 一禁聚集匪類事
> 一禁結交外黨事
> 一禁毀傷坎墓事
> 一禁妄堀坎墓事
> 一禁潛竊五穀事
> 一禁放縱六畜殘毀事。

鄉外有一口井，有石柱，上刻「田中井」三個字。原來，我軍攻占澎湖之初，媽宮城內疫癘流行，當時將行政廳暫時遷到西衛鄉，因為缺乏飲用水，命工人鑿井，取當時的行政長官田中少將的姓，為這一口井命名的，旁有碑記：

田中井記

　　久旱遇甘雨，民人咸知其可歡。鑿斥鹵之地得清
泉，其利于人間衛生可知也。今歲征清之役，予奉欽
命，俱帝國聯合艦隊及混成枝隊兵進攻海南澎湖，占
據媽公城。嗣開行政廳，予爲其長官。偶軍中疫癘熾
播，姑移廳事於城西西衛社，駐轅理政。惟澎湖之
地，磽确斥鹵，乏清泉。偶有井水，苦鹹不可飲。天
候烈炎，我軍民人因罹疾疫者，爲不鮮少。予常患
之，遄相一地、督部僚、鳩工人鑿井，起工以至完竣
約四十日。水深約二丈，水質清冽，毫無鹹味，可喜
也。吁！澎湖全島既鹹井，而今得井水之甘且美，俾
後人永賴此井之澤，猶久旱之於甘雨，豈獨予之幸，
亦闔鄉之幸也。名曰田中井，此勒緣由以傳不朽云。

　　有泉涓涓，清徹肺腑。井而汲之，

　　萬斛任取。造物無主，其澤無數。

時在大日本帝國明治廿八年五月勒並題

澎湖列島行政廳長官海軍少將正五位勳三等田中綱常

　　然後，到紅木埕鄉〔馬公市朝陽里〕查訪。這個地名
原是從「紅毛城」轉訛的諧音，鄉外有荷蘭人城堡的遺
址，現在還留下用玄武岩塊堆砌而成的城基殘跡。據《澎
湖廳志》，城的周圍有一百二十丈，荷蘭人〔於明天啓二
年〕占領澎湖後據守之地。

　　史書如 R. Riess 的《台灣島史》及〔小川琢治的〕《

台灣諸島志》關於荷蘭人築造澎湖紅毛城的故事，引述如下：

> 蘭人乘勝追捕想從澎湖島逃走的漢人，把每兩人用一付鐵鍊綁在一起，防止他們逃走，命他們在澎湖本島築造一座城砦，完工以後將使役的一千四、五百名工人，運到巴達維亞城當奴隸。（《台灣島史》）
>
> 漢人被奴役築造一座城砦，還沒有完工以前，一千五百名役夫之中，有一千三百人餓死，因為荷蘭人給每一個役夫每天半斤米而已。（《諸島志》）❷

紅毛城砌造得粗拙但是宏大，讓人據以想像得出當年荷蘭人急忙築城以防明軍來襲的狼狽狀，他們根本沒有時間築造純荷蘭式的疊磚城堡。

我們翻翻看一部西洋史……，可以知道荷蘭人從西元一六○一年起，也就是明萬曆二十九年就開始東進，逼使明朝廷嚴加戒備。西元一六二二年（明天啟二年），荷蘭人終於占領澎湖並築城，一時引起了明、荷兩國之間的交涉，天啟四年福建巡撫南居益發兵，要逼退荷蘭人。在抗

---

❷上面引述的兩篇文獻互相矛盾。伊能氏在《台灣文化志》裡對荷蘭人奴役澎湖島民的慘案，作了較合理的說明：城砦尚未竣工以前，被役使的漢人一千五百人之中，有一千三百人因為每日所獲米糧才半斤，相繼餓死。（按：荷據時代一斤等於十二兩，當時副菜少，一個普通工人每餐要吃四兩米。半斤米只夠一人吃一頓半的飯而已）竣工以後，荷蘭人把倖存者當奴隸，販運到巴達維亞，很多人不堪虐待而死在船中，或罹病而被投棄於海中，而最後活著抵達目的地的，不及半數。

衝中，荷蘭人建造炮台於風櫃尾及瓦硐港〔白沙島瓦硐村〕防禦，同時與明人海寇勾結，出沒於華南浯嶼、東淀間，到處侵掠，明廷不得已對荷蘭人表明，假如荷蘭人肯放棄澎湖，則對其占領台灣不表異議，結果雙方訂下了和平條約。❸

現在紅毛城遺址內有一間武廟〔武聖殿〕，原來在媽宮城西側，建於乾隆三十一年〔一七六六〕，但是在光緒元年〔一八七五〕移建於此〔在馬公市新復里〕。後來在清、法之役，被法軍擊毀，光緒十七年三月重建。廟內有一口古鐘，鑄造時間是乾隆四十年，鐘銘尚可判讀。廟的內壁立著一座石碑，刻著梁純夫所撰的「新建武廟記」，抄錄如下：

新建武廟碑　　　梁純夫

天下無有不靈之神，而獨有不靈之廟；非廟之不靈也，地有以使之也。故廟得地則神著其靈，有斷然。澎湖自國初隸入版圖，設官以守，凡崇入祀典之神，皆擇地建廟，以爲民庇；而有司有特祭之（？）。如觀音、天后、北極、城隍諸神皆素著靈異，嘖嘖人口；惟於武廟，獨無所聞焉。說者皆謂：廟之建也，殆未得其地云。廟向建於校場演武廳之右，規模宏敞，棟宇壯麗；官斯土者，曾一再修之。都人士

---

❸日記原稿「西洋史」下有一段空白，可能是伊能準備要補寫荷蘭的崛起。

以其凡水旱疾疫，有禱焉而莫之應也，遂香火闕然，廟貌日就剝落。軍門吳公奇勳者，守茲土將十稔，地方營伍整頓一新；凡衙署、兵房、塘汛、較場、箭道均設法修葺，使辦公講武各有其所。又捐廉建籌海堂於署西；復條陳大府，請款於新城、全龜頭等處請築砲臺。百廢俱舉，卓然為海外雄封。節年以來，鯨鯢不波、歲豐民樂、閭閻富厚，興作因時；都人士重修文石書院及觀音亭、北極殿諸起，吳公皆厚捐清俸以為都人士倡。蓋欲振文風而錫民福也。

　　武廟為戎行所特重，吳公不忍其頹廢傾圮，決意有以新之，商諸攝通守事唐公世永。唐公曰：立廟以為民，宜順民志。今以斯廟之有禱焉而莫之應也，故無有建議修葺之者。與其仍舊而徒費巨資，孰若改遷而俯順民志！此間紅木埕之舊址素稱吉壤，民於其地屬於官，無敢覬覦之者卜宅；盍以武廟遷建於斯，未始非為民祈福之一道也。吳公以為然。命堪輿家相之，僉曰吉；商之官若紳暨軍民商賈，罔不稱善。於是發簿勸助，皆踴躍樂輸。計集資千有餘金，其不足者，悉問吳公繼之；而命千總吳宗泮、外委張豪霖、武生高其華蕫其役。鳩工庀材，經始於光緒元年乙亥七月，落成於光緒二年丙子六月。計費白金一千六百二十兩有奇。

　　是役也，倡其議者軍門合浦吳公，贊成其者司馬

秀水唐公、署右營都閫蘇公振升、右營都閫蘇公桂森、紳士孝廉鄭步蟾也。抑有奇者，方定議改遷之始，吳公欲得巨木以爲神像；澎湖向不產木，無可得，思購之於內地而未得其當。海中忽湧出一株，大可數圍，長可數丈；今廟中諸神像，悉以是木成之。聞者皆同聲稱異。意者廟已得地，故特著其靈歟？他日神靈赫濯，凡水旱、疾疫而有禱皆應，大爲一方之庇者，抑又可預決矣。是爲記。

然後，到附近的嘉蔭亭，俗稱五里亭，位於媽宮城與文澳鄉間的大路旁，距離媽宮城西門〔東門〕二華里。❹《澎湖廳志》有下列記載：

乾隆四年，前廳胡格建。因澎湖道旁不長樹木，行人無所休息，故建此以備往來偶憩之所。如樾之有蔭，因以名其亭焉。中祀文武二帝，左三官神，右龍王神。亭久漸圮，乾隆二十九年，里人重修。前通判胡建偉額曰：古嘉蔭亭。云云。

位於嘉蔭亭西邊數町處，有「混成枝隊陸軍軍人、軍屬合葬之墓」，立著丈餘高的石碑，以石碑爲中心，周圍有七個墓塚：

第一號墳　　二〇四人

---

❹嘉蔭亭今稱三官殿，位於馬公市陽明里，紅毛城的南邊。

第二號墳　　　七八人

第三號墳　　二二〇人

第四號墳　　　六八人

第五號墳　　一八一人

第六號墳　　一八一人

第七號墳　　　七十人

這是明治二十八年六月二十五日所建的。❺

文澳鄉在它的西邊，是古時候暗澳城的所在地，明嘉靖年間，都督俞大猷追討海寇林道乾時，在這裡築暗澳城守護。台灣府縣的志書說，在更早的年代還可以看到遺跡，但是現在都沒有留存。清國領台以後，澎湖隸屬台灣縣，曾經在這裡置一名巡檢治理，當時的公署就在這城址。雍正五年〔一七二七〕改設通判的時候，也利用原址為公署，只不過增建式廊而已。按舊暗澳城就在公署的位置，後來改建公署時，原來的城跡都失去踪影。

---

❺一九九五年甲午戰爭結束後，清廷與日本進行談判，結果訂立馬關條約，割讓台灣和澎湖給日本，但是距離交割的兩個月前，日方即派遣聯合艦隊與以五千六百餘名陸軍所組成的「混成枝隊」到澎湖，陸軍於三月二十三日在澎湖本島登陸，隨即展開二天激戰，清國守兵大敗，紛紛逃回大陸。這一場戰爭中，日軍死傷者不過二十多名，但由於霍亂、傷寒、赤痢流行，病死了一千二百五十七名，病亡官兵占總兵力的五分之一。因此，日軍倉卒間挖掘七個大墓塚安葬。伊能氏所憑弔的正是澎湖戰役病歿者合葬之墓。在過去的年代，外來的討伐者，都遭受到台灣風土病的報復，如清軍討伐原住民都遭受瘧疾的侵襲而敗退，日軍在牡丹社戰爭中也是一樣。台灣本土的惡性瘧疾流行，不知擊退了多少入侵者，但是，在澎湖的風土病卻是霍亂，一樣地使入侵者嘗到惡果。清、法戰爭中，法軍染疫死亡者達九百多人，甚至法軍艦隊指揮官孤拔中將也病亡於澎湖。

鄉內有城隍廟，樑上懸掛著光緒帝御筆的「功存捍衛」匾額。**❻**

又有祖師廟，相傳「康熙年間，有和尚從泉州清水巖到此，與人治病，有神效，不取藥資，送錢米亦不受，去後因立廟祀之。」**❼**

文石書院在文澳偏西的地方，是清乾隆三十一年冬，通判胡建偉所建。據聞，文石是澎湖的名產，五色繽紛，有文章炳蔚之觀，乃以文石命名書院。書院內有文昌祠、魁星樓、程朱祠；也有胡建偉的「文石書院落成記」及乾隆三十四年仲秋地方士紳勒石的「文石書院碑記」，抄錄如下：

文石書院落成記　　　　胡建偉

文石者，澎產也，產於澎而重於世，此石之所以可貴也。石何以貴？以文為貴也。然文之見貴於人，亦自有辨。凡物之文，華而不實者，縱會雲絢藻，烘染精工，而柔脆難久；實之不存，文亦何取？惟文石之文，以堅貞之質著。班爛之耀，五色紛綸；應乎天則五緯昭，應乎地則五行位，應乎人則五常叙而五教彰。充實光輝，發越而不可掩，斯文之所以可貴也。

君子觀此，因以得為學之道焉。夫石之由璞而發於山也，如人之自蒙而就於塾也；石必擇工之良者而

---

❻暗澳的城隍廟在馬公市西文里舊廳署東側。

❼祖師廟位於西文里舊廳署西側。

授之治也，如人必擇師之賢者而從之遊也。始而琢磨、繼而攻錯，久之而雕刻之形痕跡俱化，以幾於純粹以精之候；亦如學者之始而訓詁、繼而服習，久而漸摩之至義精仁熟，不知不覺升堂入室，進乎聖賢之域。懷瑾握瑜，不亦一藝林之純璧也哉！昔漢稱成子遇異人受以文石吞之，因而明悟，遂爲一代儒宗。後以授五鹿充宗，亦爲通儒。噫！一文石也，二公獲之，俱以文顯如此。然則生於斯長於斯，萃山海之靈而孕奇毓瑰者，又當何如也？

澎之人士，從此居業得所、游息有方，而無言龐事雜之累。春夏詩書、秋冬禮樂，以砥礪其心性、潤澤其文章，處則爲有道之士，山則爲有用之儒。「記」曰：君子比德於玉；豈欺我哉？行將圭璋特達，〔以上應當寧之求，當與夏瑚、商璉〕輝映乎清廟明堂之上矣。經天緯地，斯文爲至文也。石云乎哉？書院之石，因有取焉。

是役也，經始於丙戌之孟冬，落成於丁亥之孟夏。所有勸賞宣力者，例得備書，以垂永久。是爲記。

文石書院碑記

澎之形勝仍舊而氣象聿新者，蓋自胡公設立書院始。公諱建偉，號勉亭，粵東三水縣人。戊午、己未聯捷進士，出宰直隸無極縣，紀大功二次，轉福寧、

福鼎縣。壬午科入閩闈，薦拔十郡名宿。繼宰閩縣，造就多英才，洵文學之權衡也。乾隆三十一年，授臺、澎分府。甫下車，即留心作人，觀風設教。諭諸紳士云：人藉地靈，地因人重。澎湖島連三十六，繡相錯也；石蘊五采文，奇攸鍾也。則是巨浸中之砥柱，爲全閩之樞紐，將來其聖天子文教之名區乎？遂陳請列憲，就地考校，錄取送院，免諸童府、縣試兩番渡海之難。列憲嘉其雅意，如請。

公遂捐俸以倡，卜築於廳治右畔百武之近地。其地環山帶水，文峰錯落可觀。是歲九月經始，明年二月告成，匾其額曰「文石書院」，崇祀五夫子、春秋二祭；延名宿掌教，月給膏火。公餘之暇，時詣院與諸生童講學論文。季考月課，循循善誘，終如其初。經公指授者，頓開茅塞，果慶連茹。丙戌、丁亥科、歲兩試，入泮者六、備卷者四。從此而掇巍科、登顯仕，人文鵲起、甲第蟬聯，皆我公樂育之功也。今者榮擢屆期，澎人士能忍默然？爰敬陳始末，而壽諸貞珉，以誌不朽云。

乾隆三十四年（歲次己）仲秋吉旦，閤澎紳士同勒石。

取舊路返回媽宮城。

二日 午前，去訪問媽宮公學校的齋藤典治氏，然

後從西門出去，到東衛鄉〔馬公市東衛里〕。鄉內有一個讀書人，名叫呂杯。他開一間書房「淨修場」教書。他為我介紹地方的狀況。我雇用一個人帶我到大城山參觀。❽

《澎湖廳志》有如下記載：

> 大城山：當大山嶼之中，……為廳治少祖山，乃澎山最高者。延袤七、八里，崗巒平衍，遠盼如列屏。凡臺廈舟艘往來，皆指此為圭臬。山頂高處，前人築城其上，周僅二、三里，遺址猶存，山以此得名。陟其頂四望，則五十五嶼環繞目前，浮螺點黛，悉可指數。天氣晴霽，曉顧臺灣諸山，顯現如在咫尺。須臾紅輪湧起，海東萬道金光，與波瀾相激射，彷彿不見臺山，而商舶漁艇，或遠或近，梭織島嶼間，真海外奇觀也。至春夏之交，芳草如繡，下視平疇，苗黍芃芃，四山蒼翠，洞豁心目，秋冬以後，則風沙瘴霧，海氣蒼茫，蜃樓煙市，變幻又難以名狀矣。

大城山位於接近島中央的地方，是個最高分水嶺，南端的拱北台上有炮台。

大城遺址位於大城山，稍微靠近北邊山腰處，現在經

---

❽實際上，澎湖本島有隆起的玄武岩方山，位於島中央偏東南，呈東北、西南方向的主稜線上有紗帽山、拱北山、太武山、奎壁山等。伊能氏説大城山是最高分水嶺，那麼應該是指海拔五十一公尺高的拱北山了。

人開墾過後，殘跡總是容易遺失，即使有殘留，也很難辨識。土人回憶說，古城周圍十五町左右，疊砌玄武岩塊成高約五尺的城垣。

　　**按澎湖島上有很多這種古城遺址。明洪武五年〔一三七二〕，信國公湯和經略海上，認為澎湖島民叛服無常的性格，無法使他信任，於是籌議把島民遷徙於近郭，洪武二十一年把島民全部遷徙，廢除巡檢司，破壞島民原居地，結果變成一片廢墟。

　　後來不法者聚眾潛入廢墟中占居。這些舊城址似乎是這些犯法之徒所割據的地方。至於島民的遷徙，是否真的執行過，也無法確定。當局如何取締潛渡者，也無從查明，但是這些犯法之徒如何驅使被迫遷徙的流民，擁戴他們為地方的惡霸，並非想像不到的事吧。❾**

　　大城北鄉〔湖西鄉城北村〕位於城址的北邊低地，而

---

❾明朝的時候，澎湖人所遭遇的「徙民墟地」慘事，主要的原因是明洪武年間，日本倭寇以澎湖為根據地，勾結島民侵擾大陸沿海，而引起明太祖「申禁沿海人民出海與外國互市」，最後斷然採取「徙民墟地」的計策，以杜絕倭患。伊能氏本段日記，引述自《台海使槎錄》：「洪武五年，湯信國經略海上，以島民叛服難信，議徙近郭。二十一年，盡徙嶼民，廢巡司而墟其地。」（原文引自明崇禎年間顧祖禹的《讀史方輿紀要》）後來的《台灣府志》、《澎湖實錄》，都沿襲此說。史學家曹永和曾引用《太祖實錄》，說明洪武二十年為了防範倭患，明太祖也對福建實施徙民墟地之舉，然而執行者不是湯和，而是江夏侯周德興。不過，洪武二十一年對澎湖採取徙民墟地之舉，其過程到底如何？是否真的就是把澎湖島民強迫遷到漳州與泉州？似乎無法獲得證實。不過，無論島民是否被遷走，澎湖在明永曆十五年（一六六一）鄭成功收復澎湖以前，一共有二百七十三年期間，一直是海盜與倭寇據為巢窠之地。伊能氏所謂「犯法之徒」，就是指這些盜寇。

在太武山西麓，則有太武鄉〔太武村〕，這裡以明朝兵部尚書盧若騰遯居遺跡而聞名。原來他是同安人，家在浯州（金門），遇到朝廷鼎革之際，遯跡來澎，住在太武鄉後生病，二天就死了。他死前命後人要在墓碑上刻「自許先生墓」，葬於太武山上。他早就有文才，如〈殉節篇為烈婦洪和作〉，可見其赤心：

> 妾為君家數月婦，君輕別妾出門走，
> 從軍遠涉大海東，向妾叮嚀代將母。
> 驚聞海東水土惡，征人疾疫十而九，
> 猶望遙傳事未真，豈意君訃播人口。
> 滔滔白浪拍天浮，誰為負骨歸邱首？
> 君骨不歸君衣存，攬衣招魂君知否？
> 死怨君骨不同埋，死願君衣共相守。
> 骨可灰兮怨不灰，衣可朽兮願不朽。
> 妾怨妾願只如此，節烈聲名妾何有！

太武山在太武鄉背後，三峰圓秀，大小伯仲，俗稱大太武、二太武、三太武。大太武在北邊，最高而且是澎湖島上「第一隆起點」，海拔四十八公尺，據說船從澎湖島東北方駛近，首先會看到陰陽嶼，然後看到大太武的高頂。

從山上西望，可以看到遠方的裏正角。裏正角的東〔西〕側是良文港，這裡是明治二十八年二月二十三日我

軍混成枝隊最初登陸地點。❿

　　今天沿著舊路返回媽宮城。

　　三日　　午前雇小艇，駛向形成澎湖灣「西南長帶」的風櫃尾半島，從蛇頭（Chimney角）登陸。從低地崛起的風櫃山，繚繞蜿蜒於半島，山勢嶔崟，有如長蛇，到半島的盡頭，突起如蛇頭，所以地名「蛇頭」並非偶然。

　　《澎湖廳志》有如下記載：

> 　　風櫃尾社南有石岡臨海，中空一洞，可容數十人。四傍石壁，魚鱗重疊，上有竅如斗大，穿石透山背。竅傍常作小旋風，沙土滾滾漏下，聲如鳴鉦。洞口闢一溝，內窄外寬，潮水入焉；風起潮來，巨浪鼓盪，竅中沙土噴出十餘丈，飛射半空，如鰍魚噴沫。風再滾布，浪隨噴出，土人謂之風櫃。

　　這是風櫃尾這個地名的來由。

　　蛇頭上有荷蘭人所築炮台，清、法戰爭中清軍曾經改建炮台，現在仍有殘破的炮身與炮台遺址。風櫃山南麓有法軍陣亡者的紀念碑，尖閣形的石碑下方，刻著下面法文：

---

❿伊能氏以為太武山是島上最高的山，所以叫做「第一隆起點」。陰陽嶼，指查坡嶼與查母嶼，分布於裏正角外海。裏正角是澎湖島極東的岬角，其西側的良文港，現在屬於湖西鄉龍門村，過去有很多新石器時代遺物出土過。伊能氏曾經撰寫一篇考古論文〈澎湖的石器發現〉，刊載於《東京人類學會雜誌》第二五九號。

PESCADORES

1885

A LA MEMOIRE

DES MARINCE FRANCE

DE CEDESIA MAKUNGO

　風櫃尾半島上的蛇頭，與媽宮半島的金龜頭，隔著海灣南北對峙，相距八町餘。《澎湖廳志》說：「港口有龜蛇二山，南北拱峙，護衛周密，爲全澎正口，所謂險口不得方舟，內溪可容千艘。」

　風櫃尾半島實際上〔成半弧形〕擁抱著澎湖灣南方，像一長頸，上有風櫃尾、嵵裡、井仔按、鷄母塢、豬母水、鎖管港、鐵線尾諸鄉，其中嵵裡和井仔按二鄉之間最狹窄，相距一町左右。❶

　從蛇頭進入風櫃尾村落入口處，有巨石「石敢當」，有碑文，其排列方式如右圖所示。

泰山　太極　泰保
福祿壽全
拘邪　拍穢　石敢當
止風　止煞

　風櫃尾鄉內有溫王廟，樑上掛著清雍正七年〔一七二九〕所題的匾額。

　然後經圓頂山炮台下方，進入嵵裡鄉。本鄉的北丘

---

❶以上各地今名如下：風櫃尾（馬公市風櫃里）、嵵裡（嵵裡里）、井仔按（井按里）、鷄母塢（五德里）、豬母水（山水里）、鎖管港（鎖管里）鐵線尾（鐵線里）。

上，有清國炮台遺址，圓頂山下的南方海岸是一個小灣，因此又叫做圓頂灣。❷

繼續走到井仔按鄉，其西南海岸有一座砌石古城的遺址，原本是明代海寇的古城，後來在清嘉慶九年〔一八○四〕，副將王得祿在古城上增建雉堞復舊，因為未再使用，也沒有加以整修，變成一座廢城，現在只留殘跡而已。鄉內上帝廟的外面有一株古榕。

從井仔按海岸雇一艘小艇到測天島。測天島位於把澎湖灣隔成南、北二灣的大晏山半島突出處，與縱貫於半島中央的大晏山成一直線，好像是從龍口伸出的舌頭，據說退潮的時候，可以看到寬平的岩盤連續露出於海面，把測天島與半島連接起來。測天島的西岸有三座紀念碑，抄錄如下：

- 第十六水雷艇遭難紀念碑
  明治二十八年六月從軍有志者建之。
- 祭軍艦廣丙遭難死者之靈
  明治二十九年四月馬公水雷敷設隊有志者〔建之〕。
- 奈良丸遭難紀念碑
  明治三十年十二月二十四日於鳥島沖遭難，
  明治三十一年十月有志者建之。

---

❷蒔裡炮台指明天啟二年（一六二二）荷蘭人所築五座炮台之一。圓頂山即紗帽山。圓頂灣，現在變成蒔裡海水浴場。

測天島查訪過以後，登上半島，逕回媽宮城。⓭

四日 　到澎湖島廳官署拜訪代理廳長山本行道氏，然後和警察課長井上二郎氏會面。接著從北門到城外的觀音亭，這是清康熙三十五年遊擊薛奎所建的。觀音亭與海濱線間有一小段距離，靠近山丘，從這裡望海，但見煙波浩杳，海景頗爲幽曠。廟內原來的十八羅漢及鐘、鼓等，在清、法戰爭中被法軍掠奪，現存都是重新補修的。

參觀過了以後回到城內，觀看另建於城內的「奈良丸遭難哀悼紀念碑」，附刻「明治三十年十二月二十四日於吉貝島沉沒」。

五日 　預定到南方的八罩島〔望安島〕。幸而澎湖島廳特別爲我派出水上警察專用的小汽船「小富士」，午前八點和巡查部長齋藤氏一同上船。

今天是晴天，海浪平靜，船行很安穩。駛出港口便朝南航行，於左舷看到桶盤嶼與虎井嶼，船通過〔虎井嶼與八罩島間的〕Rover水道後，經由靠北的船路礁東側，駛進八罩島與將軍澳之間停泊。從媽宮到此，有十八海里之遙。⓮

⓭明治三十六年，日本在澎湖島廳設澎湖島要塞司令部，而測天島屬於海軍軍區核心要塞之一。上述石碑是為紀念明治二十八年三月日本海軍占領澎湖及以後的艦艇沈沒而建立的。

⓮Rover水道，是荷蘭人所命名，又稱Rover海峽。船路礁，現在的地圖標示為船後礁，屬於諧音，這個位於望安島東北角的礁石，似乎是航行者的一個陸標。伊能氏沒有說明停泊的確切位置。

《澎湖廳志》有如下記載：

> 虎井嶼東南港中沉一小城，周圍可數十丈，磚石
> 紅色。每當秋水澄鮮，漁人俯視波底，堅垣壁立，雉
> 堞隱隱可數。有善水者，沒人海底，移時或立城堞
> 上，或近城趁魚蝦之屬。

不知道這個虎井沉城是否還在？

八罩諸島的洋名是Rovers，也就是「海盜」（Rovers）
所占據的群島，泛指Rover水道與Stable水道之間各島嶼
，其中只有八罩島與將軍澳嶼有住民。⓯

八罩島的地勢，由於延伸於中央的虎頭山丘陵，幾乎
將全島分割成三個地塊：向北延伸而成本島最高隆起點
者，是天台山；島的東側〔東南側〕形成一個海灣，叫做
潭門港，是戎克船常來停泊的港口；以及山丘和海灣以外
的大地區。大地區可分為四部分：南部是網垵鄉〔西安村

⓯Stable水道指八罩島與南邊頭巾嶼之間的水道。伊能氏對《澎湖廳志》所
記載「虎井沉城」故事，抱著持疑的態度，沒有進一步考證。不過，史冊
也是根據民間流傳的故事：相傳虎井嶼的東山海崖下有一座沉城，天氣晴
朗時海水清澈，可以俯瞰荷蘭人的紅磚沉城殘壁，迄今雖有潛水人員下海
探尋，還是無法證實，據James W. Davidson在他的《福爾摩沙島之過去與
現在》一書裡的考證，在澎湖擁有紅毛城（城堡）與多處炮台的荷蘭人，
於一六二四年被迫撤離澎湖，退據台灣時，曾經拆下城堡角樓和二十門大
炮，全部裝船運到台灣，但仍留下未拆清的遺物。他把中國人流傳的虎井
沉城的說法，斥為「迷信的幻想」。但是，我們從地質發育與地理現狀看
來，所謂海底沉城應該是近代沉降於海中的「沉水海蝕台」，還沒沉降以
前，曾經受到陸上風蝕、海水侵蝕，以及小河流的切割，造成平台上有細
長的深溝，沈入淺海，所以風平浪靜的時候，猶如沈水城牆。

及東安村〕，西部是花宅鄉〔中社村〕，北部是水垵鄉〔水垵村〕，而偏東的潭門港西側，有虎頭山延亙，丘上叫北坪，原來有荷蘭人據守的遺址，現在由於已經開墾過，已失去遺址的面貌。

與潭門港相對的將軍澳嶼海岸，叫做將軍嶼鄉。關於將軍澳嶼的名稱由來，《澎湖廳志》有如下記載：

> 將軍澳廟神無考，其名將軍澳嶼者，亦因有此廟，故得名焉。

網垵鄉與將軍澳鄉合稱網垵澳；花宅鄉與水垵鄉則合稱水垵澳。❶

荷蘭人占據八罩島似乎比占據澎湖本島還要來得早，而在這個島上築造城砦，似乎是以頡頏南方菲律賓的西班牙人勢力為目的。

漢人的大量移入八罩島，初期是在明末，大致上從金門嶼避亂遷入網垵，爾後擴張形成其他部落。從網垵人多姓許、水垵人多姓王、花宅多姓陳，可以知道各期移民潮都是同族的人，分為數梯次相率渡海到澎湖來的。

八罩諸島位於澎湖群島的南端僻遠之地，往昔呈化外之地的樣貌，清代曾經派一名把總、二名兵勇分駐其地防守，但是屢次受到海賊侵掠島上放牧的牛群，四十年前被

---

❶八罩島與將軍澳嶼，現在行政劃分上都屬於澎湖縣望安鄉。當年分為網垵澳與水垵澳兩區，與地方自治的組織有關。參照下文「澳甲」的設置。

侵掠最多，後來才逐漸減少。

　　雖然如此，島民也帶有海賊的習氣，每次外地的船舶漂流到島岸，島上男女就爭著搶海難船的貨物。西洋人把八罩島稱爲Rovers（海盜）島，是有根由的。淸、法戰爭爆發後，淸廷於光緒十一年，將〔台灣南部〕羅漢門的巡檢一員移駐於網垵，專司海難船的救護和海賊的彈壓，而且派十八名兵勇歸巡檢指揮，但是據說雖有配置兵勇之名，卻無兵勇之實。歷任巡檢者，是陸瑞銘、平廷熊、陸瑞銘（再任）、蔡昌言、江塏、鄭文海、章寶基等人。

　　明治二十八年我國混成枝隊南進的時候，兵艦於二月二十日午後二點四十五分停泊於南岸外海。❼

　　如以上所述，八罩島在歷史上多次被海賊侵掠過，島上現在有完全自治的組織，每澳置一澳甲，澳甲之下有一群鄉老襄助他處理地方行政，政廳都設在地方信仰中心的神廟。例如網垵澳規定每年正月五日，各鄉年齡三十歲以上、六十歲以下的戶長齊集在西埔的天后宮內，用抽籤的方式選舉下一任的澳甲，任期一年（然而，過半數的島民不是遠到台灣找工作，便是出海捕魚，很少有人在家鄉，

---

❼日清戰爭中，日軍在朝鮮與中國遼東半島打勝仗後，隨即編組一支艦隊與陸軍一個聯隊（當年稱爲枝隊），去攻占澎湖，準備把澎湖做爲海軍根據地，殲滅淸國的殘餘艦艇。依照日本官方的戰報，由於海上風浪很大，至二十二日所有的船艦都無法靠岸，只得停泊於外海。到了二十三日，日本運兵船在澎湖島東端的裏正角西南海灣（良文港）靠岸，讓陸軍部隊登陸。軍報似乎沒有提到有兵艦在八罩島南岸的外海停泊的消息。可能在二十日部分兵艦駛到八罩島窺探。

所以出任澳甲者，都是鄉內有聲望的人），鄉老都是鄉內的長老，當然被推舉出來擔任。

就這樣，每澳大大小小的公共事務都在澳甲與鄉老相議之下決定。此外，澳內設有「鄉約」，依照這項公約，也就是一種可稱為憲法的鄉約辦事。也就是說，假如鄉民之中有人違背鄉約，則由澳甲與鄉老裁斷、課罰；即使個人之間的芝麻小事，如鼠牙、雀角之爭，還是仰求澳甲或鄉老評斷曲直是非。曲者提出相當數量的賠禮（通常是酒或檳榔之類）做和解的依據。

又，在水垵澳也設有「父母會」，依照《澎湖廳志》，有下列性質：

> 或數人，或數十人，各從其類立約。何人丁憂，則會中人助理喪事，各賻以資，視所約多寡，不得短少。猶有睦嫻任恤之遺意焉。❸

澎湖有個諺語：「澎湖女人台灣牛」。這個諺語所指的是澎湖婦女操勞過甚，尤其八罩島的狀況更嚴重。因為八罩島的男人不是遠到台灣謀職，就是從事討海的工作，所以平時在家的男人極少。出門謀職者每年從八、九月起至第二年三、四月之間不在澎湖家中，所以凡是栽種耕耨、搬運重量的農作物、整理家事等工作，都由女人操作。所以史冊又說：

❸澎湖的父母會，類似盛行於台灣的互助會。

> 時則風塵拂面，沙土撲衣，曉衝霧露，午曝烈
> 日，其勞苦可想。〔《澎湖廳志》〕

八罩島風多雨少，氣候溫暖，冬季氣溫不會下降到華氏五十度以下，島上有清水湧出，沒有鹹味，也因此沒有風土病。原來澎湖島中有一種習俗：島民對患有癩病的病人非常忌諱，假如鄉內有人患癩病，則隔離於鄉外一室。病死，則搬運屍體到一個無人島棄置，此後鄉中家家戶戶不再舉炊十二天（每個地方停炊的日數不同），停炊期間，從別處帶來食物。他們以為亡魂見到炊煙，會闖入鄉內。這種風俗特別在八罩島盛行，據說駐紮於本島的日本警察官雖然百般規勸，鄉民還是不肯放棄舊俗。警察官干涉時，鄉民就問神，遵照乩童所傳達的神意，獲准在廟外埋設爐灶炊煮，混雜的情況，簡直無法以筆墨形容。

八罩島的住民最淳樸，極少犯罪。

網垵警察官「出張所」〔分駐所〕過去四年期間的調查資料，引用如下：

類別 明治	重罪		輕罪		違警罪		合計	
	件	人	件	人	件	人	件	人
三十年			1	1			1	1
三十一年			12	15	1	3	13	18
三十二年	1	1	10	36	3	3	14	40
三十三年	1	2	11	18	4	5	16	25

值得注意的是，表上的犯罪，都是到外地謀職時所犯的，回到網垵以後被地方警察官處分，列入記錄。據說島民在八罩島上是不會有犯罪行爲的。

另外，各地吸鴉片者人數與所占人口的百分比，列舉如下：

地　　　區	吸鴉片者人數	百分比
網　（八罩島）	一九二一	六・五
花宅（八罩島）	九一九	四・一
水　（八罩島）	一七二五	二・三
將軍澳嶼	八三○	六・三
東吉嶼	一一七五	二・一
大嶼	三○○一	一・六
合計	九五七一	三・四

教育方面也比較認眞地實行。鄉中有「書房」，讓島民利用農閒期間就讀，就學期間大約是二、三年，最長五年。像網垵澳，識字者據說占人口的百分之四十。島民中擁有秀才身分者，現在有三名，他們是許樹林、許淸香、許梅侯（許梅侯在我國占領澎湖的時候，離開澎湖到淸國去了。）**⑲**

其他，值得記錄的是本地有關鄉民義風的「好善碑」

---

⑲ 伊能氏於明治三十三年來訪問，看到八罩島教育情形，暗示著日本據台第五年，島上仍有學塾（*伊能氏所謂書房*）教漢學，日本在台著手實施的「國語傳習所」，也就是日式小學，還沒普及於澎湖。

與「萬善碑」（參照之五與六）：❷⓪

好善碑記

　　欽加知府銜署台灣澎湖海防糧捕分府唐　爲出示
嚴禁事。照得本年十一月二十二日據八罩澳紳士許樹
人、許清省、吳鼎盛、吳常魁、許樹林、許清音等稟
詞稱：緣人等生長於海濱，民多愚蒙，不知珍重於女
嬰，固識矜憐山之耕牛、海之龜鱉，亦往往殘害。人
等目擊心傷，爰是出首倡捐，共得微資，每年生息以
爲補救之助。其拾字紙工資每年給錢六千，女嬰每口
給錢一千，衰老耕牛每隻每年貼錢二千，龜鱉大的定
價每觔一十文，小的每觔一十二文。第恐現時奸貪執
拗不遵，而且歷時既久，恐致廢墜。因相率僉稟懇乞
出示嚴禁，責成該地文武汛口鄉保地甲，隨時察查，
若有抗玩，許其稟究；恩准示禁立石，則公侯萬代
矣。切叩等情。據此，閱稟見仁人惻隱之心，可嘉之
至。所議各條，亦俱妥洽。准予出示立石嚴禁，並移
營飭行該處汛弁察查外，合行出示嚴禁。爲此，示仰
八罩澳各鄉人等知悉：其拾字紙工資每年給錢六千，
女嬰每口給錢一千，衰老耕牛每隻每年貼錢二千，龜
鱉大的每觔一十文，小的每觔一十二文。惻隱之心，
人皆有之，倘有不法之徒，仍蹈故轍，許該鄉甲隨時

---

❷⓪碑文未見於日記文稿，且《澎湖踏查參照》已佚失，茲依據伊能氏《台灣
　文化志》第三篇第五章及第六篇第十章所載，補記如上。

具稟，按律懲辦，決不姑寬。毋違特示。

光緒六年元月　日給。

　　萬善碑記

　　八罩澳，荒塚累累，殘碑斷碣甚於媽宮，且狐狸日侵，棺骸暴露，心甚傷之。有志未逮，適媽郊聘延泉南禹龍陳先生，修義塚。爰集同人商議，亦就澳中其牛眠、以收散骸，僉曰義舉，碎捐貲邀同陳德充先生極力辦理。事既完竣，宜登數語以誌同人樂助之誠焉耳。是爲誌。

光緒六年歲次庚辰元月　日太學生許清香、清省記。

網垵鄉外有石橋，旁有一座石碑，碑文如下：

　　蓋聞橋梁之設，所以濟行人，而　置不宜，尤難垂永遠。網　枋橋之建，由來已久。第歲遠年湮不無損壞，今排等爰商同志，重修石橋，所有題名，並勒之石，以垂不朽，是爲誌。

咸豐元年　　　　　　　　董事林正排立

鄉外有祀奉伍子思的仙史宮。關於廟神有這樣一則傳說：

　　古時候有一隻野生的貓精，趁廟內神靈外出的機會，擅自進入廟內，化身爲神靈的模樣，透過乩童啓示神意，正受到鄉民的敬戴，神靈在外地覺察到這一

件事，乃立即返回，把貓精抓起來放進沸騰的油鍋裡殺掉了。

關於天台山的古跡，《澎湖廳志》記載：

> 山上有仙人足跡，里人於正月十五日，釀錢賽神於此。

據說現在還有這種風俗。

我在網垵出張所接受午餐招待。本次實地調查，承受了水上警察隊警部某某及秀才許樹林氏的鼎力協助。

午後四點乘船，波浪稍高，七點回到媽宮。

六日　　午前留在媽宮整理連日以來的踏查資料，同時描繪澎湖群島各澳、鄉區域地圖。午後從北門出城，到火燒坪鄉附近踏查地理形勢。相傳最初有人來居住的時候，曾經搭建少數的草寮，因為草寮內有蛇群聚集，鄉民將蛇群驅趕到屋內放火燒掉，所以才有這個地名。❷❶

七日　　從媽宮城東門出去，經由東衛鄉〔馬公市東衛里〕到宅腳嶼鄉〔安宅里〕，這裡有周府王爺廟。繼續前行，左邊望著潭邊鄉〔湖西鄉潭邊村〕的西海岸，進入西嶼鄉〔中西村〕，在伍府王爺廟休息。廟內懸掛著清嘉慶午年所題的匾額。鄉外有一座石碑，碑上刻著「阿彌陀鎮守

---

❷❶ 火燒坪，今馬公市光明里。

止煞」，如右圖所示。❷

　　然後到沙港鄉〔沙港村〕。本地海中出產
「海松」，鄉民下海撈取，製作手環，不只澎湖
全島，甚至台灣也多半仰賴這裡供應海松製
品。海松又名海籐，《澎湖廳志》裡記載：

　　此單枝宜上者，長或數尺，亦木本。按近時土人
　取海樹、海籐，製爲手釧、戒指之類；而海籐映日有
　金點者良。每個值數百文，近則價值日昂，多或十餘
　金不等，因輪往來，購之者多。❸

　　到屬於媽宮出張所管轄的「沙港派出所」，查詢本鄉
近況，再回西嶼鄉。這裡是通往中墩嶼〔中屯嶼〕的上、
下澤石橋南端。❹《澎湖廳志》有如下記載：

　　上澤舊有橋名永安橋，有碑，年久字跡難辨。光
　緒乙酉間，增生陳維新、里人陳尚賢，集貲添築數
　尺。下澤舊無橋，同治間，方外柯光明招同紳士鄭步
　蟾、黃步梯，捐貲填築上半段石梁，留下半未築，以
　便舟楫。每潮退時，行人猶有病涉者。丙戌春，尚賢

守鎮
阿
彌
陀
煞止

---

❷伍府王爺廟，又稱代天宮。
❸所謂海松、海籐、海樹，都指珊瑚樹。
❹明治年代的澎湖警察機構名稱，與後來的名稱不同。「警察官出張所」，
　相當於今警察分駐所。而「警察官派出所」，相當於今警察派出所。台灣
　本島原住民居住地的警察單位，則稱為「警察官駐在所」。澤石橋，台灣
　本島曾經有過，俗稱「過水橋」，而在澎湖叫做澤石橋，又叫做蟳廣汐石
　堤。

同廩生許棻暨棻叔父子嚴，媽宮諸生林維藩等，鳩集數十金為倡；尚賢又偕其族人蓮洲、長澤，於臺南募得百金，再築下半段石梁。司其勞者，鼎灣社耆老洪誠一，及倡議之尚賢也。既成，名繼安橋。橋低而半，潮近便於行人；潮漲並無礙於舟楫，亦善舉也。棻為文刻石紀其事。

下澤石橋就是繼安橋，因為我來的時候是漲潮的時間，橋的一半被海水淹沒，無法通過，所以坐小舟沿橋面到橋北。澎湖本島與白沙島之間的淺海，有海底岩磐連結，退潮時，岩磐露出於水面，鄉民疊石如橋，供行人通過。繼安橋長約三町餘，其北端就是中墩嶼。上澤石橋與下澤石橋，分別連結白沙島與中墩嶼，以及中墩嶼與澎湖本島。❷❺

中墩嶼周圍有一日里七町長，與澎湖本島隔海相望的北濱，是中墩鄉〔白沙鄉中屯村〕。橋頭在中墩鄉的東側，有一間小廟，廟內右壁有「創造繼安橋記」，這是光緒丁亥年十二月許棻篆刻的。（參照之七：《澎湖廳志》「創造繼安橋記」。）

因為天黑又下著雨，投宿於鄉長曾甘雨的家。本鄉素有「禁約三條」，也就是所謂約法三章，抄錄如下：

---

❷❺上澤石橋現在已經改建為新式橋樑，仍叫做永安橋，舊橋已不存。下澤石橋也因改建為中正橋而不存。兩座清代過水橋（蟳廣汐石堤）都變成歷史名詞了。

約海面魚蝦不許用藥毒害。

約山面五谷不許放豬牛竊食。

廟中王爺各年三次壽旦演唱梨園（正月五日、八

月十七日、十一月二十五日）。

八日　　從中墩嶼的北岸過上澤石橋。橋長二町半左
右，橋頭有一間小廟，廟內右壁有「重修永安橋記」，這
是清乾隆三十八年所篆刻的。（參照之八）

白沙島的南端形成一個小海灣，叫做船仔坪港，港岸
就是城前鄉〔白沙鄉城前村〕。從這裡越過一座小山丘到西
北方的海岸，海岸的盡處就是港尾鄉〔講美村〕。港尾鄉的
西南側山丘上有荷蘭人舊城址，漢人把它稱爲瓦硐港
城。❷❻

《澎湖廳志》有如下記載：

今瓦硐澳之港尾社西南里許，有紅磚一片，基址
叢殘，不可辨矣。其南一社，名城前，亦一明據
也。❷❼

---

❷❻瓦硐港城，原來是西元一六二二年（明天啓二年）荷蘭人第二次占領澎湖
時所築的炮台，一六二三年，福建巡撫南居益派兵從白沙島東岸鎮海港登
陸，建造鎮海城，並南下攻陷瓦硐港的荷人炮台。戰後荷人撤離澎湖，轉
而退踞台灣島。清兵在白沙島城前村荷人舊炮台旁增建瓦硐港城，以及瞭
望墩、教練場等。伊能氏來調查的時候，遺址蕩然已失。
❷❼以上所謂《澎湖廳志》所記片段文字，已不存。伊能氏所抄錄的文字，也
許是出之於舊志的不同版本，或者是抄自《台灣府輿圖纂要》。

現在的瓦硐港城遺址，毀損更嚴重，甚至一塊紅磚都看不到。

港尾鄉有龍德宮。廟前立著一座禁示碑，是清同治八年〔一八六九〕二月所建的。（參照之九）

鄉外有石碑，上刻「阿彌陀阿彌陀祭煞」，形如圖一。

阿彌陀阿彌陀
祭煞

圖一

從鎮海鄉〔鎮海村〕經港仔鄉〔港子村〕到大赤嵌鄉〔赤嵌村〕。大赤嵌鄉位於白沙島的北海岸，是一個大鄉，有大赤崁出張所。我到那裡查詢白沙島的近況，然後到鄉外北方看一座石碑，碑文抄錄如圖二：

合境
列位衆老爺日日壽旦事事得散
李廣將軍箭
滿山地殺庶民四海龍王押殺
駟馬將軍箭
大赤嵌澳鳥嶼社衆弟子仝穀旦
平安

圖二

相傳距今四十年前冬天，狂風橫掃，海沙飛散，將大赤嵌鄉的每戶家屋蓋滿四、五尺厚度，鄉民很憂心而問神意，於是依照神明指示，建立這一座石碑，從此以後不再有海沙飛散的禍患了。原來，澎湖不但有風沙之害，甚至風沙也伴隨鹹雨。《澎湖廳志》有如下描述：

> 若鹹雨一下，則百穀皆朽，而七、八月爲多。㉘

㉘凡是史冊上的月份或土人所說的月份都是陰曆。

由於風沙、鹹雨的天災，引起了土人的迷信，才有以上所流傳的歷史故事。

大赤嵌鄉外西側，有兩座明代古墓。按明末之亂中，有人為避亂而流寓於此，留下了墓碑殘跡，形如圖三、圖四。

鄉外東北側也有一座石碑，形如圖五。

圖三　　　　　　圖四　　　　　　圖五

海苔是本地的主要海產物，因此訂有鄉約：

> 禁姑婆、屈爪二嶼所出紫菜，每年十月起，派人看守。無論本鄉、外鄉人民，不准到嶼捕魚等事。如有偶到者，應罰金十二兩。違者鳴官究治，限至四月間，紫菜期過，方許本鄉及外鄉人民，到嶼捕魚採菜等，此係公禁。

鄉內龍德宮有清嘉慶元年所立的石碑。

今天在出張所過一夜，受到警部時枝磯吉、巡查部長

山田胤雄兩位招待。

九日　　本來要前往距離白沙島北方八海里處的吉貝嶼，但是風浪高漲，船隻無法啓航，取消了吉貝嶼之行。

　　**吉貝嶼周圍有二日里二十町長，四周近海有很多暗礁，過去曾經有很多船隻觸礁而沉沒。據說四周海底躺著數十隻沉船，甚至沉船上下互疊，構成另一個暗礁。

　　島民使用炸藥將沉船炸開，再將鐵材、鐵板、鐵鎖之類，從海底吊到陸地來出售，這是他們一生所從事的「生業」。實際上，去年七月到十二月，所獲的鐵片重量達二十六萬九千四百八十七斤，價值達四千三百十一圓。因此，島民似乎樂於等待近海的海難船，他們在風浪大的惡劣天氣時，總是爬到高丘凝望。往年的時候，看到偶爾有海難船漂到海岸來，就忙著搶奪船上的物品，據說甚至殺死漂到海岸的航海人。**

　　午前，從大赤嵌鄉出發，往後寮鄉〔白沙鄉後寮村〕，途中所看到的海岸多沙洲，從遠處眺望，只有一片白色，所以才叫做白沙島。

　　後寮鄉內有威靈宮，廟前立著一座石碑，高六尺餘，寬四尺餘，碑文形如右圖：

　　相傳道光年間，出現了一個妖怪（西畔的陰魂），牠經常徘徊於後寮與通梁之間的沙漠，作祟於鄉民，鄉民問乩

道光貳拾貳壬寅孟春吉旦

魑魅魍魎

本鄉弟子仝立

後，依照乩示，立此碑鎮壓，後來妖怪就不再出現了。

威靈宮西側有一口古井，直徑約四尺（澎湖的水井直徑一般都不超過三尺），俗名「紅毛井」，據說是往昔荷蘭人所鑿開的。水質清冽，經常滿溢如汪洋。據說直到現在鄉民仍每年舉行一次井神祭典。

後寮鄉北海岸附近有瞭望山，標高三十六公尺，五座土阜像五指連立，「層巒從翠，氣象巍峨」（《澎湖廳志》）。這是白沙島的最高點，從白沙島北邊繞過來的商船，最先會看到這五指連立的山，所以叫做瞭望山。相傳往年的時候，荷蘭曾經在山上築造炮台，清國領台澎之初，設置墩台，但是廢圮已久，現在只能看到殘基而已。

鄉外數町處的南岸，有「三十六人坎墓」。相傳清康熙年間，曾經有一艘海賊船由於東南風吹襲，被風浪吹到媽宮港外四角嶼口，船體被打壞，船上的三十六個船員被海流沖到後寮海岸。鄉民收屍建造兩個土墳，分別收埋三十人及六人。據說土墳有很多靈異，對鄉民有求必應，爾來鄉民尊為有應公，祭祀不斷。本次踏查古蹟，承蒙鄉長葉雲梯的協助，由他嚮導講解，獲益匪淺。❷

---

❷據近人蔡平立在一九八七年的考證，「海賊船」實際上指荷蘭船。明天啟二年（一六二二年），荷將Liseijersen率艦十二艘、荷兵一千餘人，於七月十一日侵入媽宮港。當時因春汛已過，冬汛未到，亦即澎湖沒有汛兵，荷軍很快地在風櫃尾登陸。居民群起抗禦，只因眾寡懸殊，被荷軍殺死三十多人，荷軍將被殺居民的頭顱丟進大海，當時海上颳起南風，頭顱順著洋流分成兩批漂到後寮海岸被鄉民發現，乃分設東、西兩個墓塚，予以合葬。西邊的墓葬三十人，鄉人建南埔廟祀奉。

然後，到通梁鄉〔白沙鄉通樑村〕。鄉內保生宮前有一棵大概有三百年樹齡的榕樹，是澎湖群島中一個罕見的奇觀。《澎湖廳志》有如下記載：

> 通梁社神廟前有古榕一株，其始祇一本在東偏，已而榕根下垂至地，遂成兩株相連；高三丈，廣四丈許，枝葉茂密。鄉人取木數十條支之，以次遞接，長幾八丈餘，直至海濱，亦罕見也。

白沙島的西端，叫做龜山，與西嶼（漁翁島）的東北端漁翁角相對，其間的水道寬三海里。我雇了一隻漢人的蓬船，中午駛向漁翁角西方〔西南方〕的竹篙灣登岸，到屬於小池角出張所管轄的竹篙灣鄉〔西嶼鄉竹灣村〕竹篙灣派出所，由巡查山口豐太郎氏嚮導，到東北的合界頭鄉〔合界村〕，查看天后宮外面的示禁碑。（參照之十）❸

然後到北方〔東北方〕橫礁鄉〔橫礁村〕外，參觀石敢當，形如右

---

❸漁翁角是合界頭半島的尖端，與白沙島之間的水道叫「牛公灣海峽」，現在有一座跨海大橋連接白沙島與西嶼。示禁碑的碑文，伊能氏已抄錄於《澎湖踏查參照》，可惜已佚失。

圖。今天在竹篙灣派出所內過一夜。

十日　　從竹篙灣鄉出發，到大池角鄉〔西嶼鄉大池村〕。鄉內西北端海岸有一口水池，東西直徑一町半、南北直徑五十間左右，因此地名叫做「大池角」。從這裡到小池角鄉〔今池東村與池西村〕的警察官出張所。午後在巡查補林清水引導下，巡察鄉內。原來，澎湖的名產之一是文石，產地在漁翁島小池角鄉及外垵鄉〔外垵村〕兩個地方。從《澎湖廳志》引用一段如下：

> 文石，產於外塹、小池角二處。石外有璞，剖璞始出。石有五色，錯而成文，以黃者爲上。土人以有眼者爲貴，琢爲念珠以供玩賞。然石質鬆脆，遇北風則折裂。近日挖掘殆盡，購求甚難，不過零星細小，只可作扇墜而已。殆不及壽山石遠矣。

現在土人〔漢人〕顏岱擁有三顆文石，是稀有的珍藏，我看了一下，據說每一顆時價是六圓。❸

然後到關帝廟參觀。廟內有一個乾隆甲寅歲桂月所題懸的匾額，也有一個示禁：

> 五甲公同重新禁例。廟中棹上，不准民人隨眠，如違者，定罰大花金壹千，決無姑寬。此告。

---

❸文石在世界上僅產於澎湖及義大利西西里島。這是玄武岩裂隙及節理面，因為有矽石炭或矽鐵成分滲入、凝結而成細紋，研磨後現出光澤。

然後，到緝馬灣鄉〔赤馬村〕看押煞石碑。這種石碑共有四座，分散在鄉內東、西、南、北四個角落。相傳，距今四十年前左右，鄉內有疫病流行，李府王爺廟的神乩表示：「這是八魔沖犯所致，應立石於四方押煞」，因而建立這四座押煞石碑，從此鄉內獲得平安。碑文都大同小異，現在引用一例，如右圖：

　　這個押煞石碑位於緝馬灣鄉之北，夫人廟左側路頭。❸❷

　　繼續沿著漁翁島東南海岸到牛心灣，灣內有一座圓錐型岩山，叫做牛心山。《澎湖廳志》把它當做一個島嶼，其實是海岸的一個兀岩。

　　這一帶海岸產珊瑚石灰石，土名礐硞石，採集極盛。鄉民用這種石材建築屋牆，收集石材後堆放於岸上，盡除鹹氣，使材質變為堅實才使用。據說每四立方尺叫一槌，價格是一圓至一圓二十錢。❸❸

　　調查後返回小池角出張所過夜，晚上接受巡查部長若

---

❸❷夫人廟，又名夫人媽宮，位於西嶼內垵村。
❸❸伊能氏所說的「礐硞石」，現在俗寫硓𥑮石，音同。這是舊年代的石化珊瑚礁，由於到處都有，堅固耐用，用於建築家屋或防風石牆。

松辰之助氏的歡宴。

十一日 從小池角鄉出發，經緝馬灣鄉到內垵鄉〔內
垵村〕。本鄉東南端叫小頭角，是「東炮台」的所在地。
小頭角與位於本島（漁翁島）西南端的Richter角相對，
兩個突角之間有一個小丘突出，把海灣一分為二，西邊的
叫外垵灣，東邊的叫內垵灣，而中央的小丘上有「西炮
台」。**❸**

內垵鄉內有內塹宮，內有清嘉慶元年題懸
的匾額。鄉外有天后廟，廟內左側牆邊有清道
光二十四年〔一八四四〕三月，駐防汛官歐陽
耀所立的一座石碑（參照之十一）。

鄉內一間民屋外牆，立著一座石敢當，如
右圖所示，碑文式樣怪異。

從內垵鄉到外垵鄉〔外垵村〕，半途上左
側有一間無祀祠，名為護庇宮。《澎湖廳志》
裡有如下記載：

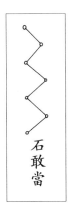

石敢當

---

❸ 西炮台，又稱西嶼西台古堡，最早於光緒九年（一八八三）由澎湖通判李
嘉棠所興建，但未設大炮，也未派炮兵駐紮。清法戰爭中，法軍由澎湖本
島西南側直入馬公，未受炮擊。戰後在光緒十三年澎湖鎮總兵吳宏洛奉命
於正月興工重建，至十五年正月才竣工，後來增建營壘，成為防備媽宮最
重要的要塞，規模最大，火力也最強。西炮台與東炮台，分別安裝著英製
後腔炮四門，在清代是控制進入澎湖內海入口最重要的據點。直到日、清
甲午戰爭，遭受了極大破壞，現在古炮不存，但是維修後占地八‧一五公
頃的西台古堡，內有甬道、營房、彈藥庫等凹式設計，相當可觀。已被內
政部評鑑為台灣一級古蹟之一。

乾隆三十一年，通判胡建偉與左營遊擊林雲、石營遊擊戴福捐俸創建。蓋有感於三十年九月二十三日，大風覆沒商船，淹斃商民一百二十餘人之慘，立祠以祀，俾孤魂得所依焉。勒石祠前，以垂永久。

　　石碑上的文字已被磨滅，無法判讀，只能認出幾個模糊的刻字「乾隆三十一年」。《澎湖廳志》刊載「創建西嶼義祠記」：

　　　創建西嶼義祠記

　　國家於郡邑地方，咸建設無祀壇祠，每歲致祭，所以慰幽魂也。況風師鼓浪沒命於波臣者，可不有以妥侑之乎？乙酉九秋二十三日，颶風陡發，浪同山湧，擊碎通洋船隻，數不勝指；而灣泊於澎湖西嶼內、外塹被難者，不下三十餘船，淹斃人口至一百二十餘人之多。此誠歷年來所未有之奇災異厄也。孤魂渺渺，永與波濤相上下，誰實祀之？

　　總戎戴君，特興義舉，於西嶼內塹、外塹適中之地，創建祠宇，招溺者之孤魂而普濟。由是靈有所依鬼無餒，而非仁人君子之用心而能若是乎？余於今歲仲春，始來分守斯土，聞之適洽予懷；遂與護協鎮林君共贊成之。鳩工庀材，越兩月而告成。從此昭茲來許，厥祀克綿；而戴君惻隱之懷，不且與祠宇常存勿替耶？是為記。

繼續走向外垵鄉；有寬約二町的「地頸」，連接外垵半島。半島被東、北、西三面高高的丘陵圍住，只有南面是開闊面海的，也就是外垵灣。灣內水深浪靜，據說往來於台灣、廈門間的戎克船，如果遇到風浪，都停在灣內避開風浪的襲擊。

鄉內溫府王爺廟前，有三座石碑，分別爲清乾隆四十三年所立的「澎湖西嶼浮圖記」、「刱建西嶼浮圖記」，以及清道光八年冬月所立的「西嶼塔燈碑記」。（參照之十三、十四）

澎湖西嶼浮圖記　　　蔣元樞

澎湖居臺、廈之間，而西嶼尤爲衝要。蓋當風信靡常，則官商船舶莫不就西嶼以爲依息也。然而宵昏冥晦之時，風濤震蕩，急欲得西嶼而安之，轉或別有所觸者，此無他，無以爲之準也。余自奉命守臺以來，凡遇由澎至止者，鮮不以西嶼爲斤斤，心用惻然；欲爲樹之標準，俾往來取泊者利焉。卒以澎湖之未有同志也，弗果行，歲丁酉，介堂謝公分駐澎湖，勤民恤商，賢聲四達。初至，即謀改置城隍神祠，知所利民，則其所留意也。爰札而商之，囑於西嶼籌所以便往來者。今其復書，酌就嶼際古瑙基地，廣其下座凡五丈，礱石爲浮圖七級，級凡七尺；惟樸固，期永遠。其頂設長明之燈，東照鷺門，西光鯤島，南達銅山、東粵，庶於一望無際之餘，知所定向。更闢地

稱宮，供天后之神，而並以居司燈火者，所計固甚周
也。第其工程頗浩，爲費匪輕；欲醵金澎湖，而土瘠
民貧，力弗能舉。余復以興修郡邑各工接踵多費，未
克獨擎。因念鹿耳門口歲集商船不下數百計，而於澎
之西嶼非其所止泊、即其所經行也，酌以每船勸捐番
鏹二元，不費之力，以成不朽之惠。迺謀之海防鄔
公，公亦欣然題捐，樂爲之助。並念要工不容久待，
而善果貴在速成，既與別駕謝公先捐清俸，一面鳩工
搆材，並諏吉孟冬動土興建。而海防鄔公亦先約計歲
內到口船數，預墊番鏹若干，一併齎赴工所，俾得如
期舉事。

　　然而是役也，所費之□，不止□□。又在居斯土
者推濟人之隱，以宏利物之仁，則早一日蕆工，則早
一日造福，而拔苦海以登彼岸。不獨余與□介堂公之
願，亦以爲澎之人廣遺澤於無窮也。

大清乾隆四十三年（歲次戊戌）清和月記（碑內闕四
字）。

　　西嶼燈塔位於半島東南端〔西南端〕Richter角上的外
垵山頂。由於往來於台廈間的船隻通常以西嶼爲陸標，風
濤震盪的日子，很難從海上辨認。於是在清乾隆四十三
年，清政府砌石五丈做爲浮圖座基，座基上建造七級浮
圖，高約七尺，供海上船隻辨識。道光八年改建爲燈塔，
近年來仿照西洋燈塔形式再度改建，現在中庭還留下一片

原來的浮圖頂石。❸

　　取舊路返回小池角。

十二日　　午前留在小池角鄉，整理連日來的踏查資料。午後雇船準備返回媽宮，因為風浪很大，操舟的人不肯出海，轉到緝馬灣，好不容易雇到一隻蓬船，出航後風浪大作，船體搖晃得很厲害，午後五點，千辛萬苦地駛進媽宮港內。

十三日　　停留於媽宮城內。午前查看立於天后宮外的「奉憲勒石永禁拆毀照牆及店屋碑」。午後調查澎湖各澳鄉所訂立的公約舊慣。❸

　　然後，到城內的城隍廟。這是清乾隆四十四年十月建置的，廟內有「城隍廟碑記」，也有清光緒帝御筆「功存捍衛」匾額。《澎湖廳志》有如下記載：

> 光緒十年二月，法夷犯澎。十三日，媽宮百姓扶
> 老攜幼，北走頂山，皆口呼城隍神保佑。時夷砲沿途
> 雨下，顆顆墜地即止，無一炸裂傷人者，亦足異也。
> 及事平，廳主程公據實詳請大憲，奏明加封，號為靈

---

❸西嶼燈塔，又名漁翁島燈塔。清乾隆四十三年（一七七八）台灣知府蔣元樞與澎湖通判謝維祺所建的，不是真正的燈塔，只是一座浮圖，當做海上船隻的陸標。後來改建為燈塔，日據時代更進一步改修過，白色圓頂，第四等明暗白光燈，距水面高約五百公尺，光照二十一海里。航行於台灣、廈門間的船隻都以西嶼燈塔為導航標識。按浮圖，又寫浮屠，是梵文，指佛塔。

❸日文「舊慣」，指私法、不成文法及舊習俗。

應侯。御賜「功存捍衛」區額。云云。

這是澎湖通判程邦基、紳士黃濟時、蔡玉成、徐癸山等捐貲重修的，詳記於「重修城隍廟碑記」：

重修城隍廟碑記　　　　程邦基

乙酉秋，基蒞任籌善後。城隍為祀典正神，四民祈福；廟燬於兵。商之諸紳，以闔澎十三澳公捐錢二千貫有奇。十月既望興工，重塑像、增前楹、製廟器；餘資建照牆外，市屋一所，取賃充廟費。舉紳輪值。丙戌春落成，具詳奏請封號、頒區額，以答神庥。廟西觀音亭為砲圮，並建之。董事舉人郭鶚翔、生員黃濟時、徐癸山、蔡玉成、許晉纓、許廷芳。所需工料、各澳捐戶，別榜廟堂，以楣不朽。是為記。

到現在為止，已經把澎湖群島的大致情形踏查完畢。自從隋朝虎賁將陳稜攻打澎湖起，澎湖之名始見於史册，例如《福建通志》記載：「環島三十有六，如排衙」。唐代的施肩吾曾有一首七言絕句〈題澎湖嶼〉〔原名〈島嶼行〉〕引用如下：

腥臊海邊多鬼市，島夷居處無鄉里；

黑皮少年學採珠，手把生犀照鹹水。

這是澎湖第一次出現在詩中。明末金門的盧牧洲尚書流寓於澎湖後，才有名流留下足跡於澎湖。後來，東洋、

西洋的勢力擴大，東有日本人，西有荷蘭人入侵，把澎湖
當做根據地。❸

清國領有澎湖後，史冊才大書特書澎湖的情形。如
《澎湖廳志》就這樣記載：

> 澎湖不過海上一漚耳；然島嶼迴環，港汊錯雜，
> 為中外之關鍵，作臺廈之逆旅。前者施侯爭之以進
> 取，鄭氏失之而議降。既入版圖，凡臺灣有事，內地
> 舟師東征，皆恃澎湖為進戰退守之地，所關於沿海大
> 局者，正匪淺矣。

我國領有台灣，實際上是從本國派遣的先遣部隊「混
成枝隊」先占領澎湖所促成的，所以澎湖不只在古代史，
甚至在近世史上，是承載無窮史實的寶庫。❸

---

❸東洋勢力，在這裡是指倭寇侵擾澎湖與台島。伊能氏文中都避用漢人所指
稱的「倭寇」，也避用「海盜」形容明末在華南沿海、澎湖、台灣沿海劫
掠殺人的日本海盜。西洋人勢力當然是指從華南退至澎湖的荷蘭人。

❸日軍攻占澎湖是占領台灣島的前一步棋子。依照《台灣總督府警察沿革
志》第二編的記載：一八九四年日、清兩國開戰以後，日軍大本營於八月
決定了「冬季作戰方針」，準備在冬季派兵占領台灣，因為清國水師北洋
艦隊大敗於黃海以後，仍有殘留艦隊在威海衛，其勢力不可忽視，所以不
敢妄動。後來作戰計劃變更以後，組成一支艦隊與一支陸軍部隊攻占澎
湖。一八九五年三月二十二日日軍登陸。二十四日澎湖之戰宣告結束，日
軍在馬公成立澎湖行政廳，把澎湖群島變成海上基地，進一步攻占台灣。
在軍事方面，日軍已控制了台灣海峽；而在外交方面，軍事上的優勢成為
日本向清廷索取台灣的藉口。在外交談判進行中，先向澎湖用兵，就是以
戰逼和的一種手段。所以伊能氏說「日本的領有台灣，是日本先遣部隊占
領澎湖所促成的。」澎湖群島在歷史上不同國家的統治者、殖民者、海盜
先後侵入、占領，互動的結果，留下很多史蹟，可說取之不盡。伊能氏感
嘆之餘，說澎湖是「承載無窮史實的寶庫」。

十四日　根據連日來實地調查史蹟的結果，本人認為有必要提出史蹟保存的方法，乃寫下意見書呈交澎湖島廳官署：

> 敝職奉命踏查貴廳各鄉的歷史與地理，蒐輯資料，認為澎湖不僅在歷史上對台灣有重要關聯，同時因為史蹟豐富，即使稱為史蹟之淵叢，也不為過。然而史蹟中部分已瀕臨湮滅，對於歷史與地理的研究，不無遺憾。因此，現今最重要的事情，就是謀求保存的方法，如果保存方法得宜，我想也不需要花費很大的經費。尤其是媽宮城內天后宮旁的「禁止拆毀照牆、店屋之石碑碑記」及外垵鄉廟前「與西嶼燈塔創建有關的三座石碑碑記」，是台灣史上最重要史料，而如今石碑已傾倒，正逐日圮壞。假如能計劃運用相當好的保存法，相信對繼後執修史之筆，從事史蹟考查者，裨益非淺。本人剛完成實地踏查之際，謹開陳所見供參考。

今天〔澎湖島廳代理廳長〕山本行道氏來訪，我順便向他告別。

搭乘環繞台澎沿岸的定期船「愛國丸」。我想起明治二十八年十一月三日，我第一次乘船渡台的時候，便是在日本宇品港搭上這艘船的。從那個時候到現在，已閱歷七年，又在今年這艘船迎接新年後的初航中，再次與我這個

老朋友在台灣海峽邂逅，實在是一樁神奇的事啊！午前十一點半拔錨啓航，駛過虎井嶼與八罩島之間的Rover水道後西折〔東折〕，駛進澎湖水道，再折北航行。入夜後海上風浪大作。

十五日　午前九點，汽船駛入基隆港。午後搭上第三班列車返回台北。時序已進入新的一年，但是台灣島的山河依舊。

日記附錄

一、澎湖島數

A　三十六島

《福建通志》〈海防考〉：

- 隋開皇中，遣虎賁陳稜略澎湖地，環島三十有六，如排衙，云云。〔《續修台灣府志》〕

B　五十島

《臺灣府志》：

- 澎湖憑山環海，有五十嶼。巨細相間，坡隴相望。〔《續修台灣府志》〕

C　五十五島

《臺灣地輿圖說》：

- 舊云：三十六島，實則有名目可紀者五十五。云云。
- 三水胡建偉《澎湖紀略》及《澎湖廳志》稱共五十五島。

二、澎湖島名（"●"表示島上有住民。）

- 大山嶼（澎湖本島）
- 白沙嶼（北山嶼）
- 西嶼（漁翁嶼）

陽嶼（查坡嶼）Round Island（圓島）

陰嶼（查母嶼）Three Island（三島）

香爐嶼

鷄膳嶼（亂形嶼）

椗鉤嶼（南白沙嶼）Organ Island（風琴島）

奎壁嶼（長岸礁嶼）

● 員貝嶼（灣貝嶼）

雁淨嶼（雁晴嶼）

籃笨嶼

北白沙嶼

屈爪嶼

南面爪嶼

● 鳥嶼（二殼嶼）

北礁　Sable Island（黑貂島）

大倉嶼

涼繳嶼

● 中墩嶼

金嶼

險礁嶼

土地公嶼

● 吉貝嶼

目嶼（目斗嶼）North Islnad（北島）

大烈嶼

小烈嶼

空殼嶼

北鐵砧嶼

- 姑婆嶼

測天嶼（小案嶼）

師公礁嶼

小門嶼（丁字嶼、三角嶼）

四角仔嶼（平嶼）

鷄籠嶼（圓頂嶼）

- 花嶼（半坪嶼）

草嶼

大貓嶼（高嶼）

小貓嶼（低嶼）

- 虎井嶼（船篷嶼）Table Island

- 桶盤嶼　Tabllet Island

金鷄嶼

狗沙嶼

馬鞍嶼

石崖嶼（船路礁嶼、布袋嶼）

鐘仔嶼（方錐嶼）

頭巾嶼　Stable Island

南鐵砧嶼

- 南嶼（大嶼）Junk Island（戎克島）

- 八罩嶼
- 將軍澳嶼
- 東嶼
- 西嶼
- 東吉嶼
- 西吉嶼（筆錠嶼）
- 鋤頭增嶼

Rober Islands

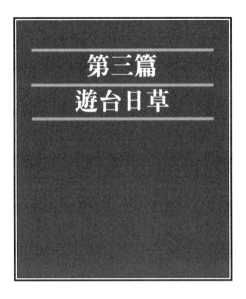

第三篇
遊台日草

〈遊台日草〉解題

　　爲了照顧留在日本的家族並專心於著述，伊能嘉矩於明治三十九年（一九○六）一月，向台灣總督府提出辭呈，結束了在台灣的十年研究生活。二月回到日本的故鄉──岩手縣遠野，專心著述，但是仍然受託於台灣總督府，從事「理蕃沿革志編纂事務」，也爲台灣臨時舊慣調查會負責部分的調查、編審工作，同時爲《大日本地名辭書》撰寫台灣的地名考證，所以他的台灣研究從未間斷。

　　明治四十二年及四十五年，他兩次到台灣旅行。明治四十二年的台灣旅行，時間比較長。九月二十九日從遠野起程，到十一月二十二日回到遠野止，共五十四天，實際在台灣三十八天，其中十八天訪問台灣總督府民政部及台灣臨時舊慣調查會，接洽他受託進行的編纂事務。公餘時間，他訪問在台的朋友和台北近郊的勝蹟，也南下到台南專訪史蹟。

　　日記裡，除了史蹟部分著墨較多外，對公事接洽內容與離台以後台灣的情勢變化，隻字未提。伊能氏過去都勤於記述調查訪問的細節，但本次一反過去的習慣，留下空白。這件事可以從明治四十二年的理蕃情勢，粗略地窺知其原因。

　　原來，強硬派的台灣總督佐久間左馬太，已於明治三十五年就任，從明治三十五年起至四十二年，對山地的施政方針，採取武力彈壓，並積極將控制山地治安的隘勇線多條，延長到深山部落，共四百公里長。

　　明治四十二年伊能嘉矩來台旅行的那一年，是實施「五個年計劃理蕃事業」的前一年，官署與蕃地治安機構官員忙於籌劃討伐行動，風雲險惡。伊能氏所要接洽的事務，是蕃地探險資料的整理，當時應屬不能公開的機密，因爲情勢所逼，自然地閉口不言，無法透露於日記上。綜觀日記體裁，與他十年在台期間所寫的各篇踏查日記作一

個比較，本篇〈遊台日草〉，是遊覽性質的日記，沒有探查資料的包袱，筆調輕鬆而簡潔，所能提供的資料反而不多。

明治四十二年（一九〇九）九月

二十九日　搭人力車從鄉里〔*岩手縣遠野*〕出發，途上映入眼簾的山川景緻依舊。午後二點抵達花卷市，不巧一之關到花泉之間的鐵軌，受到前天的豪雨破壞，無法全線通行，雖然一時困惑，也想不出其他方法來，先搭上往一之關的火車，抵達後聽說半夜後會開通，旅客可以搭乘直達夜車。於是我到一家旅館，休息到半夜。

三十日　昨夜果然全線開通了，半夜搭上夜車，延到今天的午後四點才到達東京市上野火車站，投宿於「惠比壽屋」旅館。

明治四十二年（一九〇九）十月

一日 到岡松博士家，連絡一起渡台的事。他因爲有要事，要延到十日才搭船。如果等到十日才一起出發，太浪費時間了，和他講好，我先走一步。從東京搭上往神戶市的直達火車。

二日 午後車抵神戶，投宿於海岸大道上的西村旅館。（我託運的行李沒有一起送到，向三之宮站的職員交涉補送）午後在市區觀光，也到永田神社參拜，從地方耆老聽取古老的傳說，也到築島寺參觀古蹟。

三日 午前十一點搭乘汽船「鎌倉丸」，排水量六千噸，能搭上巨輪，心情很寬鬆。正午啓航，大晴天，海上無風，航行於瀨戶內海時絲毫沒有動搖。

四日 船駛進門司港。

五日 航行於茫茫大海，沒有什麼新鮮事。海波不揚，沒有人暈船。

六日 全上。

七日 早晨抵達台灣基隆港。與去年比較，現在的基隆港埠設備修築得更完備，讓人刮目相看。午後搭上火

車到台北，投宿於南洋商會。❶

八日　　到台灣總督府民政部及舊慣調查會訪問，然後訪問了幾位朋友。

九日　　到醫院探望入院治療中的小西君。他看起來精神還好，只是病體似乎不佳。探病的時候，他似乎有話要講出，我顧慮到他的病情，婉言勸他不要勉強，給他安慰了一下便辭退。啊，沒想到相隔很多時日，好不容易見一次面敘舊，卻變成最後一次見面！也到別地方訪問朋友。❷

十日　　公事訪問。

十一日　　公事訪問。

十二日　　再次到醫院看小西君的病。病情惡化了，只能口出簡短的話。

十三日　　公事訪問。啊，太可悲了，接到小西君昨夜永眠的消息。我參加了殯儀行列，伴送他的遺體到三板橋

---

❶南洋商會是旅館的名字，伊能氏在台十年一直寄寓於南洋商會一室。從本段日記，讓人懷疑伊能也於前一年到過台灣一次，可惜沒有日記或書信做為佐證。

❷小西成章是台灣總督府殖產部技師。明治三十年六月十三日，伊能氏到賽夏族十八兒社巡察時，第一次相遇，便和他一起進入五指山一帶調查很多天。相隔十二年後邂逅於台北，但昔日好友病重，伊能氏不禁悲從中來。

火葬場。

十四日　公事訪問。

十五日　岡松博士已於前天抵台。到他的寓所訪問。

十六日　公事訪問。午後六點，起參加舊慣調查會樓上舉辦的會員茶會。

十七日　公事訪問。

十八日　公事訪問。

十九日　開始在市區散步。由於市區重劃，已煥然一新。到博物館參觀。

二十日　公事訪問。

二十一日　公事訪問。到三板橋火葬場參加小西君的喪禮。

二十二日　公事訪問。

二十三日　公事訪問。在中國大陸上海同文書院留學的同鄉鶴野氏，偶然到我的台北寓所訪問，歡聚一堂到半夜。

二十四日　在台北做東宴請鶴野氏一行人。午後到台北車站歡送即將歸鄉的岡松博士，順路到台灣神社參拜。

二十五日 公事訪問。

二十六日 雇一輛人力車到和尙洲〔台北縣蘆洲〕遊覽。然後，繼續往八里坌堡洲仔庄〔台北縣五股鄉成洲村〕拜謁西雲岩寺。寺的沿革見於《淡水廳志》，土名叫做龜山岩或獅仔頭。山麓有反經石（磁鐵礦），據說八里坌堡成仔寮庄，土名也叫獅仔頭的墓地，也有三個反經石。

《淡水廳志》記載：「西雲岩寺在八里坌堡觀音坑庄。」這個記載把位於觀音庄內，土名「內岩」的凌雲寺誤作西雲岩寺，應該改正過來。西雲岩寺創建於淸乾隆十五年〔一七五○〕，現在牆旁立著一座「嘉慶十年重修之碑」。然後，到新庄〔台北縣新莊〕拜謁慈祐宮（媽祖廟）、武聖廟及三山國王廟。回台北的路上，看到各馬路都有人力車通行，想到往年幾乎沒有道路的狀態，不禁感慨萬千。

二十七日 ——

二十八日 ——

二十九日 今夜值中秋夜，在明治橋〔台北市圓山中山橋〕上賞明月。

三十日 公事訪問。

明治四十二年（一九○九）十一月

一日　　　公事訪問。到今天為止，應該接洽的公事告一個段落，明天起要踏上南遊的路程。

二日　　　搭上早晨六點五十分從台北開的火車南下，沿線各站都煥然一新。從三叉河〔苗栗縣三義〕到葫蘆墩〔台中縣豐原〕間的一段，是我第一次看到的，接連通過隧道，出現間歇性的一明一暗，好像坐火車通過日本東海道線的箱根段一般。午後零時十五分抵達台中，投宿於「丸山館」旅館。

下午三點，到台中公園欣賞水石奇勝，公園的規模很大，大概是台灣最大的一個。公園中央有個小丘，是古時候的墩台遺址，上面立著故兒玉總督的銅像，通到公園的一條街叫做東大墩街，街名似乎出之於這個墩台遺址。商品陳列館也設在公園內。

在公園逍遙了一會以後，走在大墩街上，拜謁萬春宮。這是一座媽祖廟，有乾隆四十三年〔一七七八〕四月所立的石碑一座。石碑上的左側碑文，是研究台中歷史的好資料，抄錄如下：

> 貓霧捒堡藍興庄田地，原係藍天秀與張嗣徽合置物，立業戶藍張興開墾分管，迨後藍姓田畝，奏請充

公，張姓產業報陞納課，云云。

　　順便要提的，是「丸山館」浴場所用的踏石，出現刻著「咸豐十年五月」的碑文。雖然這塊石碑並非必要的史料。但總是令人感到古來各種史蹟物，往往是由於疏忽而煙滅灰飛，爲今之計，有必要加以取締。

三日　　午前九點，搭乘台中發的火車。到斗六的這段火車道也是我第一次看到的。火車通過濁水溪橋，橋下涸濁的溪水依舊，午後一點抵達嘉義下車。曾經在明治三十九年六月遭受大震災的市街，已改變了舊觀，目前正在重劃市街，還是未完成的狀態。火車站南邊有一塊公園預定地，現在雜草叢生，還沒有公園的形貌。乾隆皇帝御筆的詩碑，已被移置於公園中央，對於史蹟保存，不失爲一個很好的方法。

　　然後到大街拜謁城隍廟，這座廟是沈葆楨奏請朝廷創建的，因爲神威顯赫而著名。清帝御筆所題懸的「臺洋顯佑」匾額，應該是當時神威顯赫的結果。明治三十九年發生的嘉義大地震中，這座廟沒有被震壞，可以想見古代建築的堅牢不壞，土人把這件事解釋爲神德所致，我想也不無道理。

　　然後到紅毛井街〔嘉義市蘭井里〕看紅毛井。紅毛井雖然經過後代的人整修數次，從它的底部砌石維護，仍可以看出這口井是一個古蹟；據文獻說居民汲水飲用，可以

避開疫癘，但是官署已在上面貼上一個「不適於飲用」的告示。❶

午後三點搭火車到台南，五點抵達，投宿於保西宮街旭館〔旅館名字〕。

四日 停留在台南市。晨起出門到台南神社參拜，然後到文廟參拜。文廟現在變成「第一公學校」，校長鈴木金次郎氏是我的十年前老朋友，和他敘舊，並由他嚮導參觀廟內。大成殿的規模森嚴如舊。朱子祠所懸的「孔孟正傳」匾額是陳璸所書寫的，而文昌祠內有陳璸的塑像，《台灣府志》裡也有記載。❷

參觀過了以後到大南門，在門內看到一群石碑：「御製福康安奏報生擒莊大田紀事語」、「御製平定台灣二十功臣像贊序」、「御製平定台灣告成報可」等，每一面石碑碑文，都把漢文、滿文同列。我也看到一座類似「嘉義福將軍生祠御製之碑」，也立在那裡。❸

大南門外魁斗山下有五妃墓，是合葬的墓，墓前有廟，廟內有石碑，上刻「寧靜王從死五妃墓」。大門前有柱，上刻對句「殉難芳名勝蹟」及「千秋五烈遺徽」。

---

❶據《台灣府志》記載，紅毛井是荷蘭人據台時所開的。
❷據伊能氏的《台灣文化志》，陳璸於清康熙四十九年（一七一〇）來台，任分巡台廈兵備道兼提督學政，曾經致力於人才的作育。伊能氏在十二年前進行全台巡察旅行中，特別停留在台南，仔細觀看孔廟，這次重遊台南，對孔廟和其他史蹟，依然保持濃厚的興趣。孔廟部分土地被小學占用，迄今未變。
❸石碑群現在已經被移到赤嵌樓。

繼續走到小南門外的法華寺參拜。前殿牆上有碑文：

嘉慶伍年裔孫李夢瓊宗寅等，蒙府憲吳准，將鳳邑主宋暨前府憲蔣原建陳永華所撰碑記，重給勒石。

昔莊周爲漆園吏，夢而化爲蝴蝶栩栩然蝶也，人皆謂，莊士善寐，今獨謂不然，夫心間意適達生，可以勸化，故處山林而不寂，入朝市而不棼，醒何必不夢，夢何必不蝶哉，吾友正青善寐而喜莊氏書，晚年能自解脫，擇地於州治之東，伐茅闢圃，臨流而坐，日與二三小童，植蔬種竹滋藥弄卉，卜處其中，而求名於余，夫正青曠者也，其胸懷瀟洒無物者也，無物則無不物，故雖郊邑煙火之所比鄰，遊客樵夫之所闐咽，而脩然自遠，竹籬茅舍，若在世外，閒花野草，時供枕席，則君眞栩栩然蝶矣，不夢夢也，夢尤夢也，余慕其景而未能自脫，且羨君之先得，因名其室曰夢蝶處，而爲文記之。

左邊的廂房，有個破損的匾額，題曰「夢蝶遺踪」，下有一文：

夢蝶園，載在郡志，年久失修，周子觀察命葺而新之，落成日適屆重陽，因集同人，登高於此。遂書斯額，並坿楹聯，以誌，余官臺廿載，亦如蝶夢云爾。

同治壬申九　　　　　　　　中州白鷹卿跋

後進有一面匾額，題為「法雨垂天」，另有描繪西方極樂世界的塑景。

又有火神廟，保存著清乾隆五十七年九月，台灣道楊廷理所篆的「建廟碑記」。然後從小南門進城，拜謁開山神社及東嶽廟，也到城隍廟。

然後從大北門出城，到永康里三份仔庄的開元寺參拜。開元寺規模宏大，為全台第一大剎。寺內安奉著鄭成功塑像及木製神位：「勅封延平郡王神位」。據聞，寺內僧侶十多人持戒最嚴，現在的永定師是主持。寺內整潔，一塵不染的氣氛，相當可觀。

歸途順路參觀觀音亭，有清同治壬申年孟秋月台灣道周懋琦所題「以祈甘雨」匾額。隔鄰有吳真人廟。然後到武廟，廟內有勅額「萬世人極」。又到媽祖宮，廟內有康熙二十四年施琅將軍所篆碑文，及一面勅額「德侔厚載」。最後參觀了兒玉總督的銅像，就回到旅館。

今天也在大井頭街參觀大井。古時候古井位於海岸，而現在卻變成市中心，可以想見古今滄桑之變。

五日　繼續留在台南。搭乘午前九點半發的火車到林鳳營，換乘輕便鐵道的小火車到六甲，雇土人嚮導到赤山岩。

這裡又叫做龍湖岩，適逢荷花盛開，周圍被丘陵圍繞，有小日月潭般的景勝。西洋人將日月潭稱為Dragon Lake（龍湖），可能是錯把六甲的龍湖當做日月潭的結

果。赤山岩寺位於東丘，環境清幽寂靜，一間廂房安奉著鄭成功的神位，如右圖。

赤山岩的寺僧是出身於鹽水港〔台南縣鹽水鎮〕的人，本來在木榻上誦經，看見我進來，就高高興興地剖開文旦，又準備蕃薯簽飯招待客人。我因為飢腸轆轆，吃了一碗。善意的招待，勝過缺少人情味的膏粱豪宴，我會永遠記得這一餐。

從六甲搭小火車經烏山頭到番仔田〔台南縣隆田〕，換乘午後四點半南下的火車回台南。

六日 繼續留在台南。又到大南門外的五妃墓看詩碑，然後搭火車到大湖站〔台南縣湖內鄉大湖〕，下車後雇一頂轎子到湖內庄，拜謁寧靖王墓。王墓上雜草離離，變成所謂「不封不樹」的樣子。❹

想從這裡到竹滬庄〔高雄縣路竹鄉竹滬村〕，但是轎夫忽然生病，無法步行，不得已雇一個嚮導步行前往。在大太陽下，汗流如瀑，身體疲倦，軟綿綿的無法繼續走，於是在湖內與竹滬交界處的湖竹橋畔，找到樹蔭休息並吃午餐。台灣自誇交通便利，但是一旦走出大街到鄉下，像這

---

❹鄭成功的孫子鄭克塽降清的時候，在台南的明寧靖王自盡殉國，他的五個妃子也自盡。伊能氏到高雄縣湖內鄉探訪王墓，但見雜草叢生，看不到封樹，而發生慨嘆。按古代士以上的葬禮，都在墓旁鄭重地種樹為標記，伊能氏的印象，是寧靖王的墓葬沒有受到應有的封樹古禮。

行軍到此建斯嚴

明延平郡王鄭王諱成功祿位

閤保紳葉總董慶祀

樣交通非常不便，可見台灣這一個新領土，還是一個「半成品」。

不久抵達竹滬庄的寧靖王廟。門外高懸著廟名，廟內中殿安奉著王的塑像，右側有王的神位和五妃的神位，都是後人所立的。殿中有一塊古匾，題爲「華山殿」，廟前有一棵古榕，也許是有歷史意義的紀念樹，我在樹下休息，綠蔭下很涼爽。

從這裡雇一頂轎子回大湖，搭火車回台南。

南部的遊覽要告一段落了，明天要回台北。臨行寫了一封信給白水兄，信的內容如下：

　　白水詞兄足下：

　　詞兄近日將一篇題爲「愁魔王盜泉」的大作刊載於《台灣日日新報》，是不是要給東瀛〔日本〕的文壇大放異彩？

　　您隱居於古都台南，我來台灣，趁公餘時間，來訪詞兄的足跡於赤嵌城下。這裡原是台灣史蹟的淵叢，在探訪古蹟的熱情驅使下披星戴月，還是無法看完十分之一，旅程日數所剩不多，今天早晨就要離開台南。在台南沒有機會和詞兄會晤並作一夕之談，是我畢生的遺憾，希望詞兄諒察實情。

　　我前天到六甲庄外尋幽，昨天分別到湖內與竹滬憑弔明寧靖王的墓和廟。六甲庄的龍湖是保存著鄭氏遺跡的地方，正逢荷花滿開的勝境；而寧靖王墓已荒

涼到舊志所謂「不封不樹」，空餘離離草叢，只有少
許遺老知道它的位置。希望詞兄利用閒暇時間，攜帶
詩囊到這兩個地方，為龍湖山水之勝寫下一篇雄渾作
品，也為寧靖王撰寫一篇感人的悼文。此祝
詞兄康安！❺

七日　　搭上早晨六點五十分台南發的火車回台北。
車窗外飛馳的景物，和幾天前南下時所看到的，完全一
樣。回程看到水堀頭〔嘉義縣水上〕與嘉義間的北回歸線
座標，於下午五點安抵台北。

八日　　公事訪問。

九日　　公事訪問。

十日　　到士林遊覽，順路到芝山巖憑弔六士之墓。
在廟樓上休息、懷舊。歸途到士林街訪問公醫吳文明氏。
他是台北醫學校的第一屆畢業生，畢業後到內地繼續研習
西洋醫學，回台以後自己開設診療所，經常看到患者盈
門，可見他獲得很多病人信賴。然後到圓山公園散步才回

---

❺號「白水」的人指尾崎秀真，當時為台灣《日日新報》漢文版主編。本段
　日記裡，伊能氏破例披露他給友人信函的內容，而且逐字照抄一遍，這是
　正常人所無法了解的。伊能氏辦完公務去遊覽，還是擺脫不掉「探古蹟
　癖」，同時也硬要人家做尋幽探古蹟的事情，這是他最可愛的地方。小泉
　盜泉是專研梵文佛典的學者，當年和館森袖海、伊能嘉矩三人，合稱「台
　灣三怪」。

台北。**❻**

十一日　抵達基隆港的汽船「鎌倉丸」，給我帶來家鄉寄來的信。預定搭乘這艘船回國，所以在宿處整理不怎麼多的行李。新竹廳長小澤氏贈我北蕃〔泰雅族〕的舊槍，荻原警部贈我紅頭嶼蕃〔雅美族〕的木帽，而安江五溪氏也贈我濁水蕃〔布農族濁水群〕所使用的瓢和石器。石器是在龍匣口庄〔地點不詳，待查。〕發現的。

十二日　到台北農事試驗場為學生們作一場演講。回到台北市區後向各位朋友告別，搭午後六點的末班火車到基隆。

十三日　本來今天上午要去社藔島〔和平島〕玩，早上一直在下雨，取消了。午餐後搭「鎌倉丸」，午後四點半啓航，風平浪靜。

十四日　海上無事。

十五日　海上無事。午後一點，望到雄島與雌島，以及五島。

---

❻六士之墓，指日本據台的第二年（明治二十九年）元旦，在芝山巖設學堂教日文的六名日人教師，突然遭受圍攻台北城的「義軍」（日人稱為土匪）殺害之地，由於這是日本領台後第一所學校，而教師全部遭受殺害，這一個事件震驚了全國，事後台灣總督府在惠濟宮東側建立「學務官僚遭難之碑」與「芝山巖祠」以紀念，現在都不存。

十六日 天還沒亮，船進入門司港，中午又出航。

十七日 天還沒亮就抵達神戶港。登岸後暫時在西村旅館休息，然後在市區散步。午後搭火車，日暮時分抵達彥根，在車站前的「樂樂館」旅館過一夜。

十八日 雇人力車到彥根城的舊城址，亦即金龜城遊覽。〔繼續遊覽濱御殿、石田三成的佐和山城、井伊家靈廟、佐和山神社、舊藩主菩提院的清涼寺、大洞的辨天祠與地藏石像的記事，譯文從略。〕由於所剩時間不多，急急地回到旅館午餐，搭火車，晚上抵達靜岡，投宿於火車站前一家旅館。

十九日 夜雨未歇，雖然要探訪靜岡的名勝古蹟，因為下雨取消了。搭上午前九點靜岡發的火車，因為火車故障，延遲了數小時，入夜後抵達東京新橋，轉至上野，投宿於「惠比壽屋」旅館，身上感覺到秋冷之氣。

二十日 為訪問老朋友，今天在東京多停留一天。

二十一日 東京發，抵仙台過夜。

二十二日 仙台發，抵花卷，下車後立即搭人力車，日暮時分回到故鄉遠野。

第四篇
南游日乘

〈南游日乘〉解題

本篇日記也是伊能嘉矩離開台灣返日後，因爲要接洽公務到台灣旅行的日記。這是繼明治四十二年後，第二次到台灣旅行。日記題爲〈南游日乘〉，和第二篇日記〈南遊日乘〉同名，只是「遊」改爲「游」而已。按「游」通「遊」，我們不知道爲什麼重複使用同名。譯註者向伊能嘉矩的兩位曾孫：伊能邦彥和江田明彥查詢，還是無法獲得線索。無論如何，明治三十三年的南遊，是奉總督府派令，從台北南下到南台灣進行歷史、地理及蕃地調查；而本次南遊，卻是從日本南下到台灣洽公旅行，性質完全不同。爲尊重伊能氏的原意，日記篇名不作更改，以存其真。

〈南游日乘〉裡所記的，是明治四十五年（一九一二）五月二日到六月十二日，一共四十天的旅行，但是實際在台灣的時間，只有二十天，其中的八天用於訪問台灣總督府蕃務本署大津麟平總長，同時每天列席於蕃務總長主持的各次蕃務會議。議程內容和他正在編纂的《理蕃誌稿》有直接關係。明治四十五年，正是台灣總督佐久間在馬太以激烈手段推行所謂「五個年理蕃事業」的第三年。從明治四十三年四月至大正四年（一九一五）三月的五年期間，實施討伐各地原住民並沒收他們的槍械，其行動會議當然是公務上的秘密，列席旁聽的伊能氏無法著墨於日記上。

倒是一輩子重視教育改革與原住民教育的他，還是忍不住地大膽引述會議中台東廳一位警務課長的話，更加凸顯出伊能嘉矩對教育的熱忱未減。

原來，台東廳的原住民學童有高昂的向學心，但是他們的父母要小孩留在家裡幫忙農事而反對上學，雖然是這樣，兒童還是很踴躍上學。有一天，蕃童公學校的一位老師訓示孝道，叫學生聽從父母的話。結果，從第二天起學

童就不再上學了，聽父母命令在家幫忙做事。這件意外的演變，使當年也擔負教育行政工作的警務課長十分煩惱，在苦無對策之下，硬著頭皮在蕃務會議上提出來，請上級解決。

這篇日記也透露伊能氏來台的另一個目的，是蒐集台灣史料並託人抄寫，也蒐集民族誌學與民俗學標本。他回到日本後專心著述台灣在清朝時代的文物制度與台灣文化發展的軌跡，所依賴的圖書、標本很多都靠自己收集。回日本後再過二十年，一部經典之作《台灣文化志》便在他三十年如一日，不斷的自我鞭策、自己努力鑽研的情形下完成了。

明治四十五年（一九一二）五月

二日　踏上南遊的旅途，家族和我一起乘馬車從遠野的草廬出發。這時候故鄉剛剛有春色萌動，只有部分早開的櫻花。進入和賀郡界，在土澤附近看到山蕗的黃花，到了花卷市，櫻花已全開了，春色正濃。家族要到等台溫泉泡溫泉，所以在花卷和他們分手，我繼續到水澤下車過夜。到「國幣級」〔國家供奉的神社〕駒形神社參拜，參觀「宵祭」，這裡櫻花都已凋落，樹枝長出小小的新葉。

三日　搭水澤發的火車，在仙台附近望著窗外的麥穗，不久，火車進入福島縣境內，正逢杜鵑花滿開，在白河下車過一夜。

四日　搭白河發的火車到矢板，火車站附近的小山上，盛開的杜鵑花染紅了山丘，確是一個奇觀。火車駛進栃木縣境內，稻秧已長出二、三寸，而豌豆也開花了。距離鹽谷郡片岡火車站一日里路程的地方，有勝善神社，據說是日本三勝善之一。勝善是我國奧州地方的特殊信仰對象，有的人寫成蒼前，應該是同一個信仰主體。午後抵達東京。這個時候的東京並非花都，完全是初夏的風情。訪問目澤氏，順便在市區散步，習慣見到的自然景色，不必細述。

五日　　從東京搭午前八點三十分發的東海道線特急火車，一奔千里，對於閃現於窗外景色，幾乎目不暇給。晚上九點，抵達神戶市的三之宮站，投宿於西村旅館。火車僅費十二小時半就奔馳了二百七十英里，所以叫特急快車，雖然快捷，反而沒有悠閒地觀覽沿線風光的趣味。像古人「趁春霧籠罩四野時走出京城，秋風拂面的時候，才越過白河關所」，假如沒有這樣的閒情，要真正享受風流逍遙的觀光旅行，太難了。畢竟，物質文明和心靈所嚮往的逍遙趣味，是背道而馳的，真是無奈。頃刻間映入眼簾的是類似奧州地方的屋式，我看到點綴於田野間的農舍，屋頂上的稻草都用石塊壓住，也許與奧州地方的風俗有關吧？❶

六日　　到播州……。〔遊覽兵庫縣播州赤穗城舊址與四十六烈士遺蹟的記事，譯文從略。〕

七日　　從赤穗搭火車回神戶市。

八日　　晨起，先到湊河神社參拜。午前十一點，準備好行李搭汽船「笠戶丸」，排水量六二○噸。日本領台的當初，只有一千噸上下的小汽船橫渡屬於太平洋的東

---

❶關於古人的逍遙遊，指日本古代平安時代能因法師的事跡。參照《巡台日乘》明治三十年八月六日（伊能氏進入埔里盆地）註解，以及《巡台日乘》結尾時伊能氏自己引用能因法師的詩句，表達心跡的譯註。日本的奧州地方，現在叫做東北地方，古時候被認為是最偏僻的地方，離京城最遠，所以寫成「道之奧」（道路所能通達的的最遠地方）。

海，航行中不斷地隨波搖動，乘客不堪其苦，而現在已有大汽船航行，令人放心多了，簡直有天壤之別。中午啟航，瀨戶內海的好景色不再細說。天氣晴朗，風平浪靜，從淡路島旁駛進內海時，好像有群鷗叫聲傳到耳邊來。

九日 清晨船開進門司港。整天在船上看書。門司和馬關曾經好幾次來過，所以不想登岸。午後四點出航，傍晚的時候經過玄海。民謠所唱的「船過玄海灘，飛鳥也不留」，是描繪往年小船張帆航行於大海的情形，現在已成昨日之夢。在大汽船航行的時代，海浪無法玩弄到船，反而大船在壓迫海浪。

十日 和昨天一樣，快晴，風平浪靜。中午的時候，船的位置和離港距離如下：

北緯三十一度四十分
東經一百二十七度十六分
距離門司二百五十五海里
距離基隆四百九十五海里。

從台北拍來的無線電信說：「本地晴朗，氣溫適宜，恭候貴賓。」這是「朝陽號」旅館所拍來的，從這家旅館靈活的拉客方法，可以知道時代的進步。其實從東京也有無線電信來，告訴我們有來自台灣的「生蕃觀光團」剛到東京的消息。古時候如果有人說：「道不行，乘桴浮於

海」，就讓人知道是避世隱居的意思；現在的人即使已「浮於海」，俗世的事情隨時傳到耳邊來，要逃避也不可能。奧州地方有相當規模的村落小鎮，到現在還沒裝設無線電報，也沒有鐵路的架設，不但無法及時獲得外界消息，甚至當天的報紙也不免要隔一天才能送達，所以物質文明遠遠地落後。內地的電信、交通，竟然還比不上這艘航行於淼淼大海的船！❷

十一日　今天的天氣和昨天一樣。船上的新聞刊載昨天接到的數件無線電信。中午船的位置和離港距離如下：

> 北緯二十七度三十二分
> 東經一百二十三度三十三分
> 距離門司五百七十五海里
> 距離基隆一百七十五海里。

台北的「日の丸館」旅館也拍來無線電信，報導當地天氣，也在招攬客人。

十二日　天未亮就醒了，想不到船已徐徐地進基隆港。船客全部登岸完畢的時候，才早上七點。六千噸級的巨輪停泊於碼頭，基隆港築港成功，確是我國經營這塊新領土的過程中，值得誇耀的一件大事。台北的南洋商會派

---

❷日據時代，台灣的理蕃當局不定期舉辦帶原住民往台北或日本內地的參觀活動，目的是懷柔其心，也讓他們參觀兵器展覽，以收嚇阻的效果。

來了一個職員到港口迎接我，使我獲得了很大方便。登岸後在「高砂館」旅館休息片刻，搭上清晨八點發的火車到台北。我首先拜會了蕃務本署的大津麟平總長，然後訪問幾個老朋友，他們都健在。中午參加掘內氏作東的午宴。

十三日 到總督府蕃務本署接洽公務，然後繼續訪友。

十四日 列席於蕃務本署主持的「蕃務會議」。晚上有客人來宿處。

十五日 列席於「蕃務會議」。午後六點半，參加「金魚懇親會」。❸

十六日 列席於「蕃務會議」。開會中，台東廳警務課長，曾經就蕃童公學校的設施提出報告，抄錄其中的一段：

> 這個蕃童公學校以蕃童向學心高昂而知名。有一天，教師給學童諄諄訓示孝道，要學童聽從父母的命令。第二天，竟然有半數以上的學童，好像預謀休學似地不來學校了。這位教師很驚訝，連忙到每一個學童的家訪問，想要查明真相，卻發現了一個事實：從前學童很踴躍上課，雖然他們的父母因為孩子上學就

---

❸懇親會即聯誼會，金魚懇親會的性質不詳。

無法幫忙家事而不高興，學童還是違背父母的意思上學。而現在上了修身這一門課，聽了教師關於孝道的教誨，就不敢違背父母的心意，壓抑自己求學的心，才停止上學的。

晚上有客人來訪。

十七日 列席於「蕃務會議」。晚上有訪客。訪客之中，尤其是中村辰治君曾經遊學於暹羅很長時間，十年後又在台北相會，能夠從他聽取暹羅〔泰國的古名〕的情形，是最痛快的事。

十八日 列席於「蕃務會議」。晚上去府中街的官舍訪問館森袖海先生。❹

從袖海先生口裡，聽到八戶宜民氏的逸事：

八戶宜民曾經在後來擔任「台灣警官練習所」所長的湯目補隆在仙台的家當食客。他泰然讀書於一室，似乎絲毫沒有逢迎主人的念頭，自然地一次也沒幫忙做家事，所以補隆要請他給家族授課。宜民就答應了，但是細看他授課的情形，似乎完全忽略漢字的正音與訛音的區別。補隆覺得不妥，於是向他質問。宜民回答說，漢字的正音傳到我國以後就喪失了，只

---

❹館森氏是飽學儒學之士，寄寓於台灣總督府民政長官後藤新平的官邸，他與小泉盜泉、伊能嘉矩當時被視為「台灣三怪」。

要通曉字義就可以，不要拘泥於字音。又有一天，補隆叫宜民打掃庭院，剛好跑出來一隻螃蟹，宜民丟下掃把，伏地搜尋螃蟹的來路，看來很專心的樣子。補隆因而叫宜民試寫一篇文章，題目是「螃蟹」。從此以後宜民整整三天時間，每天到圖書館翻閱有關螃蟹的文書，寫成一篇文章，廣徵博引古今日本和中國關於螃蟹的故事。這個時候，補隆對他的優異天分不得不佩服了。❺

十九日 早晨到台灣神社參拜，歸途訪問大稻埕公學校校長迫田氏，他引導我參觀新建的校舍。午後再去訪問中村辰治氏，他贈我一尊暹羅古佛像（Pura-potechao）。晚上到古亭村〔台北市古亭區〕散步。

從中村氏那裡聽到的暹羅禮節如下：

見面的時候

通常先合十，向對方說：　　　　〔譯文〕
Tan　sobāye ru　yan?　　　　你好嗎？
（汝）（健康）（否）（疑問詞）
對方回答：　Sobāyè.　　　　很好。
　　　　　（健康）

---

❺台灣三怪之一的袖海先生對另一怪梅陰先生講起另一個怪人的故事。梅陰先生聽得津津有味，一五一十記在他的日記裡。八戶宜民的身分不詳，待查。食客，在這裡指「書生」，求學期間寄居於同鄉前輩或知名人士的家，幫忙一些雜務的學生，食宿由主人供應。

進入村庄的時候

通常也先合十，向村民說：

Cha　kau?　　　　　吃過飯了沒？

（食）（飯）

對方回答：

（可以套用Sobāyè）　　吃過了。

　　　　　（然）

對長輩敬禮

　　晚輩跪在長輩面前，低頭合十，然後把合十的手移到左側耳朵旁邊。

二十日　　列席於最後一次蕃務會議，會後蒐集蕃政史料，晚上向別人搜購蕃族的土俗標本。❻

二十一日　　蒐集史料。晚上出門訪友。

---

❻明治四十五年伊能氏再度從日本來台的時候，台灣總督府正在推行「五個年計劃理蕃事業」，會議的重要性可想而知。這一年會議由蕃務本署總長親自主持，參加者都是南部各廳警察課長（兼蕃務課長）及支廳長等官員，因為伊能沒有官職，所以列席旁聽。他在五月十六日的日記，破例引述關於「蕃童」上學的情形外，對會議內容都保持沉默。身為提倡「蕃人教育」的伊能，熱心之餘表達對兒童教育的關心。伊能氏對「理蕃事業」所推動的各項事務，似乎保持一貫的超然態度。購買標本方面，原文寫「購求」（搜購之意），可見伊能氏平時託人代為尋找持有人，自己掏腰包購買，帶回收藏於自宅的「台灣館」。這些重要的標本和史料，在伊能去世的第二年（大正十五年），台北帝國大學移川子之藏教授曾經到遠野訪問，用公款購回標本，現在收藏於台灣大學人類學系展示館。伊能氏所收集的地方志等史料，則贈給台北帝大，以「伊能文庫」名義保存。

二十二日　蒐集史料。借閱《台海使槎錄》及《金門志》。

二十三日　蒐集史料。借閱依田百川氏的《譚海》，卷四有一篇文章，題爲〈征蕃記勳〉，結尾說：

> 百川曰：征蕃，彼吾友人水野遵焉。曩者，有征蕃日記，文字質實，記載極備，世多記是役者，然動失誇張，不得其實。余乃據日記，並徵遵言，錄其大略。遵，字大路，愛知縣人，好學，通西洋文字兼善詩，今爲參事院議官，補敘正七位。（《譚海》已於明治十八年出版。）❼

二十四日　蒐集史料。晚上有訪客。

二十五日　蒐集史料。晚上訪問川上氏，聽他講述南洋和印度的風物，也參觀了他所收集的標本。

二十六日　休假日。在圓山公園散步，也參觀了表忠碑。抄錄碑文如下：

---

❼水野遵是明治二十八年就任的第一任台灣總督府民政長官，曾於明治七年參與牡丹社戰爭，著有《台灣征蕃記》。這本對台灣史極重要的日文日記，已於昭和五年（一九三〇）五月在日本發行，收錄於他的傳記《大路水野遵先生》（大路會編纂）。日記未刊行以前，日人依田百川於明治十八年把它譯成漢文，引起了中國學者重視。譯註者曾經比較日記原文與依田氏的譯文，注意到漢譯只是節錄部分，而且是意譯。伊能氏在世的年代，水野遵的日記原稿尚未公開刊行，所以伊能急忙地借閱依田氏的節譯本。

曩者，臺島歸圖，王化未洽，民心未馴，匪賊乘時而起，播言傲擾。大府振威，乃令警察官鎮撫之。蓋瘴癘之所激觸，炎風瞏暑之所燔炙，硝藥之所摧裂；冒矢石，蹈鋒刃，晨夕奔命，以死盡職，所以扞攓疆埸者，其伐高矣。戊戌五月，義雄知台北縣事，檢閱警察官名簿，殉職者警部十一人，巡查三十三人；病死者警部九人，巡查四十八人。惟置縣以來僅三載，而國觴天屬之多，至于如是，當時艱苦之狀可知也。方今匪賊歸誠，游惰就業，民生安堵，雖曰王化之所致，抑亦警察官盡職之力也。乃者，本縣警察部員，胥謀樹碑於圓山，魂靈遐顯，藉茲招慰，即崇忠烈而乞言于義雄。雄既嘉之，乃書其較略，以諗百世。

明治三十二年歲在己亥五月

台北縣知事從四位勳四等村上義雄

二十七日　蒐集史料。午後翻閱《金門志》，卷二〈分域略〉墳墓項，有新發現的史徵。抄錄如下：

尚書盧若騰，墓在賢聚鄉，碑鐫有「明自許先生牧洲盧公之墓」，係從澎湖太武山下遷葬於此。

附錄〈歟雲文抄〉：

先生之孫昂吾，自譔其父饒研墓誌曰：通議公之

殯於澎也，屬紅夷之警，忽夢公告以寒，覺而心動，復買舟至澎，啓攢歸葬於浯。《福建續志》、《台灣府志》，俱載進士盧若騰墓在澎湖，不知爲廢塚也，今依墓誌正之。

〈歗雲文抄〉，清林樹梅撰，道光年間參與審閱《金門志》者，金門籍。

二十八日　蒐集史料。晚上，參與蕃務工作的朋友在大稻埕「東薈芳」設宴招待我吃中國菜。餐會中，和後藤、賀來兩位警視、荻原、毛利、原田等三位警部，尾崎、矢田兩位記者暢談，有談不完的話題。回到宿處時，遠野故鄉的荻野深松氏透過菊池萬介氏的介紹來訪。荻野氏是故鄉的人中唯一活躍於商界的人，十五年前到夏威夷經商，現在又來台，據說現在從事「彈珠汽水」的生意。

二十九日　史料的蒐集差不多完成了，準備交給別人抄寫。

三十日　午後出席聆聽蕃務本署大津總長對蕃政方面的施政方針。文書課乙部君來宿處要我揮毫，我不勝汗顏之至。向蕃務本署的吉野氏借閱貴重史料。晚上參加在「江戶長」爲後藤和相川兩位新、舊調查課長舉辦的迎新送舊會。❽

---

❽「江戶長」是否一家日本料理店的名稱？待查。

三十一日　明天將離開台灣。午前到每一位朋友家告別。午後繼續聆聽大津總長的蕃政方針。晚上有訪客。

明治四十五年（一九一二）六月

一日 從台北到基隆。在基隆市義重橋街訪問石坂莊作氏，參觀他自己經營的書庫，規模不大，但是有完整的設備，接受他的午餐招待。午後二點搭乘汽船「笠戶丸」，來時和回程都搭同一艘船，也算是奇遇。一直在下雨，但是海面很平靜。

二日 晴天。正午，船的位置和離港口的距離如下：

北緯二十八度十六分
東經一百二十四度三十一分
距離基隆港二百四十五海里
距離門司港五百零五海里。

海上的氣溫華氏七十六度，比較台北華氏九十度的氣溫，突然感覺寒冷。

三日 晴天。正午，船的位置和離港口的距離如下：

北緯三十二度十九分
東經一百二十八度十五分
距離基隆港五百五十五海里

距離門司港一百九十五海里。

氣溫華氏七十五度。

四日　天未亮，船抵門司港，中午又啓航，這時候雨很大，晚上九點左右，瀨戶內海濃霧瀰漫，爲了安全，船停在海上。延到第二天清晨四點，船才進入神戶港。

五日　完成檢疫手續，登岸時已是午後四點。❶
從港口立即雇人力車趕到三之宮火車站，搭開往馬場〔地名〕的火車，抵達馬場後投宿於一家旅館，想在這個有山水之勝的琵琶湖畔爲自己清洗旅塵。坐火車時看到沿線到處有農夫在工作，這一邊忙著割麥，而另一邊則忙著插秧。少女們用紅色襷帶挽起衣袖，在背後打一個十字結，忙著插秧的樣子，使我覺得這裡比我故鄉的鄉土風情，保留更多京城那邊的艷麗色彩。

六日　到大津的園城寺參拜……。〔參觀圓滿院、志賀皇宮遺跡、唐崎神社、日吉神社的記事，譯文從略〕薄暮時分回到大津。

七日　去石山寺參拜……。〔描述石山寺的史蹟典

---

❶當年台灣是日本領土，但被宣佈為疫區，因為日人聞之色變的瘧疾從未停止流行。瘧疾，Malaria，是由病蚊媒介Malaria原蟲傳入人體內，所引起的急性病，感染性極強，病狀是惡寒、發抖、高燒、意識喪失，死亡率高。伊能氏在台十年期間，感染過兩次惡性瘧疾，雖然已經治癒，但時而復發，健康已受損。

故，譯文從略〕

從馬場搭特急快車，飛馳中目不暇給，不覺朦朧入睡，醒來的時候，火車已通過足柄山隧道，越嶺到國府津。車內無所事事，低聲吟誦詩句：

　　逢坂の關をあしたに越えにしに
　　夕に過ぐる足柄の山❷

入夜後火車已到東京新橋站，下車投宿於「旭樓」旅館。

八日　　到神田的目澤氏家訪問，暢談終日後回宿處，晚上寫日記。

九日　　到上野公園參觀「帝室博物館」。比起去年，展示設施已煥然一新，獲益不少。路上遇到下雨，急忙回宿處。

十日　　東京發。

十一日　　──

十二日　　安然抵達家山。❸

---

❷這是五、七、五、七、七調的日本短歌，體裁模仿李白的七言絕句「朝辭白帝彩雲間，⋯⋯輕舟已過萬重山」。逐字翻譯：「朝越逢坂舊關所，日暮已過足柄山。」
❸遠野地方在山間，所以稱故鄉為家山。

附錄

〈附錄一〉里程換算表

公　里	公　尺	華　　里	日　　里	日　　町	日　　間
1	1000	1.736	0.255	9.167	550.03
0.001	1	0.001736	0.000255	0.0092	0.55
0.576	576	1	0.417	5.28	316.8
3.927	3927	6.818	1	36	2160
0.109	109.09	0.189	0.0278	1	60
0.001818	1.818	0.003	0.00046	0.0167	1

　　華制　　1里=180丈=1800尺

　　日制　　1里=36町=2,160間=12,960尺

　　　　　　1台尺=1日尺=0.30303公尺

　　　　　　1華尺=0.32公尺

*本表採自楊南郡《八通關古道西段調查報告》，1987年。

〈附錄二〉伊能嘉矩年譜

（＊黑體字部分爲與伊能嘉矩相關大事紀要）

一八六七年　　1歲　　五月九日　出生於日本岩手縣遠野町新
（慶應三年）　　　　　屋敷伊能宅（戶籍登記爲明治元年出
　　　　　　　　　　　生），父親爲江田霞邨之次男守雄；母
　　　　　　　　　　　親爲伊能友壽之女千代子。幼名容之
　　　　　　　　　　　助，名爲嘉矩，字明卿，號梅陰。晚
　　　　　　　　　　　年號蕉鹿夢等，別號梅月堂、砥斧
　　　　　　　　　　　仙、臺史公等，羅馬字則以「YI」簽
　　　　　　　　　　　署。

一八六八年　　2歲　　在母親懷裡就能背誦蘇東坡〈赤壁賦〉。
（明治元年）

一八六九年　　3歲　　十一月三十日　母親千代子歿，享年二
　　　　　　　　　　　十三歲。母親歿後受祖父母照顧。
　　　　　　　　　　　十二月三日　日本全國實施陽曆（以下
　　　　　　　　　　　年譜均爲陽曆。）

一八七〇年　　4歲　　一月一日　外祖父江田霞邨擔任寸陰館
　　　　　　　　　　　敎務主任。
　　　　　　　　　　　父親守雄上京習醫。

一八七一年　　5歲　　外祖父霞邨擔任傳敎士。

一八七二年　　6歲　　一月　祖父友壽督促之下誦讀四書五
　　　　　　　　　　　經。
　　　　　　　　　　　二月　從曾祖父學習珠算。

一八七三年　　7歲　　五月十日　外祖父江田霞邨擔任橫田一
　　　　　　　　　　　番小學敎師。

一八七四年　　8歲　二月二日　進入小學。

　　　　　　　　　　著〈惡兒戒書〉。

一八七五年　　9歲　定期考試不及格而留級。

一八七六年　10歲　一月　從小笠原民助學習小學課程，從
　　　　　　　　　　好友沖館章庫學習算術，空餘時間從
　　　　　　　　　　事習字。

　　　　　　　　　　五月二十一日　學業優良，獲贈習字紙
　　　　　　　　　　二帖、石筆一支。

　　　　　　　　　　七月十八日　定期考試成績為下等第八
　　　　　　　　　　級及格。

一八七七年　11歲　二月五日　定期考試成績為下等第七級
　　　　　　　　　　及格。

　　　　　　　　　　四月二十五日　定期考試為成績下等第
　　　　　　　　　　六級及格。

　　　　　　　　　　八月二十三日　曾祖父伊能九十九歿，
　　　　　　　　　　享年七十三歲。

　　　　　　　　　　九月　《遠野新聞》刊載伊能一篇有關
　　　　　　　　　　遠野雜事的文章，此為立志當記者的
　　　　　　　　　　嚆矢。

　　　　　　　　　　十二月十九日　定期考試成績為下等第
　　　　　　　　　　五級及格。

一八七八年　12歲　五月十九日　因學業優良獲贈《日本略
　　　　　　　　　　史》一卷。

　　　　　　　　　　六月二十五日　定期考試成績為下等第
　　　　　　　　　　四級及格。

　　　　　　　　　　八月　著〈排佛新論〉。

一八七九年　13歲　二月　外祖父江田霞邨擔任橫田村第一
　　　　　　　　　　任學務委員。
　　　　　　　　　四月二十九日　定期考試成績爲下等第
　　　　　　　　　　三級及格。
　　　　　　　　　五月二十三日　任職於岩手醫院的父親
　　　　　　　　　　守雄因母病而辭職。
　　　　　　　　　十月二日　定期考試成績爲下等第二級
　　　　　　　　　　及格。
　　　　　　　　　十二月　西閉伊郡內聯合考試成績獲第
　　　　　　　　　　一名。

一八八〇年　14歲　四月三日　父親守雄的「十全病院」於
　　　　　　　　　　遠野開業。
　　　　　　　　　四月三十日　自岩手縣上閉伊郡公立橫
　　　　　　　　　　田小學校普通科畢業。因學業優良獲
　　　　　　　　　　得岩手縣廳獎狀及獎品。
　　　　　　　　　五月二十四日　進入江田霞邨開辦的敬身
　　　　　　　　　　塾，從宇夫方文吾學習漢學、修身、
　　　　　　　　　　歷史、文章。（學習至一八八三年三
　　　　　　　　　　月。）
　　　　　　　　　六月　從祖父友壽學習國學大意，晚上
　　　　　　　　　　至小笠原民助宅出席歷史研討會。

一八八一年　15歲　決心著書及學習漢學，同時想繼承父親
　　　　　　　　　　學醫，因學費短缺而放棄。

一八八三年　17歲　四月　著手記〈鹿之狸自叙傳〉。（鹿之
　　　　　　　　　　狸，日語讀音カノリ，亦即嘉矩本人。）
　　　　　　　　　江田霞邨的敬身塾廢校。

一八八四年　18歲　一月　著《三村地誌略》、《征清論》。

三月　擔任橫田小學助理。

三月三十一日　外祖父江田霞邨歿，享年七十歲。

一八八五年　19歲　三月一日　赴東京遊學，與淺香、小原、小笠原三氏從遠野出發。五日，由石卷搭船至橫濱，七日抵達東京。

三月十五日　考上「斯分黌」（校名）中等科最高年級，卻因學費無著落而於十七日退學。

五月十二日　進入文學博士三島毅開辦的二松學舍學習漢學。

將《霞邨詩抄》及自著《征清論》、《三村地誌略》捐贈東京圖書館。

六月十日　暑假返鄉，校訂《日本維新外史》草稿。

八月　月底再度上京，返回二松學舍。

閒暇時至上野公園博物館書籍展覽室自習，並從上野花園町溫知塾的馬衫雲外學習文法。

一八八六年　20歲　一月十五日　與南岩手郡東中野村士族千種成美之三女蝶（テフ）結婚。

一月　與熊本縣出身的林田遊龜結為金蘭之交。

十月　從二松學舍退學。

十二月　以公費推薦生身分進岩手縣師

範學校就讀，直至一八八九年三月在校期間，同時從盛岡之山崎吉貞學習英語。

一八八七年　21歲　四月四日　因祖父友壽退隱，繼承家業。

七月十七日　課餘至二戶鹿角旅行，二十五日歸來。

十月十五日　參加畢業旅行攀登岩手山。

一八八八年　22歲　七月二十五日　與妻子テフ離婚。

十月十六日　友壽的繼室綱（ツナ）入籍。

一八八九年　23歲　二月十一日　紀元節（日本開國紀念日）。大日本帝國憲法頒布。當天伊能嘉矩、菊池房松、鵜飼悅彌、里見朝佑四人結盟鼓動宿舍騷動（鬧學潮）。

三月四日　以宿舍騷動的主謀者爲由，四人同時被勒令退學。

三月十五日　由盛岡出發上京。（後來以一篇遊記〈奧東探跡紀行〉發表於《教育報知》，現存遠野市立圖書館）。

四月　進入文學博士重野安釋開辦的成達書院學習漢學。

以筆耕收入繳納食費和學費，每日至圖書館自習。

十月　進入每日新聞社，擔任編輯工作。

十月一日　以每日新聞社編輯的身分違

一八九○年　24歲　十月一日　以每日新聞社編輯的身分違反新聞條令，被監禁一個月並科罰鍰二十五圓。

十一月三日天長節（明治天皇誕生日）。由東京出發至奧東尋幽探勝旅行。

一八九一年　25歲　八月　在日下部三之助的東京教育社，擔任《教育報知》雜誌編輯工作。

八月一日　以教育評論社社員身分出席千葉縣教育會第十四屆總會，宿於千葉町字寒川。

九月　於奧羽信越地方漫遊途中，與地方教育界人士相會。

九月一日～三日　登富士山。

一八九三年　27歲　大日本教育新聞社重新開設，受聘為主編。

十月　加入東京人類學會，從理學博士坪井正五郎學習人類學（直到一八九五年十月離日渡台為止）。伊能的住所登記為東京市神田區錦町3丁目17番地今井館。

十一月五日　於人類學會第九十次例會，演講〈朝鮮的里程標〉。

一八九四年　28歲　四月一日　於人類學會第九十五次例會，演講「有關オシラ甕之守護神」。

五月　發表〈奧州地方所信仰的オシラ神〉於東京人類學會雜誌（伊能嘉矩

在學會雜誌發表的第一篇文章）。

八月一日　日本對清國宣戰。

八月二十日　第二屆「土俗會」於東京富士見町明治義會講堂召開，伊能以會員身分出席。

九月　發表文章〈科學的土俗研究之必要性及與普通教育之關係〉於人類學雜誌。

十月　於東京文學社教育編輯所，從事學校教科書編輯工作。

十一月二十二日　由東京六合館書店出版《戰時教育策》。

十二月　與鳥居龍藏共同創設人類學講習所於東京

一八九五年　　29歲　二月十八日　由東京六合館書店出版《訂正增補戰時教育策》。

三月十一日　由東京普及社出版《戰時教育修訓》。

四月　加入朝鮮支那語協會，從清國人張滋肪學習清國官話；也從山崎英夫及韓國人習朝鮮語文，其間從北海道土人學習倭奴語。

四月十七日　清日簽訂馬關和約，台灣割讓給日本。

五月十日　海軍大將樺山資紀就任台灣總督。

五月二十五日　台灣住民反對台灣割讓，發表台灣民主國獨立宣言。

六月十七日　第一任台灣總督樺山資紀就任，台灣總督府舉行始政式。

六月十八日　內閣總理大臣伊藤博文兼任台灣事務局總裁。

八月十二日　坪井正五郎在書函中，提出對第三屆「土俗會」議題的意見。

八月二十五日　第三屆「土俗會」於明治義會講堂舉行，伊能發表演講，演講中分發他的〈趣意書〉，坦述往台灣探險的心志，呼籲各界給予協助。

十月二十九日　由東京出發，目的是渡台。

十一月三日　以陸軍省雇員身分搭乘汽船「愛國丸」，由廣島的宇品港出航。

十一月十日　被任命為台灣總督府文書課雇員，月俸二十圓。

十一月十八日　樺山總督向大本營報告台灣已平定。

十二月十五日　與田代安定為共同發起人創立「台灣人類學會」。

十二月二十三日　台灣總督府內設置台灣話講習所，規定雇員以上官員必須參加台灣話講習。

一八九六年　　30歲　一月一日　台北市內土匪來襲。芝山岩

上的六名學務部員及一名軍夫被殺。

一月八日　以兼任學務部職員身分趕往士林芝山岩現場，處理善後。

一月　出席台灣土語講習所，從吉島俊明、陳文卿兩人學習台灣話。

一月　從台灣北部泰雅族少女阿伊及少年伊凡學習泰雅語（至一八九七年十二月才結束）

二月二日　爲在芝山岩殉職的六名學務部員及陣亡二十三名的警官舉行追悼會。

三月三十一日　台灣總督府由軍政進入民政時期。

四月一日　被任命爲台灣總督府國語學校書記兼民政局屬員。

四月　堂兄江田駒次郎來台。

五月五日　至台北縣各地作公務視察。

五月　發表有關泰雅族族稱之論文於《東京人類學會雜誌》。

六月一日　台灣人類學會內規制定，至六月十日計有會員二十一名。

六月二日　陸軍中將桂太郎繼任第二任台灣總督。

七月一日　於台北士林芝山岩舉行「學務官僚遭難紀念碑」的建碑儀式。

七月二日～一八九七年四月五日　進行

「淡北方面平埔蕃調查」。

七月十五日　鳥居龍藏爲進行台灣之人類學調查，從東京出發到台灣。

八月十七日　「台灣人類學會」設立蕃人教育部，由伊能負責。

九月二十五日　頒佈國語學校規則。

十月十四日　陸軍中將乃木希典繼任第三任台灣總督。

十月一日～二十四日　至宜蘭地方進行「宜蘭方面平埔蕃調查」，此時寓所在士林。

一八九七年　31歲　一月一日　往台灣北海岸遊覽。台北市內又有土匪來襲。

一月八日　民政局設立「臨時舊慣調查會」。

三月十九日　收爲義女的泰雅族少女阿伊罹病身亡。

五月八日　台灣住民去留決定日，島上大約四千五百名漢人決定返回中國大陸。

五月十三日　接到台灣總督府爲「蕃人教育設施之準備」，到台北、台中、台南各地調查旅行之派令。

五月二十三日～十一月二十七日　奉民政局命令環島旅行一百九十二天，進行蕃地調查。

六月二十八日　明治天皇爲台灣最高峰命名爲新高山。

六月三十日　至苗栗地方調查（從苗栗發函給東京人類學會坪井正五郎博士）。

七月二十一日　被任命爲台灣總督府國語學校教師。（本人在環島巡察旅行中）

七月三十一日　於鹿港國語傳習所與敎師江田駒次郎（堂兄弟）相遇。

十一月二十二日　船抵蘭嶼，與鳥居龍藏相遇。

十二月十九月～二十日　四國出身的中島藤太郎（鳥居龍藏的助理），十九日因事故死亡於蘭嶼。

一八九八年　32歲　一月一日　往新竹探訪新竹城史跡。

一月九日　「台灣人類學會」第一次例會於台北淡水館舉行，會中伊能與島居分別發表〈本會既往的歷史及未來的希望〉及〈談台北圓山貝塚之發現〉

一月十二日　兼任台灣總督府屬員。

一月二十六日　台灣總督乃木希典辭職，陸軍中將兒玉源太郎繼任。

三月二日　後藤新平任台灣總督府民政局長官。

四月二十三日　「蕃情研究會」成立，

第一次發表會於台北市淡水館舉辦，
擔任該會調查員，發表〈台灣土蕃開
化狀況〉。

四月三十日　民政局著手吏員任免制度
之改革。被解除現職。改任台灣總督
府事務課約聘人員，月俸四十六圓。

五月二十一日　「蕃情研究會」舉行調
查委員會議，決定設立研究調查部
門。

十二月一日　自願被解除約聘工作（一
般認爲是因病返國）。下午五時從基隆
搭乘大阪商船公司的汽船「台南丸」，
四日下午船抵門司港、五日下午四時
駛進神戶港。

一八九九年　　33歲　一月　進東京大學理科大學人類學研究
室研習人類學。

一月　田中正太郎於人類學會雜誌發表
文章反駁伊能的泰雅族族稱命名。

一月～八月　接受東京帝國大學人類學
研究室委託，整理「台灣蕃人」資料
以便參加即將在巴黎舉行之萬國博覽
會。

二月五日　出席「東京人類學會」第一四
三回例會，演講〈台灣生蕃調查史〉。

二月十二日　參加東京人類學會舉行之
「國分寺近傍石世時期遺跡探訪」，並

於該會一五六號雜誌發表報告。

二月～七月　至東京私立史學館研習人類學。

三月十九日　參加東京人類學會舉行之「荒川沿岸石世時期遺跡探訪」，並於該會一五八號雜誌發表報告。

五月二十七日　東京林書房出版其著作《台灣在世界中的地位》。

七月二日　「考古學研究會」於東京本鄉駒蓬萊町成立，伊能說明「創會的趣旨」。

七月～八月　參加美國人尤杜‧比亞斯的暑期英語講習會。

八月二十日　出席第六屆「土俗會」，名簿上記載其住址為東京神田區錦町。

八月　接受「從軍獎章」（據推測曾經以陸軍省雇員身分被派遣至台灣是獲獎章的原因）

十二月五日　由神戶出發，經宇品、門司、長崎，十一日抵達基隆。

十二月十一日　被任命為台灣總督府雇員，擔任民政局殖產課、學務課、總督府官房文書課等處職務，月俸五十圓。

一九○○年　34歲　一月一日　為研究地理歷史，偕小川、杉山兩人到台北縣貢寮鄉三貂社調查旅行五天。

三月二十五日　《台灣蕃人事情復命書》
　　出版。

四月二十日　接到台灣離島彭佳嶼出差
　　令。

五月五日　與「彭佳嶼探險隊」其他隊
　　員一起由台北出發，十一日返回。

七月二十六日　爲調查地理、歷史與蕃
　　地現況，接到往台南方面出差令。七
　　月二十九日出發，九月十二日返回。

十月三十日　「台灣慣習研究會」創立
　　大會，會長兒玉源太郎、幹事伊能嘉
　　矩。

十一月　坪井正五郎教授於《東京人類
　　學會雜誌》一七六號爲文指責伊能於
　　一八九九年全年未發表文章。

十二月十三日　出席「台灣習俗研究會」
　　幹事會。

十二月二十七日　接到往澎湖廳蒐集史
　　地教科書編纂資料之出差令。十二月
　　二十九日出發，次年一月十五日返回
　　台北。

一九○一年　35歲　一月一日　寄出道歉函給坪井教授，說
　　明由於撰寫《台灣總督府沿革志》，以
　　致無暇撰文投稿。

一月二十五日　《台灣慣習記事》第一
　　號發行。

三月　至台北城外探訪圓山貝塚。

四月五日　受聘爲台北地方法院事務約聘人員，每月津貼三十五圓（至七月二十九日止）。

六月七日　因任職滿五年獲准退休，加發二個半月薪俸。

六月　自一八九九年十月至本月共二十一個月，未曾投稿《東京人類學會雜誌》。

七月　《萬國聯合理學文書目錄・體質人類學》顯示一九○一年度以後的編纂委員：足立文太郎、鳥居龍藏、伊能嘉矩。

七月二十四日　接到返京命令，於基隆搭乘大阪商船公司之汽船「台北丸」，於三十一日抵達神戶。

八月二十九日　奉命留京。

九月二十一日　逗留東京時，與盛岡市堀內政業之長女キヨ子結婚。

十月十五日　返回台灣。

十月二十五日　「臨時台灣舊慣調查會規則」公佈，將調查有關法制農工商之舊慣（私法），由後藤新平任會長、伊能嘉矩任幹事。

十一月　臥病在床一週。

一九○二年　　36歲　跟隨湖南人李少瓞研究淸國制度（李爲台灣巡撫劉銘傳舊幕僚，至一九○四

年止接受李指導）。

一月二十三日　台灣琳瑯書店出版其著作《台灣年表》。

二月　一九○一年八月起至本月共六個月未向《東京人類學會雜誌》投稿。

三月十九日　受命擔任民政部殖產局及總督府官房文書課職務。（每月津貼五十圓）。

五月十六日　被任命為第五次「內國勸業博覽會」委員。

五月三十日　台灣總督府宣佈掃蕩土匪告一段落。

十月十一日　出席「台灣慣習研究會」幹事會。

十一月一日　東京文學社出版其著作《台灣志》。

十二月二十七日　為調查熟蕃情況，奉命至苗栗出差。

一九○三年　37歲　本年從西班牙天主公教會牧師薛連尼奧・阿南茲修習西班牙史。

一月一日　台灣博文堂出版其著作《台灣城志・台灣行政區志》合訂本。

一月八日　奉命至大阪出差，十五日搭乘「弘濟丸」出發。

二月二十三日　《台灣年表》再版發行。

「台灣協會」大阪分部新設台灣會館於天下茶屋。

三月十四日　「臨時蕃地事務調查會」成立，組成蕃地事務委員會，審議蕃地開發方針、計劃及蕃地相關事宜。

三月二十九日　奉命擔任「臨時蕃地事務調查會」調查員。

四月一日　往大阪參加第五次「內國勸業博覽會」，演講「台灣的人種」。

六月十五日　由大阪返回台灣。

六月二十六日　奉命兼辦民政部警察本署業務。

十月　坪井敎授再次指責伊能於一九○二年內未曾投稿。

十二月　「台灣人類學會」會員名冊上登記其住所爲台北城內府前街南洋商會（今重慶南路）。

一九○四年　38歲　三月五日　由台灣總督府民政部出版其著作《台灣蕃政志》。

三月三十一日　被解除民政部警察本署、殖產局職務。改任民政部警察本署蕃界事務調查囑託。

四月九日　以《台灣蕃政志》論文向東京帝國大學申請文學博士學位（一九○七年十月十日請求撤回，二十六日由大學送返論文）。

五月十四日　《領台始末》出版。

六月　從一九〇二年十一月起至本月止，計二十個月未在人類學會雜誌發表論文。

九月　隨民政局長官後藤新平至台灣南部阿里山蕃地視察旅行。

十月二日　於東京人類學會 二十 周年紀念會上接受表揚。表彰文：「伊能嘉矩君篤志於人類學之研究，屢次投稿本學會會報，對學會助益甚大，爲表彰其功，特頒獎牌」。

一九〇五年　39歲　**一月　台灣蕃社總計七八四社，人口十萬三千三百六十人。（〈台灣年表〉）**

二月　全島田地面積，水田三一六六九甲，旱田一五八八八〇甲。

六月十日　台灣新高堂出版其著作《台灣巡撫劉銘傳》。

六月十六日　「台灣慣習研究會」出版其著作《領台十年史》。

八月一日　新渡戶博士將向伊能展示台灣戲偶。

八月二十七日～九月三日　遊覽台北市劍潭古寺。

一九〇六年　40歲　一月二日　參拜台南開山神社。

一月二十一日　獲准休假返鄉，踏上歸途。

一月　爲回鄉照顧年邁祖父並專心於著
　　述，請辭一切職務。

二月二十五日　伊能寫信向親友報平
　　安：「晚輩自出發以來受阻於風浪，
　　延遲二日才抵神戶，此地積雪甚深，
　　每日皆爲零度以下的嚴寒氣候」。

**四月十一日　陸軍大將佐久間左馬太繼
　　任第六任總督。**

四月十四日　警察本署內設置蕃務課。

**七月二十四日　前任台灣總督兒玉源太
　　郎歿，享年五十五歲。**

九月　接受台灣總督府委託編纂《台灣
　　總督府理蕃沿革志》。

十一月十三日　後藤新平就任台灣總督
　　府顧問。後藤贈伊能一首漢詩：
　　濯三濯纓以地寬，滄浪清濁我同觀；
　　聖時何等得兪似，煙笠風蓑夢自安。

一九○七年　41歲　一月十三日　「台灣慣習研究會」出版
　　其著作《台灣新年表》。

二月　「臨時台灣舊慣調查會」委託調
　　查、編審蕃情調查報告。

四月二十日　於「東京人類學會」第二
　　二六回例會演講，講題爲「台灣蕃人
　　結繩」「有關台灣蕃人自殺及食人風俗
　　的疑問」。

十月十七日　向東京帝國大學請求撤回

於一九○四年四月九日提出之博士學
位論文，二十六日退還。

一九○八年　　42歲　一月　祖母歿。

二月十三日　於岩手縣師範學校演講
「漫談台灣」。

三月　板澤武雄首次訪問伊能家。

五月十二日　坪井正五郎來函勸請伊能
撰寫《大日本地名辭書》台灣地名部
分。

八月　板澤武雄寄宿於伊能家，每天往
返遠野中學。

**十月二十三日　台灣總督府博物館開
幕。**

一九○九年　　43歲　二月二十八日　東京富山房出版其著作
《大日本地名辭書續編第三：台灣》。

五月二十二日　祖父友壽歿，享年八十
四歲。

九月二十九日　往台灣途中順路到鷲
津、名古屋、須磨寺；返鄉途中到北
山遊覽。

九月二十九日～十一月二十二日　因公
務訪問台灣。

一九一○年　　44歲　二月十六日　與鈴木重男等發起創立
「遠野史談會」。

一九一一年　　45歲　一月十九日　父親江田守雄歿，享年六
十六歲。遵照父親遺言，捐款百圓給

「岩手縣教育會」充當育英資金。

六月二十二日　台灣總督府民政部出版其
著作《台灣總督府理蕃誌稿》第一編。

一九一二年　46歲　五月二日～六月十二日　因公務再度訪
（大正元年）　問台灣。

七月三十日　明治天皇逝世，年號改爲
大正。

九月十三日　明治天皇葬禮。前任台灣
總督乃木希典大將及夫人殉死。

十二月三十一日　遠野開始有電燈。

一九一三年　47歲　五月　東京人類學會會長坪井正五郎出
席第五次萬國學士院聯合總會，客死
於俄都聖彼得堡。

六月三日　爲參觀「大阪拓殖博覽會」，
由遠野出發，經飯坂溫泉、潟木縣阿
蘇郡、長野縣諏訪湖，回程經由京
都、濱松返鄉。

十一月八日　岩手縣教育會上閉伊郡支
會出版由伊能嘉矩監修之《上閉伊郡
志》。

十一月十四日　上閉伊郡教育支會第二
次敎育品展覽會期間，於遠野小學演
講「台灣總督時代的乃木將軍」。

一九一四年　48歲　八月十六日　上閉伊郡教育部會於遠野
町多賀座主辦「通俗演講會」，久留島
武彥及伊能分別演講「國民之心」、

「生蕃的風俗」。

一九一五年　49歲　二月五日　爲專心寫稿，長期停留於靜岡
縣伊豆山，因病需治療之妻子キヨ子同
行，三月十六日返鄉。

一九一六年　50歲　一月七日　爲專心寫稿，長期停留靜岡
縣伊豆修善寺。其間並至大阪四天王
寺、京都御所旅行，歸途從沼津千本
松原寄給《岩手學事彙報》專文，祝
賀該報已發行第一千期。

著作《及川桓次翁事蹟》、《南部彥次郎
實繼公逸事》出版。

十二月十九日　參加文部省所舉辦的小學
修身教科書及讀本資料徵文活動，以
〈向老師致敬〉一文入選四年級修身教科
書課文三等獎，獲贈獎金十圓。

本年再次以《清朝治下台灣文治武備機關
之變遷》向東京帝國大學申請文學博士
學位（申請書未記明月日，此論文沒有
通過審查。逝世後以《台灣文化志》爲
書名，由門人代爲校訂、出版）。

一九一七年　51歲　九月二日　俄國學者尼古拉・涅夫斯基
至遠野調查民俗。

森丑之助之《台灣蕃族志》出版（伊能
在台期間協助編集）。

一九一八年　52歲　一月二十五日　爲專心寫稿，由遠野出
發、經東京、千葉小湊，長期停留在

琦玉縣白岡。（於一月二十六日、二
十七日、三月十日與東大在校生板澤
武雄會面，三月二十九日返鄉。）

五月二十三日　於自宅舉行伊能家遠祖
三善淸行卿的「千年祭」，印製紀念明
信片分送遠近友人，並在神前宣誓將
開始編纂《淸行詳傳》。

六月十七日　台北新高堂出版其著作
《傳說中所顯現的日、台連鎖關係》。

一九一九年　53歲　十月二十七日　於遠野南部家二十一代
領主淸心尼公墓前演講其事蹟。

一九二○年　54歲　四月十日　涅夫斯基來函。

八月三十一日　涅夫斯基爲研究「オシラ
神」至伊能家（遠野警察以爲俄國激進
派潛入町內，暗中加以偵察。）

一九二一年　55歲　四月十三日　史料採訪之旅——由二本松
出發，經白石、一關、土澤至新盛岡
溫泉。

四月二十三日　因受邀在消防演習時演
講，由新盛岡溫泉返家。

四月二十四日　遠野警察署消防組消防
演習，應邀於遠野小校演講，結束時
接受警察署之茶果招待。

四月二十五日　再度前往新盛岡溫泉。

五月一日　停留於新盛岡溫泉期間，向
新渡戶仙岳氏借閱菅江眞澄之〈委波

底洒夜麻〉。

五月十一日　經盛岡返回遠野。

「遠野史叢」第一編《猿石川流域的上代發展》及《綾織越前之事蹟》二書於本年出版。

一九二二年　56歲　七月二十四日　台灣總督府設立「史料編纂委員會」，伊能被推舉爲委員。

九月五日　於遠野實科高等女學校校舍上樑儀式上演講「松川姬事略」。

九月十八日　「遠野史叢」外編《金剛集一書所顯示的遠野南部氏勤王之逸事》出版。

九月二十二日　爲實地調查史蹟，往返於土澤至成島的毘沙門、安俵的凌雲寺，以及黑澤尻至立花的十三菩提塚、安倍一族的黑澤尻柵等地，九月二十六日返回遠野。

「遠野史叢」第二編《惡路王爲何物哉？》於本年出版。

一九二三年　57歲　五月二十五日　遠野小學創校五十週年校慶，《遠野小學五十年誌》（內有伊能的跋文）出版，夜間舉行盛大提燈大會。

九月一日　關東大地震。上午十一時五十八分，關東地方發生七‧九級大地震，死者及失踪者十五萬人、房屋全

倒及半倒二十六萬戶，燒毀房屋四十五萬戶。

「遠野史叢」第三編《遠野在維新前的教育及學藝》於本年出版。

與鈴木重男合著之《石器時代遺物發現地名表》一書於本年出版。

一九二四年　58歲　五月二十九日　爲蒐集台灣相關資料至仙台，投宿陸奧別館。

五月三十日　拜訪宮城縣立圖書館館長池田菊左衛門氏，獲准閱覽青柳文庫，直到六月一日都在檢索台灣關係資料。

六月二日　參拜鹽釜神社。

六月三日　返回黑澤尻探訪和賀地方的史蹟。

九月一日　「遠野史叢」第四編《猿石川流域的不地震地》出版。

一九二五年　59歲　四月七日　爲採集《岩手縣史》之資料，前往盛岡，住宿於陸奧館。

四月八日　至岩手縣廳與關學務課長洽談採集資料事宜。下午，訪問盛岡銀行的太田郎氏，與新渡戶仙岳氏洽談「南部叢書」出版規約及書目事宜。晚上與關氏、新渡戶氏、太田氏於日新館共進晚餐。

四月九日　至盛岡縣立圖書館閱覽相關

四月十日　參拜盛岡市內的天神、住
　　　吉、八幡等神社，參觀東中野澤田金
　　　精堂的陽石，並記錄其由來。

四月十一日　由盛岡前往平泉，停留至
　　　十三日，其間閱覽並記錄「御所」遺
　　　蹟、中尊寺及毛越寺之文史資料。

四月十四日　由平泉返回遠野。

五月十日　「遠野史叢」第五編《遠野
　　　鄉的公眾浴場》出版。

八月九日　瘧疾復發，往盛岡醫院接受
　　　治療。

九月三十日　下午二時永逝。

十月三日　依照遺言，於自宅舉行神道
　　　式的告別式，遺骨葬於福聚山大慈寺
　　　伊能家墓園。

板澤武雄和柳田國男洽商遺稿（《台灣文
　　　化志》稿件）出版事宜。

十月十三日　在台灣的尾崎秀貞、中野
　　　顧三郎發起在台北市新起町大悲閣舉
　　　行「伊能嘉矩追悼會」。

十一月九日　柳田國男致書未亡人キヨ
　　　子表示遺稿交給板澤武雄保存是最妥
　　　善的辦法。

一九二六年　一月十五日　「伊能先生紀念鄉土學會」
　　　成立。

三月二十四日　板澤武雄致書キヨ子表

三月二十四日　板澤武雄致書キヨ子表
　　示，籌備中的台北帝國大學將支付伊能
　　家三千圓，做為伊能嘉矩生前為該校所
　　編輯的史料和蒐集的標本酬勞金，以及
　　二十七、二十八日將偕同台北帝大的移
　　川子之藏教授至遠野拜訪。

三月二十七日　台北帝國大學教授移川
　　子之藏及板澤武雄同訪伊能家。

五月　遺稿「遠野史叢」第六編《過去
　　的遠野》，由「伊能先生紀念鄉土學會」
　　出版。

七月三十日　伊能嘉矩追悼會於遠野大
　　慈寺舉行，柳田國男、松村瞭、金田
　　一京助三人參加在遠野小學舉行的紀
　　念演講會。

一九二七年　　四月　板澤武雄至荷蘭留學。
（昭和二年）　小長谷達吉進行伊能遺稿的校對工作。

一九二八年　　三月十六日　田代安定歿。田代氏係於
　　一八九四年渡台，次年擔任總督府技
　　師，從事熱帶植物與原住民調查。

三月十七日　台北帝國大學文政學部設
　　置土俗人種學研究室，伊能嘉矩所收
　　集的文書及標本已讓渡給該研究室。

三月三十一日　台北帝國大學部分改
　　制，設置附屬農林專門部。

九月二十日　《台灣文化志》上、中、

下全三卷出版。由福田德藏序、柳田國男小序、板澤武雄跋。

本年，柳田國男、福田德藏向帝國學術院申請，由帝國學士院推薦，獲得「東照宮三百年祭紀念會」補助出版費二千五百圓。

「遠野史叢」第七編《波木井公對日蓮上人的歷史關係》，於本年由「伊能先生紀念鄉土學會」出版。

一九二九年	十一月九日　田代安定紀念碑（立於台北三橋町）落成典禮。
一九三〇年	五月二十日　遺稿《支那百笑》出版。
一九三九年	五月六日　因伊能嘉矩無子女，由江田清繼承家業。
	八月三十日　伊能嘉矩十五週年祭。板澤武雄出版《伊能友壽年譜》與《伊能嘉矩先生小傳》。
一九五四年	九月三十日　伊能嘉矩三十週年祭，板澤武雄演講「伊能先生的生涯、功績與精神」。
一九五九年	九月三十日　遺稿《遠野夜話》由遠野叢書刊行會出版。
一九六二年	七月十五日　板澤武雄歿於東京自宅，享年六十八歲。
一九七七年	四月一日　《遠野史叢》由遠野市教育振興財團出版。

	九月一日　雜誌《歷史手帖》九月號
	「特集・遠野之民族文化」介紹伊能嘉
	矩。
一九八〇年	六月一日　遠野市立圖書館博物館開
	幕。展示「伊能嘉矩、佐佐木喜善、
	柳田國男」系譜。
一九八二年	九月六日　「伊能嘉矩先生顯彰碑」揭
	幕式。顯彰碑立於遠野古城址南部神
	社伊能手植的槐樹下。
	法政大學校長中村哲氏（原台北帝大
	教授）撰寫〈建碑的由來〉並舉行紀
	念演講。
	遠野市教育委員會以宮本延人（戰後
	留任台灣大學講師、東海大學名譽教
	授）所著《伊能嘉矩氏與台灣研究》
	作爲紀念會贈品。
一九八六年	五月　遠野市教育委員會指導室菊池文
	彰編輯、出版《優秀的先賢──爲故鄉
	育英的人士》，〈故鄉的人類學者・伊
	能嘉矩〉爲其中一篇。
一九八九年	七月二十日　重印《遠野新聞》有關伊
（平成元年）	能嘉矩的經歷。
一九九一年	四月一日　由遠野扶輪社出版、鈴木重
	三編輯《遠野鄉先覺者物語》，〈《台
	灣文化志》作者伊能嘉矩〉爲其中一
	篇。

一九九二年　　　　六月　《學鐙》八十九卷第六號刊載紅野
　　　　　　　　　　敏郎撰〈伊能嘉矩和台灣・遠野〉。
　　　　　　　　　　七月　台灣的台灣風物雜誌社出版森口
　　　　　　　　　　稔編著《伊能嘉矩の台灣踏查日記》。
一九九三年　　　　岩手縣青少年育成縣民會議出版《照耀
　　　　　　　　　　鄉土史的人》第三集，介紹〈伊能嘉
　　　　　　　　　　矩──一生奉獻於台灣研究的人〉，由
　　　　　　　　　　高柳俊郎執筆。
一九九五年　　　　八月　「伊能嘉矩渡台百年紀念」特別
　　　　　　　　　　展於遠野市立博物館舉行。同時發行
　　　　　　　　　　特集《伊能嘉矩──鄉土與台灣研究的
　　　　　　　　　　生涯》。台灣的伊能學研究者洪敏麟、
　　　　　　　　　　曹永和、楊南郡、張炎憲應邀赴日參
　　　　　　　　　　加特別展之研討會，並於會中演講。

參考書目：
1、森口雄稔編著，《伊能嘉矩の台灣踏查日記》（台北：台灣風
　　物雜誌社，一九九二年）
2、荒田昌典等編，《伊能嘉矩──鄉土と台灣研究の生涯──》
　　（岩手：遠野市立博物館，一九九五年）
3、荻野馨編，《伊能嘉矩行錄──台灣以後の歷史と民俗探訪の
　　道ゆき》（未刊稿）
4、江田明彥編，〈伊能嘉矩年譜〉，收入於「日本民俗文化資料
　　集成」第十五卷《遠野の民俗と歷史》（東京：三一書坊，一
　　九九四年）

〈附錄三〉伊能嘉矩有關台灣著作目錄

專書部分

明治三十二年（一八九九）

● 《世界二於ケル台灣ノ位置》（東京：林書房）

明治三十三年（一九○○）

● 《台灣蕃人事情》*（台北：台灣總督府民政部文書課）
  *此書爲與粟野博之丞合著的「復命書」。

明治三十五年（一九○二）

● 《台灣志》*卷一、卷二（東京：文學社）
  *此書另有「補遺」一冊：《台灣に於ける西班牙人》，於明治三十七年
  自費出版。

明治三十六年（一九○三）

● 《台灣城志‧台灣行政區志》（台北：博文堂）

● 《台灣年表》*（台北：琳瑯書屋）
  *此書與小林里平合輯。

明治三十七年（一九○四）

● 《台灣蕃政志》（台北：台灣總督府民政部殖產局）

● 《領台始末》（台北：自費刊行）

明治三十八年（一九○五）

● 《台灣巡撫トシテノ劉銘傳》（台北：新高堂書店）

● 《領台十年史》（台北：新高堂書店）

明治四十年（一九○七）

● 《台灣新年表》*（台北：台灣慣習研究會）
  *此書原爲《台灣舊慣習記事》第七卷第一號附冊，後經修訂出版。

明治四十二年（一九〇九）

● 《大日本地名辭書續編第三：台灣》（東京：富山房）

明治四十四年（一九一一）

● 《台灣總督府理蕃誌稿》第一編（台北：台灣總督府民政部蕃務本署）

大正七年（一九一八）

● 《傳說に顯はれたる日台の連鎖》（台北：新高堂書店）

昭和三年（一九二八）

● 《台灣文化志》*上、中、下三卷（東京：刀江書院）
  *此書爲伊能門人整輯其遺稿而成。

論文部分

　　伊能嘉矩一生總共撰寫與台灣相關的論文七百餘篇，主要發表於下列各期刊、報紙中：

● 《東京人類學會雜誌》十一卷一一七號～三十七卷六號（明治二十八年十二月～大正十一年六月）。

● 《台灣日日新報》（明治三十一年一月一日～大正六年一月一日）。

● 《台灣慣習記事》一卷一號～七卷八號（明治三十四年一月～明治四十年八月）。

● 《東洋時報》三十七號～三百二十號（明治三十四年十月～大正十四年七月）。

● 《台灣時報》二號～一百一十號（明治四十二年三月～大正十四年九月）。

● 《岩手每日新聞》（明治三十九年六月二十日～大正十三年九月十一日）。

此外，伊能氏各種文章同時散見下列期刊、報紙之中，其中或應有與台灣相關者：

- 《岩手學事彙報》
- 《教育報知》
- 《漫畫新聞白龍》
- 《遠野新聞》
- 《東北評論》
- 《天然紀念物調查報告》
- 《學鐙》
- 《土語》
- 《台灣土語雜誌》
- 《台灣教育會雜誌》

詳細論文總目可參照江田明彥編，〈伊能嘉矩論文目錄〉，收入荒田昌典等編，《伊能嘉矩──鄉土と台灣研究の生涯──》（遠野：遠野市立博物館，一九九五年）。

參考書目：

1、森口雄稔編著，《伊能嘉矩の台灣踏查日記》（台北：台灣風物雜誌社，一九九二年）

2、荒田昌典等編，《伊能嘉矩──鄉土と台灣研究の生涯──》（岩手：遠野市立博物館，一九九五年）

台灣踏查日記〈下〉 筆記

台灣調查時代4

台灣踏查日記（下）伊能嘉矩的台灣田野探勘

原著——伊能嘉矩　　譯註——楊南郡

原版編輯群

總策劃——莊展鵬　　副總編輯——黃盛璘　　副主編——林皎宏
美術主編——唐亞陽　　資深美編——陳春惠

新版編輯群

主編——陳懿文　　封面設計——陳文德　　美術設計——陳春惠
行銷企劃——舒意雯　　出版一部總編輯暨總監——王明雪

發行人——王榮文
出版發行——遠流出版事業股份有限公司 104005 台北市中山北路一段11號13樓
　　　　　　電話：（02）2571-0297　傳真：（02）2571-0197　郵撥：0189456-1
著作權顧問——蕭雄淋律師

□1996年11月15日　初版一刷
□2021年9月1日　三版一刷
定價——新台幣420元
有著作權‧侵害必究 Printed in Taiwan
若有缺頁或破損，請寄回更換
ISBN 978-957-32-9240-1

Ｙｌｉ一遠流博識網 http://www.ylib.com　E-mail: ylib@ylib.com
遠流粉絲團 https://www.facebook.com/ylibfans

國家圖書館出版品預行編目(CIP)資料

台灣踏查日記：伊能嘉矩的台灣田野探勘 / 伊能嘉矩原著；楊南郡譯
　　註. -- 三版. -- 台北市：遠流出版事業股份有限公司, 2021.09
　　　面；　公分. --（台灣調查時代；3-4）
　　ISBN 978-957-32-9239-5（上冊：平裝）
　　ISBN 978-957-32-9240-1（下冊：平裝）

　　1.台灣史　2.史料

733.7　　　　　　　　　　　　　　　　　　　110012556

台灣調查時代・典藏推薦

百岳攀登時代，楊南郡老師在關山主峰。（徐如林提供）

我寫的書就是我的紀念物

徐如林（自然文學作家、知名古道探勘及登山學者）

　　時光飛逝，轉眼間楊南郡老師過世已經五年了。

　　遠流出版公司準備重新出版二十五年前楊南郡老師譯註的【台灣調查時代】系列，我想這是最好的紀念方式。因為楊老師在住進安寧病房後，就有好幾個人委婉地問他：「是否可以為他在台南故鄉設置『楊南郡紀念館』？或者把哪一座山、哪一條路改用他的名字來紀念他？」

　　楊老師說：「我寫的書就是我的紀念物，只要有人還在看這些書，還能從書中得到一點感動、一點幫助，我就永遠還活著。」

　　六〇年代，楊南郡老師在登百岳的過程中，曾經參考日本時代台灣山岳會的登山報告。一九七六年六月底，他完成台灣百岳攀登後，決定開始踏查台灣的古道與部落遺址，於是更大量地接觸了日治時代的山地文獻。

　　當時這些資料還在控管中，借閱難度很高，少數能拿到文獻的學者，就藉此以「翻譯代替著作」的方式，將日本時代的調查成果據為己有。

　　楊南郡老師非常鄙視這種行為，因此當他看到有用的資料時，很自然地就翻譯出來，提供給有需要的登山界人士和學生參考。養成這樣的習慣後，他用來抄寫、翻譯、註解的筆記本就愈積愈多。

　　一九八九年底，楊老師從職場退休後，有更多的時間閱讀自己喜歡的書籍。那時原本深鎖在台灣圖書館的日本時代文書，也開放給大眾閱覽。面對成排成列的書架，先看哪些呢？思考了一下，他決定從最初、

最原始的報告開始。

　　日治時代初期，人類學家鳥居龍藏、伊能嘉矩、森丑之助以探險家的精神，深入台灣原住民部落，為當時台灣少為人知的山域留下最原汁原味的紀錄。那些未曾被文明汙染過的純粹，是人類學的瑰寶，更是台灣最珍貴的寶藏。

　　原本的戒嚴時代，在圖書館閱覽日本書刊時，只能快速潦草地抄下重點片段。現在能夠一一影印下來，帶回家仔細閱讀。然而他竟然就把這些文章一字不漏地翻譯註解出來！

　　「翻譯是最深刻的閱讀。」楊老師說：「因為要翻譯，我必須思考作者的原意，使我能夠更深入文字背後的內涵。」

　　那麼，為什麼要加上註解？「因為我的記憶力不好，這些瞬間的領悟或查證到的資料，是寫給自己看的。」

　　就這樣日復一日的翻譯註解、踏查古道、部落遺址、訪問耆老、反覆求證……十年之後，竟然累積成五本深受大家讚譽的【台灣調查時代】系列。

　　原本楊南郡老師只是做自己喜歡做的事，沒想到能夠讓大家得到很大的助益，年輕學者可以獲得百年前的調查成果，並以此為基礎進行自己的研究。更重要的是，體悟前輩們認真踏實的學術研究精神。

　　不只台灣的讀者受到這一系列書籍的好處，已經被稱為「台灣調查三傑」的鳥居龍藏、伊能嘉矩和森丑之助，他們本身與後代親屬也獲得了莫大的安慰與榮耀。

　　森丑之助的曾孫森雅文曾說：「以前我們家族都避談森丑之助，大家都以為他的自殺是家族的恥辱，幸虧楊先生對曾祖父的研究和翻譯他的

調查鳥居龍藏和森丑之助曾一起走過的清代八通關古道。到達這個高山水池前，已熬過兩天無水之苦。

勘查舊古樓社遺址，大家坐在整理好的「白骨塚」前。裡面埋葬著歷年來割下的頭顱。

1998年，台灣大學舉辦伊能嘉矩台灣研究特展，邀請台日伊能嘉矩研究者共同參與。

伊能嘉矩與臺灣研究特展

（本頁照片由徐如林提供）

作品，讓大家，特別是我們家族，體認到森丑之助原來是這麼偉大的一個人。」

《生蕃行腳》這本書的最前面，楊南郡老師爬梳了當時所有的報導與森氏自己的作品，寫出了四萬字的森丑之助傳記〈學術探險家森丑之助〉，被宋文薰老師譽為最嚴謹與完整的森丑之助研究。之後，兩位日本學者將這篇專文翻譯為日文，以《幻の人類學者 森丑之助》為書名出版，大受讚譽。

一九九五年是伊能嘉矩渡台一百週年，他的故鄉日本遠野市特別舉辦了學術研討會，主要的研討基礎就是《平埔族調查旅行》、《台灣踏查日記（上、下）》這三本書，楊南郡老師也被邀請到場，針對伊能嘉矩的台灣調查足跡發表演講，他的鄉親們個個感動到淚流滿面。

《探險台灣》的作者鳥居龍藏只留下一個兒子，已經高齡八十二歲的鳥居龍次郎。當時擔任「德島縣鳥居龍藏博士紀念博物館」館長的龍次郎，特別邀請楊南郡老師到博物館參觀，並以豪華的會席料理招待。楊南郡老師入座後，白髮蒼蒼的鳥居龍次郎先生竟以最高敬禮的「土下座」叩首。

楊南郡慌忙地從座位跳起來扶他，問說：「何以向我行如此大禮？」

龍次郎正色地說：「先生不辭勞苦，追隨先父的足跡深入高山部落，翻譯註解先父的文章，彰顯先父的名聲。小生感激莫名，何止是一個大禮所能表達？」

這一次，在楊南郡老師故世五週年時，遠流出版公司用「典藏紀念版」的方式再度出版這套書，讓楊南郡老師能夠繼續活在讀者的心中。

我終於能夠體會鳥居龍次郎的感動和感謝了。

「台灣學」與「台灣魂」

陳耀昌（醫師、台灣史小說作家）

遠流要我寫一篇文章推薦楊南郡老師這一套書，我的感覺是，這很像我在醫學會介紹大師級貴賓最喜歡用的一句開場詞「Dr. ○○○ needs no introduction」，然後我就開始敘述與這位大師是如何結緣，交情多好等等。講白了，就是一篇炫耀詞。

楊老師這套書，當然是need no introduction，人人皆知，毋庸介紹。但是因為適逢楊南郡老師逝世五週年，我想寫一些對楊老師的感謝與思念。

楊南郡老師與徐如林老師，是我「台灣古道學與原住民學」的啟蒙老師。二○一二年四月二十三日，是我這一生最重要的日子之一，因為這是我有幸與兩位老師結識的日子。更珍貴的是，那一天，兩位老師送了我一本「祕帖」，是一九九三出版、在二○一二年已絕版的《與子偕行》，那裡面有我遍尋不到的一九九二年《中國時報》報導文學獎作品〈斯卡羅遺事〉。

九年後的今天，因為公視改編了《傀儡花》，並改名「斯卡羅」，大家對這三個字已不陌生，但對其真正來龍去脈及真正定義，相信真正了解者仍不多。那時，我才剛開始寫「傀儡花」（書名是二○一五年完稿後才決定），但當時的我無法了解「下瑯嶠十八社」與「斯卡羅」的微妙差別。楊老師的書為我解了心中大謎團，我也從此自詡為楊老師的關門弟子。

楊老師的著作，愈後期愈精采。他與徐如林老師合著經典的【台灣古道系列】，都是他八十歲以後才陸續發表的。每一本新書發表會都是高朋滿座，人山人海，讓聽眾及讀者充滿讚美與驚訝。在二〇一六年六月三十日《合歡越嶺道》的發表會時，老師已經罹癌並剛動完大手術，卻依然神采奕奕地講了三十分鐘。樂觀充沛的精神力量，是楊老師人生的特質。

楊老師的最後一段人生，也展現了他一向的流暢達觀、有條有理與沛然之氣。二〇一六年八月十五日，楊老師做了重大決定，他決定掌握自己最後的日子，不拖累他人，於是住進安寧病房。在八月十五日到八月二十六日間，他的病房終日訪客不絕，笑聲不斷，偶爾還會傳出楊老師以日文吟誦的歌聲。訪客包括老中青三代、原漢各族、國內外人士。大家熱情道別，歡喜合影。我向楊老師和師母說：「您們這是最不安寧的安寧病房。」

在這十二天中，他簽約將手稿與藏書贈與台大圖書館，央廣來錄存名人聲影。楊老師內心已經知道，自己豐富的譯作與著作皆將可傳世。他的名字，也將與伊能嘉矩、鳥居龍藏、森丑之助齊名，而直追移川子之藏、鹿野忠雄等，因為他比這些日本前輩更開創了另一片結合土地、原住民與歷史的領域，成為「台灣山林學與古道學」的第一人。而且他最長壽、最健康，更重要的，他有一位終生「與子偕行」的妻子……

八月二十七日，楊老師瀟灑地向另一空間出發。我寫下：「這是我行醫四十多年來看到的最美好的臨終，不聞病房呻吟，不勞家人外傭，不必有長照，只有朋友與學生的歡樂送別，合照留影……」

時間真快，五年過去了。遠流這套【台灣調查時代】典藏紀念版正是

緬懷楊老師極具意義的第一步。楊老師的書代表了「台灣學」，不會因時間而褪色；就好像「楊南郡」三字，代表了「台灣魂」，將永遠長存在台灣人的心中。

田野調查的人類學對話

陳偉智（中央研究院台灣史研究所助研究員）

　　一九九○年代，遠流出版公司【台灣調查時代】系列的出版，向台灣社會介紹了日治初期伊能嘉矩、鳥居龍藏與森丑之助的台灣田野調查報告，可以說是當時剛剛獲得市民權的台灣歷史與文化知識的重要出版史事件。我自己對於日治時期殖民地人類學史的興趣，也是來自於當時閱讀楊南郡老師作品的影響。

　　從早期登山學術化的古道調查，到一九九○年代前後《與子偕行》到《尋訪月亮的腳印》的報導文學，楊南郡老師在寫作之餘陸續翻譯日治時代的人類學家、博物學家的田野調查報告。最初北台灣平埔族的翻譯曾發表在台北縣立文化中心與宜蘭縣史館的刊物上，隨後在遠流出版公司台灣館獨具隻眼的企劃下，伊能嘉矩、鳥居龍藏與森丑之助的重要作品成為台灣調查時代的經典。

　　對當時解嚴後不久的台灣社會認識本土歷史文化的需求，楊南郡老師充滿同情與理解的筆觸，帶領讀者進入文化接觸與族群互動，以及近代國家與資本主義的生產體制對原住民族的衝擊之歷史場景。對原住民族，特別是平埔族群而言，這些日治初期的田野調查作品是當時文化復振運動的重要資料。

　　楊南郡老師的翻譯特色除了生動的譯筆外，針對早期調查者日記與報告中相關的事件、地名、自然環境、族群文化等，更撰寫了豐富的譯註，而這些都是他長久累積的山林經驗、原住民族知識以及人生經驗，我認為是原來文本以外的重要參考資料，也像是楊南郡老師與伊能嘉

矩、鳥居龍藏、森丑之助的對話。閱讀時，往往會覺得好像他們在山上或田野調查途中相遇，就開始討論起來的樣子。

【台灣調查時代】的出版，讓更多的讀者更容易接近並認識日治初期近代國家與近代知識體系如何進入台灣，從而透過實際的田野調查，建立台灣原住民族的分類與族群文化知識。這些日治初期的台灣調查成果，原先大都發表在東京的學術刊物如《東京人類學會雜誌》等，代表了日本近代人類學隨著帝國擴張在殖民地的調查成果。在台灣現地，這些調查成果也多少影響了殖民地當局的原住民政策，甚至是日後的原住民族歷史發展。

鑲嵌在日本殖民主義知識生產的文化政治中，伊能嘉矩、鳥居龍藏與森丑之助各有特色，也有各自的知識與文化關懷。透過他們的作品，我們了解當時的台灣族群文化狀況，也透過楊南郡老師深入並詳細的解說與註釋，讓我們更加熟悉這些日治初期調查者的思想、關懷與限制。作為當代讀者，殖民地時代早已結束，更經歷了後殖民挪用與再生，今日我們更有餘裕面對殖民地知識的協商、挪用與再詮釋，甚至翻轉調查者與被調查者的位置。

重讀這套書，不在於重述日治時期人類學的論述，而是與之對話，藉以探索屬於我們當代的課題。

用生命喚起的記憶

孫大川（前監察院副院長、台大及政大台文所兼任副教授）

　　對原住民來說，面對日據時代的田野調查資料，心情是複雜的。一方面，理解到這些囑託調查的工作，是為帝國統治的需要而設的，是對原住民傳統生活現場進行破壞、改變之前的最後凝視和記錄。但另一方面，也慶幸因為有了這些勤奮、嚴謹的田野記錄者，才讓我們後代的原住民得以跟上祖先的腳步。

　　【台灣調查時代】這批豐富的田野資料，和台灣原住民的歷史命運一樣，在戰後有長達半個世紀以上的時間，被冷落、塵封在圖書館庫房的底層，彷彿沒有發生過一樣。

　　感謝楊南郡先生，他以比前人更堅強的意志重返歷史現場，用手、用腳翻譯、訂正、註釋、消化了調查時代所留下來的資產。楊先生的生命好像就是為了完成這件事而來。他花了大半輩子，專注地為台灣原住民清理湮埋的線索，銜接我們斷裂的記憶。他用再踏查的堅實證據，告訴我們中央山脈並不是沉默不語的，台灣的文化和歷史也不是漢人的獨白！

無盡的寶藏

夏曼・藍波安（海洋文學家）

　　人類居住的星球有多少種語言，就有多少個相異的民族；然而，有多少個相異的民族，卻不代表就有相對等的文字。台灣泛原住民族就是個例子，他們的歷史，是被他人書寫的，零碎且易碎的瓦片史。

　　一八九五年以後，日本有志於研究人類體質、民俗文化、物質文化，生態植物的學者相繼來台，後來被稱之為人類學者。雖然我個人十分難理解他們來台的動機，以及目的，但他們在當時極為險峻的環境下翻山越嶺，深山幽谷尋古道，不畏懼被馘首，走訪原住民原初的聚落，最終留住了當時原住民族質樸的身影圖像。

　　對台灣的原住民族而言，那是民族記憶的圖騰，也是回憶裡的幻覺；當然更襯托了台灣多元民族的存在，撐開了台灣人文多異性的美麗，也給了當代台灣原住民族許多自我省思的珍貴資料。那些就是台灣最為踏實、有文字圖像的瓦片歷史，這多少彌補了台灣歷史缺席者的板塊，也拉長了台灣人文歷史超越四百年，確立台灣島就是泛原住民族固有的島嶼。

　　然而，我們把話收回到舌尖源頭；鳥居龍藏、伊能嘉矩、森丑之助等日本人類學家這套【台灣調查時代】系列鉅著，若沒有楊南郡先生，絕難重現。楊南郡先生在毫無任何豐厚奧援之下，花其一生的精力，踏查走訪他們曾經鑿刻腳印的峰頂深谷、跨海離島；繼而日日夜夜耐力耐性

地翻譯，又以深山幽徑裡潔淨溪水般的耐心，細膩地加以譯註。此等精神的長年投入，就像一位孤寂的航海家，在廣袤無邊際的太平洋海上牽著他的夫人徐如林女士，尋覓北極星照明的那座港澳登岸。

沒有楊南郡先生用生命譜曲，沒有遠流出版公司有顆膽囊地出版，【台灣調查時代】系列鉅著就不可能像宇宙上天空的眼睛，襯托出夜空深深的奧妙。

找回文化的根與魂

雪羊（知名登山部落客）

　　故事，是山之於人而言最有溫度的一面；道路，則是書刻著族群記憶的蜿蜒載體。唯有踏上古老的路，看見故事的起點，我們才能對土地懷有最真實的想像。

　　《生蕃行腳》是已故台灣古道研究巨擘楊南郡老師譯註、集結森丑之助佚散文章的台灣踏查文學經典，也是台灣山林最早的文字紀錄之一。森丑之助一八九五年來台，年方十八便矢志調查原住民文化。往後二十年間，他走遍大小部落，更十數次藉由原住民社路、清代古道等途徑橫越中央山脈踏查；光是最高部落太魯那斯就去了四次，還跟頭目成為好友，堪稱台灣山岳與原住民調查第一人。

　　森丑之助對台灣原住民的癡迷、對山的愛戀，僅有後起之秀鹿野忠雄能稍稍相提並論。他以訪問部落為主軸的登山足跡，與交錯其間的原住民文化和地貌紀錄，讓我們得以見證現代文明尚未入侵年代中關於台灣山岳的真、美與險，並被他的真誠所感動，透過古老的路，認識最純粹的福爾摩沙。你會不由自主問自己，如果能踏上森氏走過的路，見證山林百年的變化，會是件多麼深刻的事？

　　森丑之助與其前輩鳥居龍藏、伊能嘉矩各有千秋，【台灣調查時代】系列即是楊南郡老師多年實地踏查、嚴謹考證並譯註三人著作而成的文化寶藏。不僅賦予登山深邃的文化意涵，讓珍貴史料跨越語言藩籬重見天日，更讓後世得以跟著偉大學者們的踏查足跡，依循故道找回台灣的根與山岳的魂，開啟台灣文化的耀眼新章。

台灣踏查日記 經典推薦

　　可勝任本日記之中譯者，必須是對台灣史學有造詣且精通中日文能力外，尚需對日記主人有深切認識者，如此始不至於偏離日記之原意而釀成誤導，因此南郡先生可說是上乘之選。譯者除了對上述條件俱全外，且又遍走台灣山陬僻野，是一位著名山嶽研究家。對日記中所錄地點，翻譯前後皆親踏其地，能體會出伊能先生曩昔境遇，是故由他來翻譯，堪稱得其人。

——**洪敏麟**（台灣文史學者）

　　本書的作者、編者和譯者都是實踐美學的力行者，三者的結合，這本書才能由手稿、日本文到中譯本，凸顯出台日雙方學者心靈的交流跨過時空，不只回顧原點，更是未來學術傳承和典範的建立。楊南郡先生熱情洋溢，充滿生命力，這本中譯本不僅是他生命中的里程碑，更是台灣學術史研究的重要作品。

——**張炎憲**（台灣史學者）

十九世紀末，台灣成為日本殖民地的時候，也正是日本近代諸種學科的創始期。屬於日本人類學第一代學徒的伊能嘉矩，便在這樣的時機裡，於一八九五年底來到台灣，從事調查研究。在滯台的十年間固不用說，此後一直到一九二五年逝世為止，「台灣研究」成為他終身的研究主題。伊能嘉矩以博蒐文字資料配合現地踏查成為台灣研究的先驅者，其研究成果體系博大，具有金字塔般的意義。透過《台灣踏查日記》，我們可以清楚看到這位台灣研究巨擘的學問方法和治學態度。

——**吳密察**（國立故宮博物院院長）

先祖伊能嘉矩的事蹟……能讓更多的台灣人了解是一件非常可喜的事。

——**伊能邦彥**（伊能嘉矩曾孫，摘自伊能邦彥寫給譯註者的信件）